514 227 7019

101.780.791-318

781.590-189809

Routines et transitions
en services éducatifs

NICOLE MALENFANT

Routines et transitions en services éducatifs

(CPE, garderie, SGMS, prématernelle et maternelle)

Les Presses de l'Université Laval
2002

Les Presses de l'Université Laval reçoivent chaque année du Conseil des Arts du Canada et de la Société de développement des entreprises culturelles du Québec une aide financière pour l'ensemble de leur programme de publication.

Nous reconnaissons l'aide financière du gouvernement du Canada par l'entremise de son Programme d'aide au développement de l'industrie de l'édition (PADIÉ) pour nos activités d'édition.

Révision linguistique : Angèle Maranda

Mise en pages : Diane Trottier

Photographies : Nicole Malenfant

Dessins : Dominique Léger

Maquette de couverture : Chantal Santerre

Illustration de la couverture : Idée de Alexandre Normand-Giguère (8 ans), réalisée par Julie Gamache dans le cadre d'un concours organisé par Zone Université Laval.

Distribution de livres Univers
845, rue Marie-Victorin
Saint-Nicolas (Québec)
Canada G7A 3S8
Tél. (418) 831-7474 ou 1 800 859-7474
Téléc. (418) 831-4021
http://www.ulaval.ca/pul

*Aux personnes qui sont à la source
de ce projet et qui sauront sans doute
se reconnaître : les éducatrices,
que j'ai vu honorer l'enfance
d'une manière si professionnelle.*

*À la douce mémoire de mon filleul Alexandre,
qui a passé une partie de sa trop brève existence
dans les divers types de services éducatifs.*

Table des matières

Liste des comptines,
des chansons et des musiques

N.B. Les comptines, les chansons et les musiques du disque compact sont indiqués en caractères gras.

Remerciements

Je rêvais depuis longtemps d'écrire un livre traitant de l'éducation à l'enfance et de composer des chansons pour l'accompagner. La réalisation de ce rêve, je la dois à la détermination que mes parents m'ont léguée et je leur en suis très reconnaissante. Ma gratitude va ensuite aux étudiantes que j'ai eu le privilège de côtoyer en tant qu'enseignante et superviseure de stages en Techniques d'éducation à l'enfance tant au secteur des adultes qu'à celui de l'enseignement régulier du collège Édouard-Montpetit ; merci aussi à celles du Certificat multidisciplinaire offert par l'Université de Sherbrooke. Plusieurs de ces étudiantes m'ont insufflé de nombreuses idées et inspiré de riches réflexions pour soutenir la rédaction du présent ouvrage.

Je me dois également de remercier les représentants de l'avenir de l'humanité, les enfants, qui m'ont accueillie dans les divers services éducatifs. Je ne saurais me passer de leur spontanéité, de leur naturel et de leur authenticité.

Mes collègues de travail, Diane Berger, Christiane Dion, Lisette Gariépy, Chantal Poulin, Danielle Sheridan et Marie Labbé m'ont aussi apporté leur aide et ont enrichi le livre de leurs judicieux commentaires. J'exprime également ma gratitude à Dominique Léger pour les belles illustrations qu'elle a créées. Lucie Fortier et Sylvie Savard, du programme de Techniques d'hygiène dentaire du collège Édouard-Montpetit ainsi que Francine Chaussé, enseignante en maternelle, ont aussi participé en tant que premières lectrices en me livrant leurs précieux conseils. Je remercie très sincèrement toutes ces personnes passionnées d'éducation. Ma reconnaissance va aussi à ma très chère sœur Lucille, qui a lu le manuscrit en m'accordant son soutien fraternel.

Je suis redevable à M. Raynald Trottier, chargé de projet aux Presses de l'Université Laval, qui m'a prodigué de l'aide, de l'encouragement et des conseils durant toutes les étapes de réalisation de l'ouvrage. Sa grande disponibilité et son amabilité ont grandement facilité mon travail.

J'ai été honorée par la généreuse collaboration de monsieur Germain Duclos qui a accepté de rédiger la préface de mon livre.

J'adresse mes sincères remerciements aux personnes suivantes qui m'ont chaleureusement accueillie dans leur milieu de travail et m'ont permis d'y prendre des photos et avec qui j'ai pu discuter de routines et de transitions : Brigitte Martel et Isabelle Decamps du CPE (volet familial) Les Frimousses de la Vallée, Martine Desgranges, Danielle Choquet, Isabelle Grenier, Sonia Gosselin, Eleira Brault, Jacinthe Labelle, Maria-Angelica Ortega et Cynthia Galette du CPE (installation) Mon Petit-Édouard, Annie Robert et Nicole Marin du SGMS La Buissonnière, Lise Fréchette et son équipe du SGMS Les Faucons, Francine Chaussé de la classe maternelle de l'école St-Mathieu.

J'ai sincèrement apprécié les talents musicaux de Michel Bonin et de Monique Rousseau qui m'ont aidé dans la réalisation du disque compact.

Enfin, merci à ma fille Vanessa qui m'a accompagnée tout au long du projet en m'offrant inconditionnellement sa fidèle présence.

Préface

Parfois durant notre vie, nous vivons l'agréable surprise d'apprendre à connaître quelqu'un qui vit des valeurs, une philosophie de vie et des croyances semblables aux siennes. Il me semble avoir découvert une auteure, madame Nicole Malenfant, à travers ce très beau livre qu'elle a écrit. En le lisant, j'ai eu le plaisir de reconnaître plusieurs valeurs que je défends depuis plusieurs années et j'adhère à la philosophie éducative que ce livre transmet.

Les services de garde pour la petite enfance et encore plus ceux en milieu scolaire sont des institutions récentes dans notre société. Depuis quelques années, à la suite de mesures gouvernementales, on assiste à un développement accéléré des milieux de garde à tel point que les personnes qui en sont responsables sont souvent essoufflées. En effet, on doit procéder à un recrutement rapide d'éducatrices et d'éducateurs, aménager de nouveaux locaux tout en organisant un régime de vie et des activités profitables pour les enfants.

Ce livre tombe à point car tout changement génère de l'insécurité et il apporte des solutions concrètes et sécurisantes dans la gestion des activités quotidiennes en services de garde. Dans les services éducatifs, on valorise beaucoup trop les activités structurées qui visent des objectifs d'apprentissage formels. Or, toute éducatrice d'expérience sait bien que les activités de routine et de transition permettent souvent plus de spontanéité dans les relations entre les enfants et avec les éducatrices. La socialisation et le sentiment d'appartenance à un groupe sont encouragés durant ces périodes moins structurées. Nous savons que les transitions comme tout changement provoquent parfois de l'insécurité chez les enfants. Aussi, compte tenu du fait qu'elles sont souvent moins structurées que les activités formelles, les enfants sont parfois plus agités et indisciplinés. Ce livre propose plusieurs conseils pratiques et pertinents pour sécuriser les enfants et leur faire vivre un sentiment de bien-être. Les routines sont souvent vécues comme des activités rébarbatives chez les enfants. Madame Malenfant propose de façon ingénieuse toute une variété de jeux qui rendent les routines et les transitions plus attrayantes tout en favorisant la socialisation. Le jeu est essentiel au développement de l'enfant. Il constitue la route royale des apprentissages. Il faut se dire que le jeu est loin d'être futile. Tout enfant est très sérieux durant les activités ludiques. Au cours des jeux moteurs, sensoriels, les jeux symboliques, les jeux de construction et les jeux de règles, les enfants intègrent de nombreuses habiletés motrices, perceptives, intellectuelles et sociales. La plupart du temps, les enfants réalisent des apprentissages de façon spontanée, sans s'en rendre compte.

J'ai eu le plaisir de constater beaucoup de créativité dans ce livre notamment dans la variété des jeux suggérés ainsi que dans l'utilisation pédagogique des comptines et des chansons. Il m'est apparu évident que cette créativité s'appuie sur une profonde connaissance des besoins développement aux des enfants. Les chapitres sont très bien structurés et le contenu est accessible à tout personnel éducatif.

Les milieux de garde offrent des occasions très riches de socialisation bien plus qu'à l'intérieur des classes où se vit une pédagogie traditionnelle. Il est admis que les enfants ont surtout des buts sociaux et scolaires. Les besoins de socialisation sont pour la plupart plus importants que les apprentissages didactiques. Je crois fermement à la pertinence de l'approche démocratique telle que proposée dans ce livre. Grâce à cette philosophie éducative, il est beaucoup plus facile pour les enfants de développer une conscience sociale, l'autocontrôle du comportement, la résolution de conflits sociaux et la coopération tout en vivant un sentiment d'appartenance à un groupe. Les services de garde

favorisent grandement l'adaptation sociale de l'enfant et son intégration future dans la société grâce aux nombreuses activités de socialisation qu'ils font vivre.

Par sa rigueur et son contenu pratique, ce livre de Madame
Malenfant sera certainement un outil précieux de perfectionnement des
éducatrices et éducateurs en cours d'emploi et une grande source d'inspiration pour tous les services éducatifs. Je le recommande comme livre
de base dans le cadre de la formation collégiale en Techniques d'éducation à l'enfance. Ce livre reflète un juste équilibre entre l'art et la
science, entre la rigueur et la créativité. Il traduit surtout un profond
respect et l'amour des enfants.

Germain Duclos
Psycho-éducateur et orthopédagogue
Auteur

Avant-propos

Depuis mon entrée dans le monde de l'éducation, au début des années 80, j'ai eu maintes fois l'occasion d'observer des enfants à l'œuvre dans leur apprentissage de la vie. Au fil des ans, j'ai pu acquérir de l'expérience en travaillant auprès d'enfants d'âges variés tout en continuant à accroître mes connaissances par des lectures et des cours qui ont sans cesse confirmé ma passion pour l'éducation des enfants. Le présent ouvrage est le fruit des nombreuses visites effectuées dans différents services éducatifs à titre d'animatrice, de consultante et de superviseure de stage. Les informations et les activités qu'il contient s'appuient sur l'expérience vécue ainsi que sur une réflexion et sur des notions théoriques.

Il m'a souvent été donné de constater l'influence considérable que peuvent avoir les éducatrices dans le développement de l'enfant. Pensons aux nombreux gestes qu'elles posent jour après jour, heure après heure, pour l'aider à accéder graduellement à une autonomie satisfaisante comme l'habileté à manger, à s'habiller, à parler, à socialiser, ou pour l'amener à apprendre les règles du savoir-vivre en groupe, à prendre soin de lui par l'application de mesures d'hygiène appropriées ou à connaître les bases d'une saine alimentation. Je suis convaincue que la valeur éducative de ces apprentissages fondamentaux, loin d'être le fruit du hasard, repose largement sur les qualités professionnelles du personnel éducateur et suppose également une étroite collaboration avec les parents. En effet, compte tenu de la quantité impressionnante des activités de base, qu'on appellera ici activités de routine et de transition, qui jalonnent le quotidien en services éducatifs, il apparaît important de leur accorder toute l'importance. C'est pourquoi, un ouvrage de référence sur les routines et les transitions en services éducatifs peut s'avérer utile comme outil pédagogique. Il peut également contribuer à la formation des personnes qui étudient en Techniques d'éducation à l'enfance ou en enseignement préscolaire, aider au ressourcement du personnel chargé directement ou indirectement de l'éducation des jeunes enfants, qu'il s'agisse des éducatrices en CPE installation ou en garderie, des responsables de services de garde en milieu familial, des enseignantes en prématernelle et maternelle, des conseillères pédagogiques, des gestionnaires ou simplement des parents. Sans constituer des moyens magiques ou des recettes infaillibles, les propositions apportées et les pistes de réflexion pourront néanmoins servir à consolider les façons de faire existantes, à rompre la monotonie inhérente aux activités de base en plus de soutenir l'application des principes qui sous-tendent les programmes éducatifs en CPE, en éducation préscolaire et en SGMS.

Précisons que la période d'âge concernée dans le livre couvre de 2 à 8 ans et sera désignée ici, soit par l'appellation petite enfance en ce qui a trait aux enfants de 2 à 5 ans et par **moyenne enfance** pour représenter les enfants âgés de 6 à 8 ans. On utilisera les termes **bambins** et **tout-petits** pour faire référence aux enfants de 2 et 3 ans, **enfants d'âge préscolaire** pour identifier les 4 et 5 ans, et **enfants d'âge scolaire** pour les 6 à 8 ans. Les enfants de moins de deux ans, les poupons et les trottineurs, ont déjà fait l'objet d'un livre intitulé *Le bébé en garderie*[1] ; c'est pourquoi, nous traiterons ici des routines et des transitions qui concernent uniquement les enfants âgés de plus de deux ans. Nous n'aborderons pas non plus la période des 9 à 12 ans ; pour obtenir des renseignements sur les activités de base spécifiques aux enfants de ce groupe d'âge, nous vous recommandons de lire le livre

---

1. MARTIN, Jocelyne, POULIN, Céline et FALARDEAU, Isabelle, *Le bébé en garderie*.

Les services de garde en milieu scolaire[2]. Cependant, plusieurs des éléments que nous présenterons dans le présent ouvrage touchent indirectement ces deux groupes d'âge et pourraient intéresser les éducatrices concernées.

L'ouvrage compte 14 chapitres. Les trois premiers développent des aspects plus théoriques afin de mieux situer l'essentiel de la pédagogie démocratique en matière d'activités de routine et de transition d'une part, et de fournir des informations générales concernant l'organisation et le déroulement des activités d'autre part.

Dans les neuf chapitres suivants, on s'intéresse successivement à chacune des activités de routine : le lavage des mains, le brossage des dents, la routine des toilettes, le mouchage, les collations et les repas, la sieste ou la relaxation, l'habillage et le déshabillage. Puis, on aborde les activités de transition soit le rangement et le nettoyage, le rassemblement, le déplacement, l'accueil et le départ ainsi que les attentes.

Dans les deux derniers chapitres, on s'attarde au rôle que peuvent jouer les comptines et les chansons en situation de routine ou de transition en plus de suggérer des idées pour stimuler le langage de l'enfant dans ces moments de vie.

Le lecteur trouvera tout au long de l'ouvrage plusieurs comptines et chansons pouvant accompagner les activités ; quatorze d'entre elles, toutes des créations originales, apparaissent sur le **disque compact** joint au volume. On pourra les utiliser parallèlement au déroulement des activités ou de façon indépendante, pour le simple plaisir de chanter ou d'écouter de la musique.

---

2. MUSSON, Steve (adaptation de Diane Berger et Jocelyne Martin). *Les services de garde en milieu scolaire.*

Note : Étant donné la réalité actuelle qui veut que le personnel s'occupant des enfants soit constitué en majorité de femmes, le genre féminin a été retenu dans le livre pour représenter également le personnel éducateur des deux sexes sans aucune discrimination et ce, simplement dans le but d'alléger le texte. Par conséquent, le terme **éducatrice** a été retenu pour désigner toute personne qui occupe une fonction éducative auprès des enfants. Par ailleurs, l'appellation **services éducatifs** utilisée ici englobe tous les lieux accueillant des enfants de 2 à 8 ans et finalement, l'acronyme **SGMS** est privilégié pour représenter les services de garde en milieu scolaire de même que **CPE** pour désigner les centres de la petite enfance.

L'auteure

Chapitre 1

Le développement de l'enfant en services éducatifs

CONTENU DU CHAPITRE

La plupart des gens s'entendent pour considérer les premières années de la vie comme déterminantes dans la croissance personnelle. Par ailleurs, on sait que le développement durant l'enfance ne se fait pas par hasard ; que ce soit sur les plans physique, psychomoteur, intellectuel ou socioaffectif, l'enfant est soumis à de nombreuses influences qu'il est possible de contrôler, du moins en partie. Plusieurs recherches soulignent l'incidence positive qu'ont les services éducatifs de qualité sur l'épanouissement des enfants. Quand on sait qu'un bon nombre d'entre eux y passeront une partie de leur enfance, jusqu'à un total de 2 000 heures par année, il est primordial de miser sur l'excellence de ces services.

1.1   L'ENFANCE : UNE ÉTAPE CRUCIALE DANS LA VIE

Il est inconcevable d'écrire un livre sur les activités de routine et de transition en services éducatifs sans aborder préalablement l'enfance dans son ensemble. Nous avons choisi de le faire en des termes simples, sans recourir aux grandes théories du développement de l'enfant ou à des recherches scientifiques qui, par ailleurs, sont très bien exposées dans plusieurs ouvrages de psychologie.

Au fil des siècles et selon l'évolution des sociétés, les idées sur les enfants et sur l'enfance ont bien changé. Les enfants ont été considérés tantôt comme des êtres incomplets, tantôt comme des personnes constituant une main-d'œuvre à bon marché ; pour d'autres motifs, ils ont aussi représenté des « petits rois », des êtres mystérieux ou encore la promesse d'un avenir meilleur. Néanmoins, des recherches en psychologie de l'enfant nous donnent de bonnes raisons de croire que depuis longtemps, les enfants sont traités différemment des adultes (Odds et Papalia, p. 9). Ce n'est que depuis peu que les connaissances en matière de psychologie et de pédiatrie permettent de démontrer la nature propre de l'enfance et ses répercussions indéniables sur toute la vie. L'existence de lois, l'établissement d'une charte mondiale des droits des enfants, la mise en place de services communautaires venant à la rescousse des enfants et de leur famille, les programmes pédagogiques conçus pour eux, le matériel de jeu qui leur est destiné, la reconnaissance de leurs besoins particuliers par de nombreux parents, médecins, enseignants et éducateurs témoignent plus que jamais de la valeur intrinsèque de l'enfance. Même si la cause des enfants est loin d'être une mission achevée, il y a lieu de croire qu'on a aujourd'hui de bonnes bases pour poursuivre le travail amorcé.

L'éducatrice a une énorme responsabilité envers les enfants : écoute, réconfort, aide à la résolution de problèmes, disponibilité, etc.

L'idéal d'un enfant est d'être un enfant. Inconsciemment, il aspire à être considéré comme une personne digne de respect qui a sa propre personnalité. Pour se développer harmonieusement, l'enfant a besoin d'être entouré d'adultes responsables, conscients et bienveillants. La connaissance des besoins de l'enfant et la reconnaissance du rôle de l'éducation influencent de manière considérable son développement optimal, cela est bien connu.

Vivre son enfance en toute confiance est le tout premier besoin de l'enfant. Il a besoin d'être sécurisé, cajolé, stimulé, encouragé, guidé. Peu importe son origine, l'enfant devrait avoir le droit de rire, de pleurer, de se sentir vulnérable, de s'émerveiller, de s'attacher, de bouger, d'explorer, de vivre des frustrations, de s'affirmer, de chanter, d'aimer la vie et de compter sur des personnes capables de défendre ses besoins de grandir en paix. L'enfant n'est ni un petit adulte ni un être totalement démuni. C'est un être entier doté d'un potentiel inouï qui ne demande qu'à se concrétiser.

Chaque enfant est une personne distincte, un être unique qu'il faut connaître de manière individualisée et approfondie sans se fier aux seules indications livrées par son âge, son origine ou son sexe. L'enfance se définit autrement que par des standards de développement ou des statistiques ; elle est avant tout un processus dynamique et fascinant auquel les éducatrices doivent participer de la façon la plus positive possible.

1.2 L'ÉDUCATION À L'ENFANCE

L'éducation à la petite et à la moyenne enfance est en train de devenir une spécialité distincte du domaine de la psychologie et de la pédagogie. Plus que jamais auparavant, il en est question dans les livres, les reportages, les conférences, les sites Internet, etc. Malheureusement, le terme **éducation** réfère encore trop souvent à l'école primaire ou secondaire et aux apprentissages scolaires alors que l'éducation reçue dans les CPE, les garderies ou les SGMS semble beaucoup moins valo-risée. Plusieurs pensent encore que l'éducation donnée en dehors du cadre académique formel ne sert qu'à occuper les enfants ou à les pré-parer à l'école. Même si elle est erronée, cette conception demeure pro-fondément ancrée dans les mentalités. En effet, les acquisitions formel-les et normatives de l'école traditionnelle déclassent facilement l'apprentissage par le jeu propre à l'éducation à la petite enfance. L'édu-cation en services éducatifs étant souvent sous-estimée, il s'avère néces-saire d'intensifier les efforts pour faire connaître les activités qui s'y déroulent et qui ont une incidence directe sur le bien-être des enfants et conséquemment, sur leurs capacités d'apprentissage.

Avant même qu'il n'ait fait son entrée à la « grande école » – comme on l'entend encore de nos jours –, l'enfant aura la capacité de reproduire les gestes indispensables de la vie quotidienne qui détermin-ent, en grande partie, l'autonomie d'une personne. Il aura appris à marcher, à parler, à manger et à boire seul, à se vêtir et se dévêtir, à aller aux toilettes, à prendre soin de lui par des soins d'hygiène appropriés comme le lavage des mains, le brossage des dents, etc. Aussi, l'enfant pourra se débrouiller dans plusieurs situations, entrer en relation avec les autres, verbaliser des demandes, faire des choix et exprimer des besoins, résoudre des problèmes, respecter les règles de vie en groupe ; ces apprentissages s'intégreront, entre autres, à travers les diverses acti-vités offertes dans les services éducatifs qu'il fréquentera. En réalisant ces expériences de manière active et personnalisée comme le veut l'ap-proche démocratique, l'enfant sera davantage en mesure de se dévelop-per sainement tout au long de son enfance.

A.   Les valeurs éducatives de la pédagogie démocratique

Avec l'avènement de la recherche en psychologie et l'essor du courant humaniste du XXe siècle, des théoriciens et des praticiens en éducation sont venus s'opposer à la pédagogie encyclopédique dite tra-ditionnelle qui place en priorité les connaissances et le maître pour défendre, arguments à l'appui, une pédagogie centrée sur l'enfant et sur son développement global. Cette approche, déjà promue par Jean-Jacques Rousseau au XVIIIᵉ siècle, n'a reçu d'écho que cent cinquante ans plus tard lors de la création de l'École nouvelle en Europe ; les noms de Freinet, de Montessori, de Decroly sont associés à cette École. En Amérique du Nord, les effets de cette nouvelle approche ne se feront sentir qu'à partir des années 60 et ce, de façon marginale.

La psychologie de l'enfant est une science relativement récente qu'un certain nombre de personnalités ont permis de faire progresser. Voici quelques noms à retenir : Bettelheim, Freud, Erikson, Piaget, Gesell, Dolto. Des pédiatres réputés ont également marqué la conception du développement de l'enfant ; mentionnons Brazelton, Dodson et Gordon. Les écoles alternatives apparues au Québec dans les années 70 sont le fruit de ces nouvelles percées dans la conception traditionnelle de l'éducation. Des pédagogues et psychologues québécois de renom sont venus enrichir les fondements d'une éducation centrée sur l'enfant en prônant, entre autres, l'autonomie, l'apprentissage actif et la créativité : Claude Paquette, André Paré, Charles Caouette, Germain Duclos, Danielle Laporte, Francine Nadeau pour n'en nommer que quelques-uns.

Face à la multitude des appellations employées pour désigner la pédagogie centrée sur l'épanouissement général de l'enfant, nous avons choisi de retenir l'expression **pédagogie démocratique**. Nous privilégierons cette approche dans la planification et l'organisation des activités de routine et de transition dont nous parlerons plus loin, car elle semble être un excellent moyen de répondre aux besoins réels de l'enfant dans la réalité actuelle des services éducatifs. En pédagogie démocratique, l'enfant est encouragé à faire des choix, à développer son estime personnelle, à prendre part à la vie de groupe où son sens des responsabilités et son identité sont consolidés. Outre les apprentissages d'ordre social et affectif, ses habiletés langagières et intellectuelles se trouvent stimulées essentiellement par le jeu. Dans cette vision holistique du développement, l'enfant participe activement à son évolution, à sa vie, alors que dans l'approche opposée – autocratique –, il est contraint de répondre aux exigences dictées par les figures d'autorité. La pédagogie libre, de son côté, laisse l'enfant à lui-même face à des choix qu'il n'est pas toujours en mesure d'évaluer, de faire et d'assumer. Malgré la place importante qu'occupe l'enfant dans le contexte de la pédagogie démocratique, les parents et les éducatrices jouent un rôle primordial dans l'actualisation de son potentiel. Ils servent de guide, de soutien ou de médiateur.

Encadré 1.1   Principes de base liés à l'approche démocratique

1   Former un partenariat entre les adultes et les enfants en partageant le pouvoir.

2   Observer et mettre en valeur les habiletés, les talents et les forces des enfants.

3   Instaurer et entretenir des relations significatives et authentiques avec les enfants.

4   Promouvoir l'apprentissage actif.

5   Assurer un encadrement – spatial, temporel et disciplinaire – qui soit à la fois souple et structuré.

6   Observer, comprendre, encourager et soutenir le jeu de l'enfant.

7   Favoriser des situations d'apprentissage sollicitant équitablement toutes les dimensions du développement de l'enfant.

8   Guider les enfants de manière constructive dans le processus de résolutions de conflits et de problèmes en tenant compte de leur développement.

9   Valoriser une organisation qui laisse la place et l'initiative aux enfants lors d'ateliers, d'animations ouvertes, de jeux libres et de projets adaptés à leurs capacités.

Les orientations de la pédagogie démocratique ont, par ailleurs, largement guidé la conception de plusieurs documents officiels existant dans les services éducatifs, dont les programmes éducatifs ; puisque la planification des activités de routine et de transition doit se faire en partie en s'inspirant de ceux-ci, il s'avère important d'en connaître les orientations générales.

B. Le programme éducatif des CPE

La nouvelle politique familiale instaurée en 1997 par le ministère de la Famille et de l'Enfance a marqué un tournant majeur pour la petite enfance au Québec. La création des centres de la petite enfance, la contribution financière réduite des parents, l'accroissement étalé des places disponibles et l'implantation d'un premier programme éducatif officiel pour la petite enfance ont placé les services de garde au cœur même de la vie de plusieurs enfants et de leur famille.

Largement inspiré de valeurs éducatives participant au bien-être de l'enfant, le programme éducatif des CPE réaffirme des objectifs

L'unicité de chaque enfant est priorisée dans les programmes éducatifs.

de qualité envers le jeune enfant en visant son épanouissement optimal. Il contribue à reconnaître la mission éducative des services de garde tout en s'inscrivant dans une perspective de développement de l'enfant qui soit à la fois harmonieux, global, continu et intégré comme en témoignent les principes de base mentionnés dans l'encadré 1.1.

Encadré 1.2   Principes de base du programme éducatif des CPE

1 **Chaque enfant est unique.**

Bien que les enfants présentent des caractéristiques communes comme le besoin de sécurité, d'encadrement, de liberté, etc., ils apprennent néanmoins selon un rythme et une façon qui leur sont propres. Les enfants sont considérés de manière équitable malgré leurs différences. Les interventions et les objectifs de développement sont individualisés.

2 **Le développement de l'enfant est un processus global et intégré.**

Ce principe suppose une connaissance judicieuse du développement de l'enfant et ce, dans toutes ses dimensions : physique et motrice, intellectuelle, langagière, socioaffective et morale. Loin d'être séparées les uns des autres, ces dimensions sont indissociables et interagissent entre elles.

3 **L'enfant est le premier agent de son développement.**

L'enfant est le maître d'œuvre de son développement. Ses expérimentations doivent guider les choix pédagogiques de l'éducatrice, qui doit travailler en collaboration avec les parents pour offrir à l'enfant un environnement propice et choisir les interventions qui assureront son plein épanouissement. Précisons que ce principe ne préconise pas que l'éducatrice doive adopter une attitude de laissez-aller ; il signifie plutôt qu'elle doit aider l'enfant à faire des choix de qualité.

4 **L'enfant apprend par le jeu.**

Grâce au jeu, l'enfant prend connaissance du monde qui l'entoure et de lui-même. Il développe ses multiples capacités. Il apprend à vivre en société, à communiquer, à partager, à faire des choix, à exprimer ses besoins et ses sentiments. En ayant la possibilité de jouer spontanément sans avoir à passer par des activités scolaires, il intègre les règles de vie, apprend à résoudre des problèmes, à innover et à utiliser son potentiel créateur.

5   **La collaboration entre le personnel éducateur et les parents contribue au développement harmonieux de l'enfant.**

Ce principe renvoie au partenariat qu'il est indispensable d'établir entre les éducatrices et les familles. Il est fondé sur l'idée que les parents sont les premiers responsables de l'éducation de leurs enfants, mais qu'ils ont besoin de se sentir soutenus pour l'accomplissement de leurs compétences parentales.

Loin d'être statique, le programme éducatif des centres de la petite enfance se veut souple en encourageant notamment la prise en considération des particularités de chaque collectivité. Ses orientations de base guident tant les interventions éducatives faites auprès des enfants que l'organisation des lieux et des activités de toutes sortes. Les journées en CPE et en garderie étant inévitablement entrecoupées de nombreuses activités de routine et de transition, on sent la préoccupation du MFE de vouloir les inclure dans la planification pédagogique. Il ne s'agit pas de prévoir à l'horaire quotidien une période d'ateliers pour appliquer les principes du programme éducatif des CPE ; c'est à tous les moments de la journée notamment lors des activités de base que l'éducatrice peut s'en inspirer pour tendre vers une pédagogie démocratique.

C.   Le programme d'éducation préscolaire

Le programme éducatif du ministère de la Famille et de l'Enfance conçu pour les centres de la petite enfance a été lancé en 1997, en même temps que le nouveau programme pour les prématernelles et maternelles préparé par le ministère de l'Éducation. Sa parution a

Le programme d'éducation préscolaire vise, entre autres, à jeter les bases de la scolarisation.

coïncidé avec le début de la fréquentation de l'école à temps plein pour les enfants de 5 et 6 ans. Le triple mandat du nouveau programme préscolaire vise tout d'abord à faire prendre un bon départ aux enfants afin de leur faire aimer l'école. Ensuite, il cherche à les motiver à utiliser tout le potentiel nécessaire à leur développement global. Finalement, il tente de jeter les bases de la scolarisation, notamment sur le plan social et cognitif, pour inciter les enfants à continuer à apprendre tout au long de leur vie. Au cours des années, les prématernelles et maternelles semblent s'être transformées en une école «préprimaire». Elles préparent aux contraintes et aux apprentissages du programme primaire tout en jouant un rôle préventif et intégrateur.

Le programme d'éducation préscolaire vise essentiellement six compétences liées les unes aux autres dans une perspective de développement global. Nous verrons que même si elles ne sont pas mentionnées, les activités de routine et de transition ont leur place dans un tel cadre pour peu que l'on applique les principes énoncés.

Encadré 1.3   Les six compétences contenues dans le programme ministériel en éducation préscolaire

1   **Agir avec efficacité dans différents contextes sur le plan sensoriel et moteur.**

L'enfant est appelé à prendre conscience de son corps, à trouver des moyens d'en prendre soin en développant de bonnes habitudes de vie : alimentation, détente, postures, prudence, santé, protection de l'environnement, etc. Il découvre ses possibilités motrices et sensorielles dans différents lieux et situations. Sa dextérité plus développée lui permettra de lacer ses chaussures, de s'habiller avec plus de facilité. Il est plus conscient de l'utilité du rangement, de l'ordre et du nettoyage et collabore plus aisément à ces activités.

2   **Affirmer sa personnalité.**

Pour l'enfant d'âge préscolaire, le développement de la confiance en soi passe par la connaissance de ses limites et de ses forces. L'enfant apprend à évaluer ses propres comportements et ses actions. Il s'engage de plus en plus dans des expériences qui mettent à profit sa créativité, son autonomie et son jugement personnel. Se débrouiller, juger de ses actions et assumer des responsabilités font partie des habiletés qui permettent de bien vivre les activités de routine et de transition.

3   **Interagir de façon harmonieuse avec les autres.**

Cette compétence vise le développement social de l'enfant. Il découvre le fonctionnement des milieux qu'il côtoie et s'ouvre à d'autres réalités. Il s'intéresse aux différences en conciliant ses besoins à ceux des autres. Il reconnaît qu'il a des droits et des responsabilités.

4   **Communiquer en utilisant les ressources de la langue.**

L'enfant développe par l'oral et par l'écrit des habiletés langagières. Il organise ses idées, utilise un vocabulaire approprié ; il explore différentes formes d'écriture spontanée et développe une conscience des fonctions de l'écriture. Les jeux symboliques et le recours aux chansons, aux films, aux documentaires, aux logiciels, aux cédéroms, ainsi qu'aux livres de la littérature jeunesse favorisent la compréhension et la production de ses messages d'expression verbale.

5　**Construire sa compréhension du monde.**

Se référant aux habiletés cognitives, cette compétence se développe au contact des arts, des sciences, de la technologie, des mathématiques où l'enfant acquiert quelques éléments de base. Il est amené à utiliser différents moyens et stratégies lui permettant de réaliser des apprentissages.

6　**Mener à terme une activité ou un projet.**

À la mesure de ses capacités, l'enfant s'engage dans un projet individuel ou collectif. Il participe aux étapes de planification, de réalisation et d'évaluation. Il est appelé à faire preuve de persévérance, à apprécier ses expériences et à exprimer son vécu.

Contrairement au programme éducatif des CPE, celui des prématernelles et des maternelles donne des indications précises concernant le processus d'acquisition et l'atteinte des savoirs. Les stratégies et les connaissances privilégiées se veulent des prérequis aux apprentissages scolaires qui suivront au primaire. Malgré le peu d'informations faisant allusion aux routines et aux transitions dans le programme d'éducation préscolaire, il revient à l'éducatrice de transposer les principes énoncés dans le contexte des activités de base pour en faire des occasions de développement au même titre que les autres activités.

D.　Les fondements d'un bon programme éducatif en SGMS

La garde en milieu scolaire est régie par la Loi sur l'instruction publique et par la Loi sur l'enseignement privé. Elle relève du ministère de l'Éducation. Aucun règlement ne stipule la nécessité d'élaborer et d'appliquer un programme éducatif ; cependant, il y en a un qui prescrit le bien-être général des enfants dans la poursuite de leur développement global à l'intérieur du projet éducatif de l'école. L'élaboration d'activités tenant compte des intérêts et des besoins des enfants en continuité avec l'école, est également prévue. Néanmoins, plusieurs SGMS soucieux d'offrir une qualité pédagogique optimale se sont dotés d'un programme éducatif personnalisé dans lequel on peut notamment retrouver les valeurs, les orientations éducatives concernant certains aspects comme la discipline, l'intégration d'enfants ayant des besoins particuliers, l'implication des parents, la conception du travail d'équipe, etc. Les objectifs à retenir pour concevoir son propre programme éducatif peuvent s'inspirer de ceux contenus dans le livre *Les services de garde en milieu scolaire* :

1 Améliorer l'image de soi.

2 Accroître le sentiment d'estime de soi.

3 Favoriser l'apprentissage d'habiletés, de connaissances et d'attitudes par le biais d'expériences concrètes.

4 Transmettre des valeurs sociales positives.

5 Inculquer des compétences sociales.

6 Enseigner la prudence.

7 Favoriser la capacité de relever des défis.

8 Favoriser l'acquisition d'habiletés comportementales.

9 Favoriser l'expression par le jeu.

10 Faire confiance aux enfants.

Peu importe le type de services éducatifs, un programme éducatif est indispensable pour guider les interventions des éducatrices. C'est un outil de base qui permet de définir les orientations et de trouver des réponses éclairées aux nombreuses questions soulevées par les problématiques rencontrées. La qualité des activités dépend en grande partie de la planification pédagogique, qui doit s'appuyer sur un bon programme éducatif. C'est donc avec une approche professionnelle que nous traitons des activités de routine et de transition, ce qui fera l'objet du chapitre suivant.

Les valeurs prônées dans le programme éducatif doivent se refléter dans l'organisation des activités de routine.

Chapitre 2

Les activités de routine et de transition: des activités à part entière

CONTENU DU CHAPITRE

La vie en services de garde éducatifs est remplie d'activités qui permettent aux enfants de se développer. Plusieurs d'entre elles reviennent jour après jour et servent à organiser le déroulement de la journée ; ce sont les activités de routine et de transition. En dépit du temps considérable qu'on leur consacre quotidiennement, elles ne semblent malheureusement pas obtenir la même reconnaissance que les activités plus formelles comme les activités dirigées, les ateliers, les jeux libres, les sorties éducatives ou les projets. Pourtant, dans le rôle éducatif et la mission sociale confiés à l'éducatrice, on retrouve plusieurs tâches indispensables liées aux occupations simples de la vie courante comme la collation, l'hygiène des mains et des dents, la préparation à la sieste, l'habillage, pour n'en citer que quelques-unes.

Quoique très répétitives, ces activités de routine et de transition n'ont rien d'anodin, car il y a beaucoup à faire et à apprendre dans ces moments. Elles offrent aux enfants des occasions privilégiées de développer des habiletés de toutes sortes nécessaires à leur épanouissement : autonomie, expression, connaissance de soi, valorisation personnelle, apprentissage de la vie en groupe, etc. On peut dire sans hésiter qu'à de multiples égards, les activités de routine et de transition comportent une partie éducative incontournable et sont aussi importantes que des activités plus « reconnues » comme la stimulation du langage, les jeux de logique, l'expression plastique, les exercices de coordination visuo-manuelle ou les jeux moteurs.

L'éducatrice peut profiter des nombreuses activités de routine et de transition pour faire voir aux enfants le souci qu'elle porte à leur bien-être corporel tout en les amenant à prendre conscience de leurs besoins fondamentaux : manger, pour prendre soin de son corps, se reposer pour refaire le plein d'énergie, mettre un chapeau sur sa tête pour se protéger des effets néfastes du soleil, etc. Tout en étant constamment attentive à la sécurité physique, affective et même à la santé des enfants, l'éducatrice voit à optimiser la valeur des activités de routine et de transition en créant, entre autres, un climat chaleureux. Ce sont des rôles professionnels de grande valeur qui se situent bien au-delà du gardiennage ou de la simple surveillance.

Selon le ministère de la Famille et de l'Enfance, « les soins de base ne peuvent plus être perçus comme une fonction mécanique nécessitant peu de connaissances et d'habiletés » (brochure promotionnelle *Besoin de toi*, année 1999). Ils sont le fondement du déroulement d'une journée et ils requièrent des compétences professionnelles spécifiques.

2.1   LA PLACE DES ROUTINES ET DES TRANSITIONS EN SERVICES ÉDUCATIFS

Pouvant passer jusqu'à 50 heures par semaine en CPE ou en garderie, soit 2 400 heures annuellement pour un total de plus de 12 000 heures, le bambin et l'enfant d'âge préscolaire sont appelés, avant même de mettre les pieds à l'école, à faire des apprentissages fondamentaux qui leur seront indispensables toute leur vie durant. Pensons au 50 % des habiletés nécessaires aux adultes pour vivre leur quotidien (manger, dormir, marcher, se vêtir, communiquer, etc.) et qui ont été acquises durant les premières années de leur vie.

En plus des activités figurant dans la programmation officielle — jeux sensoriels, activités motrices, ateliers thématiques, stimulation du langage, sorties éducatives, périodes de jeux à l'extérieur — qui occupent les journées des enfants, on retrouve des activités de base très utiles à leur développement. On estime à près de 50 % le temps dédié aux activités de routine et de transition en CPE et en garderie, ce qui équivaut à plus de 1 200 heures par année. Durant sa petite enfance (0 à 5 ans), chaque enfant consacre donc 6 000 heures à des activités de routine et de transition à l'extérieur de la maison. Par ailleurs, une étude réalisée dans quelques services de garde en milieu scolaire démontre que, de leur côté, un enfant de 5 à 8 ans fréquentant le service à temps plein passe plus de 40 % de son temps en activité de routine et de transition, ce qui correspond à 400 heures par année. Supposons qu'il ira au service de garde pendant sept ans, on ajoute 2 800 heures, **ce qui porte à 8 800 le nombre total d'heures vécues en activités de routine et de transition en services éducatifs durant toute son enfance (0 à 12 ans)** sans compter celles qui ont lieu durant les heures de classe. Ces chiffres fort éloquents révèlent, à eux seuls, la part importante qu'occupent ces moments dans la vie d'un enfant en CPE, en garderie ou en SGMS d'où la nécessité irréfutable de leur accorder beaucoup d'attention.

2.2   DÉFINITION DE L'ACTIVITÉ DE ROUTINE

On peut définir une activité de routine en services éducatifs comme une activité de base prévisible qui revient quotidiennement de façon obligatoire. Elle a généralement lieu à heure fixe et constitue la pierre angulaire ou le cadre servant à ponctuer le déroulement de la journée. Plus les enfants sont jeunes, plus les tâches routinières sont fréquentes et demandent du temps, en plus de nécessiter une grande attention de la part de l'adulte. Une bonne partie des activités de routine sert à satisfaire l'ensemble des besoins de base comme manger, boire, éliminer, se reposer, respirer calmement, avoir une bonne hygiène, être au chaud, etc. Parmi les activités de routine les plus connues auprès des enfants de 2 à 8 ans, mentionnons :

- l'hygiène : lavage des mains, brossage des dents, routine des toilettes et mouchage ;

- les collations et les repas ;

- la sieste ou la relaxation ;

- l'habillage et le déshabillage.

En plus de répondre à des besoins fondamentaux, les activités de routine sont nécessaires pour le bien-être affectif des enfants ; elles les aident à se situer dans le temps en les amenant à anticiper ce qui s'en vient ; elles développent ainsi un sentiment de sécurité indispensable à la construction de la confiance.

2.3   DÉFINITION DE L'ACTIVITÉ DE TRANSITION

Les activités de transition sont habituellement des activités simples et courtes qui servent de lien et de tampon entre deux activités plus longues ; il s'agit d'intermèdes régulateurs qui ponctuent la journée. Ces moments appellent un changement : changement d'activités, changement de lieu, changement de partenaires de jeu, changement d'éducatrice, etc. On y retrouve, entre autres :

- les rangements et les nettoyages ;

- les rassemblements ;

- les déplacements ;

- les accueils et les départs ;

- les attentes inévitables.

Une bonne transition doit servir de lien entre les activités ; elle respecte le plus possible le rythme des enfants en plus d'être facile à mettre en place. Finalement, elle requiert peu ou pas de matériel tout en encourageant la participation et l'autonomie des enfants en fonction de leur stade de développement.

Les transitions exigent une attention particulière de la part des éducatrices, car elles servent aussi à maintenir l'harmonie très importante dans l'enchaînement des activités. En planifiant adéquatement et en agrémentant les temps de flottement ou les « entre deux », l'éducatrice limite le désordre et l'excitation dans le groupe d'enfants.

Pour l'éducatrice, les activités de routine et de transition constituent une occasion privilégiée d'établir un contact personnalisé avec l'enfant de deux ans (Lauzon, p. 205). À l'arrivée, au départ, lors de la sieste ou à la période de la collation, l'éducatrice s'intéresse à l'enfant en lui accordant de l'attention et en échangeant des mots et des sourires avec lui. Par ailleurs, ce sont aussi lors de ces moments que l'enfant s'oppose parfois aux demandes de l'adulte en raison de la fatigue accumulée ou de la difficulté à vivre le changement d'activité. Chez les trois ans et plus, ces moments sont tout indiqués pour s'exercer au langage, ce qui incitera l'enfant à entrer en relation avec ses pairs. Les causeries prennent alors une place considérable au moment des collations ou de la séance d'habillage. Ces activités fournissent également une bonne occasion de résoudre des conflits ou de faire preuve d'une plus grande autonomie corporelle.

Les activités de routine et de transition sont au rendez-vous du quotidien des services éducatifs et constituent des défis constants et intéressants pour l'éducatrice. En choisissant bien ses moyens d'action, elle peut assumer pleinement son rôle professionnel, comme nous le verrons au prochain chapitre.

2.4   LES FONDEMENTS PÉDAGOGIQUES SUPPORTANT LES ACTIVITÉS DE ROUTINE ET DE TRANSITION

L'apprentissage de comportements tels que manger proprement, boutonner son manteau, bien ranger les jouets, se déplacer calmement, patienter au vestiaire, est principalement assuré par la **qualité des gestes pédagogiques** posés par l'éducatrice. Sécurité, disponibilité, encadrement sécurisant, contrôle de soi, organisation appropriée, sont essentiels pour vivre les routines et les transitions le plus posément possible. Ces moments ébranlent souvent la patience et la créativité de l'éducatrice. Pensons seulement à l'habillage pendant l'hiver où il faut amener les enfants à mettre leur habit de neige, les mitaines, les bottes, le chapeau, alouette, ah! et ce, en un temps limité afin d'éviter l'embouteillage dans le vestiaire et l'impatience des enfants. Que de fois l'éducatrice répète les mêmes consignes : « Dépêche-toi, il y en a d'autres qui sont déjà prêts à sortir. » « Allez, fais vite, ça fait trois fois que je te demande de t'habiller. » Ou bien lorsqu'il faut aider les tout-petits de deux ans à se vêtir : quelques-uns pleurent en demandant les bras de l'éducatrice, un autre a le nez qui coule et deux petits futés ont déjà fui le vestiaire. Dans la réalité, ce sont des périodes exigeantes pour l'éducatrice et souvent tout aussi stressantes pour les enfants. Parfois, il y a tellement de consignes à donner que l'éducatrice n'arrive ni à proposer, ni même à penser à de petits jeux qui pourraient aider à contourner les difficultés. De plus, ces situations requièrent de la part de la responsable du groupe d'enfants un bon contrôle de ses émotions. Et contrairement à ce que l'on souhaiterait, les tâches routinières nous apparaissent souvent plus lourdes et plus pénibles à exécuter les jours où l'on se sent plus fatigué ou irritable. C'est dans ces moments difficiles que s'impose plus que jamais la nécessité d'une organisation éclairée qui soit efficace tout en demeurant souple et réaliste.

Pour comprendre la nature et le déroulement de chacune des activités de routine et de transition, il est nécessaire d'effectuer un survol des fondements pédagogiques sur lesquels reposent les règles qui assurent leur qualité.

Nous avons cru bon de faire ici une énumération de ces fondements au regard de six composantes essentielles afin de réussir pleinement les activités de routine et de transition. Ces composantes (figure 2.1) sont : A. Les interventions de style démocratique ; B. L'aménagement spatial ; C. L'aménagement de l'horaire ; D. Les besoins réels des enfants ; E. L'équilibrage des énergies ; F. Le matériel et l'équipement.

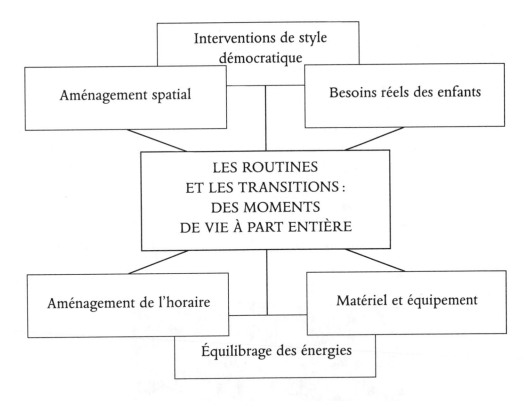

Figure 2.1 Six composantes auxquelles se greffent les fondements supportant les activités de routine et de transition

A. Les interventions de style démocratique

- Les choix et les décisions doivent être partagés entre l'éducatrice et les enfants ; la stimulation de l'autonomie des enfants doit être adaptée à leur âge et à leurs capacités. Par exemple, l'auto-service lors des repas convient aux enfants d'âge préscolaire et scolaire, mais pas aux tout-petits.

- L'implication concrète des enfants est favorisée le plus souvent possible. Par exemple, les bambins se lavent eux-mêmes les mains au lavabo même s'ils étaient habitués auparavant à se faire nettoyer les mains par l'éducatrice à l'aide d'une débarbouillette.

• L'enfant de quatre ans et plus est encouragé à l'autodiscipline, à l'autoévaluation. Il est appelé à gérer ses conflits, à comprendre et à assumer les conséquences de ses comportements inaccep- tables tout en apprenant à valider ses comportements accepta- bles. Il est sensibilisé à l'impact de ses gestes pour lui-même et pour les autres. Par exemple, l'enfant de cinq ans qui engouffre toujours sa collation n'a plus rien à manger pour accompagner ses amis, ce qui le porte à les déranger. Au lieu de priver l'enfant de ses compagnons en l'isolant, l'éducatrice amènera l'enfant à prendre conscience de l'importance de bien mastiquer et de savourer ses aliments à l'heure de la collation. Ainsi, il sera à même de constater les bienfaits retirés de son changement de comportement.

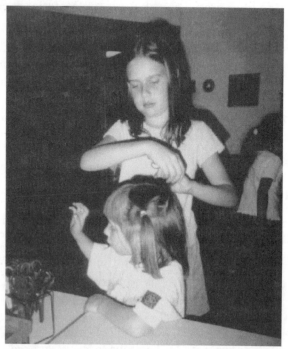

L'approche démocratique favorise les interac- tions entre enfants d'âges différents.

- L'acquisition progressive de compétences sociales se fait en fonction de l'âge et des capacités de chaque enfant : interaction avec les pairs, possibilités d'intégration à d'autres niveaux d'âge, valorisation du partage, etc.

- Les enfants sont impliqués activement dans la résolution des problèmes qu'ils rencontrent. Par exemple, Justin, six ans, qui a de la difficulté à accepter la présence de pairs autres que ses amis, est appelé à trouver un compromis qui puisse satisfaire les deux parties.

- Il y a place pour considérer les propositions directes ou indirectes des enfants. Par exemple, pendant un jeu animé par l'éducatrice pour agrémenter la fin d'un rangement, un enfant suggère une idée que l'éducatrice récupère de bon gré. Le cas échéant, elle signifie à l'enfant qu'ils pourront la reprendre pour un autre jeu.

B. L'aménagement spatial

- On contrôle le niveau de bruit par divers moyens : voix calmes, matériaux poreux, nombre limité d'enfants, etc.

- L'espace est attrayant, sécuritaire, bien éclairé, aéré et bien entretenu.

- On accueille un nombre limité d'enfants par local.

- On aménage des coins de détente d'accès faciles.

- On aménage un espace qui encourage l'initiative et le sentiment d'appartenance des enfants. Leurs dessins, des photos d'eux-mêmes ornent les murs du local.

- On aménage un espace en collaboration avec les enfants, selon leur niveau de développement.

C.   L'aménagement de l'horaire

- L'horaire est à la fois structuré et souple.

- On réduit le plus possible les contraintes dues au temps.

D.   Les besoins réels des enfants

- On satisfait adéquatement les besoins élémentaires des enfants : manger, boire, éliminer, se reposer, respirer de l'air sain, avoir accès à la lumière naturelle, etc. On favorise la qualité de leurs rythmes de base. Aussi, les enfants vivent dans un milieu où ils peuvent avoir du plaisir, jouer, bouger, avoir leur espace vital, avoir la possibilité d'exprimer sainement leurs émotions.

- On donne aux enfants l'occasion de s'initier à l'art de prendre soin de soi : être propre, être à l'écoute des signes de fatigue et d'intolérance, etc.

- On encourage le développement de l'estime de soi. L'appréciation de ses réussites personnelles et de ses points forts détrônent les comparaisons, le souci de performance et l'obsession du produit fini.

- On facilite l'adaptation sociale : complicité avec les adultes, amitié avec les pairs, identification sexuée, présence stable d'adultes signifiants qui constituent de bons modèles pour les enfants.

- On favorise la curiosité, la créativité et le sens de l'émerveillement.

E.   L'équilibrage des énergies

- Pour les tout-petits, il y a une certaine continuité entre la maison et le service de garde afin de minimiser les difficultés liées à l'adaptation. Pour les enfants plus âgés, on instaure un patenariat entre leur famille et le personnel éducateur, ce qui favorise une plus grande cohérence entre les milieux de vie.

- Pour les enfants d'âge scolaire, il y a une démarcation claire entre la vie scolaire et le SGMS. On leur propose des activités qui leur permettent de renouveler leurs énergies aux plans physique et psychique.

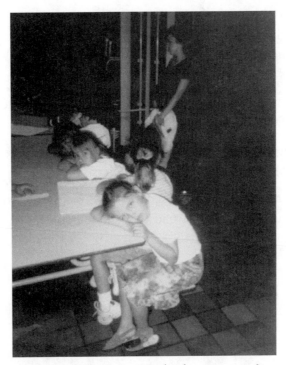

Un moment de répit après la classe permet à l'enfant de faire une démarcation entre l'école et le service de garde en milieu scolaire.

- On alterne régulièrement entre activités physiques et activités calmes, activités de concentration et de détente.

- Il y a un juste milieu entre les activités en grand groupe, en petits groupes et les activités individuelles.

- Les activités librement choisies et celles imposées alternent en fréquence et en nombre appropriés aux besoins des enfants.

- Il existe une alternance entre le temps passé à l'intérieur et celui passé à l'extérieur.

F.   Le matériel et l'équipement

- On se soucie de la sécurité en tout temps : respect du ratio réglementaire, accès rapide à un téléphone et aux numéros d'urgence ainsi qu'à une trousse de premiers soins, connaissance des mesures d'évacuation, etc.

- Le mobilier est sécuritaire, confortable et adapté à la taille des enfants.

- On dispose de matériel favorisant la détente (coussins, livres, etc.) facilement accessible à divers moments de la journée.

- Le matériel de jeu est sécuritaire et bien entretenu, stimulant et varié, adapté au niveau des enfants et mis à leur disposition selon leurs besoins.

Chapitre 3

Règles générales favorisant la qualité des activités de routine et de transition

CONTENU DU CHAPITRE

La qualité des activités de routine et de transition ne s'improvise pas : elle se planifie et se prépare avec beaucoup de connaissance et de réflexion. Et le rôle majeur de l'éducatrice est de veiller au bon déroulement des nombreuses activités de routine et de transition qui jalonnent le quotidien en services éducatifs. Pour ce faire, elle doit suivre des règles de base en conformité avec les fondements pédagogiques énumérés au chapitre précédent. C'est l'application de ces règles qu'aborde le présent chapitre.

3.1 PLANIFIER ET ORGANISER

On devrait planifier les routines et les transitions au même titre que les autres activités et tenir compte de certains principes pédagogiques si l'on veut en faire des situations de vie profitables et agréables pour tous.

« Des moments de transition bien planifiés font souvent la différence entre une journée difficile et une journée harmonieuse, tant pour les enfants que pour les éducatrices. » (Bourgon et Proulx, p.254) Sans compter qu'une prise en charge réfléchie permettra d'assurer une qualité de présence auprès des enfants, en plus de générer le goût d'apprendre, la motivation à entrer en relation avec les autres ainsi que la fierté d'acquérir de nouvelles habiletés. Même en l'absence de situations problématiques, un outil de planification comporte de nombreux avantages pour les routines et les transitions. Il permet notamment de relever régulièrement des observations qui servent à prendre le pouls du groupe tout en suivant l'évolution de chacun des enfants. On doit faire l'expérience de l'utilisation de l'outil pendant une période suffisamment longue pour arriver à cerner ses avantages et ses limites et ensuite y apporter les modifications nécessaires. La mise à jour de l'outil de planification et de la manière de l'utiliser permet en outre de s'adapter à une réalité qui peut changer au fil du temps.

Tableau 3.1   Exemple d'un outil visant à planifier le repas du midi en SGMS

	Interventions indirectes (aménagement, matériel, affiche, horaire, etc.)	**Interventions directes (consigne, chanson, signal visuel, etc.)**
AVANT LE REPAS	Faire choisir les responsabilités de la semaine – disposer les tables en îlots – rassembler les plats à chauffer – installer les micro-ondes près des tables – préparer la cassette et l'appareil pour mettre une musique calme à la fin du repas – etc.	Établir avec les enfants les consignes d'un bon fonctionnement et leur faire réaliser des affiches faisant la promotion des comportements attendus : se laver les mains avant le repas, jeter ses déchets, etc.
PENDANT LE REPAS	Désigner un responsable par table pour voir à la propreté, demeurer près des enfants le plus possible en diminuant le nombre de va-et-vient.	Utiliser un indicateur de bruit (couleur, geste, affiche, etc.) Recourir à une chanson pour annoncer le début du repas, mettre de la musique calme à la fin du repas, etc. S'adresser aux enfants avec une voix posée et avec le sourire.
APRÈS LE REPAS	Faire choisir des jeux parallèles tranquilles aux enfants qui ont terminé de manger autre que la télévision, etc.	Animer un jeu amusant pour ralentir le déplacement : les enfants sortent du local en utilisant un code secret en complicité avec l'éducatrice.

On peut concevoir un outil de planification sur mesure pour avoir une idée plus précise d'une situation problématique afin d'envisager des solutions possibles.

Il faut mettre du temps et de l'énergie pour planifier les activités de routine et de transition, mais on y gagnera en ayant moins d'interventions disciplinaires à faire, en prévenant les situations difficiles, en réfléchissant autrement que dans le feu de l'action ou en prévoyant des façons de susciter la collaboration des enfants.

Précisons que dans toute planification subsiste une part d'imprévisible qu'il est bon d'intégrer à la réalité. En effet, le défi de l'éducatrice consiste à atteindre un équilibre entre la planification et la spontanéité en tenant compte des besoins des enfants selon le contexte.

3.2   PRÉVENIR AVANT TOUT

On peut expliquer de bien des manières les problèmes qui surviennent dans le déroulement des activités de routine et de transition. Pour améliorer le fonctionnement existant, on doit d'abord examiner la situation de près. Mentionnons d'emblée que le nombre élevé d'enfants dans un espace physique donné est l'une des principales sources de tension dont il faut tenir compte si on veut prévenir les problèmes. «Plus le groupe est important, moins il y a d'apprentissages malgré le nombre d'éducatrices réglementaire.» (Hendrick, p. 55)

Le recours à l'observation systématique – voir, décoder, analyser – aide grandement à cerner les facteurs en cause dans une problématique dans le but de planifier et d'appliquer un plan d'intervention approprié. De plus, la réduction du roulement du personnel, la mise en place de groupes stables d'enfants et le contrôle du bruit augmentent les chances de maintenir un bon climat pendant les activités de routine et de transition. Ce sont des conditions qui aident à prévenir les situations difficiles.

3.3   ÉTABLIR UN HORAIRE QUOTIDIEN PRÉVISIBLE

Stabilité et constance doivent faire partie des moments de routine et de transition. Lorsque la séquence des activités de la journée est prévisible, l'enfant arrive à mieux se situer dans le temps. Un horaire stable et appliqué de façon régulière présente un double avantage : d'abord, celui d'assurer le déroulement complet des activités prévues, puis celui d'offrir une prévisibilité essentielle pour sécuriser les enfants, principalement ceux en bas âge. (Berthiaume, p. 41)

Vers trois ans, l'intériorisation de l'horaire amène l'enfant à différencier les activités de routine et de transition des autres moments de la journée. Ainsi, l'enfant sera plus motivé et se dépêchera à s'habiller pour aller plus rapidement jouer dehors s'il connaît la séquence des tâches à faire ; l'anticipation de ce qui s'en vient lui procure le sentiment de contrôler les événements. Sans être fixe, un horaire typique sert à baliser les activités quotidiennes et permet en outre de faire connaître aux parents les grandes lignes d'une journée en services éducatifs. Les horaires qui suivent sont présentés à titre indicatif, car on ne doit pas oublier la souplesse, indispensable au déroulement harmonieux des activités.

Exemple d'une journée en CPE (volet installation)
(avec un groupe d'enfants âgés de deux et trois ans
où est appliquée une pédagogie démocratique)

7 h 00   Arrivée graduelle des éducatrices.
Ouverture du CPE.

Accueil progressif des enfants et des parents.

Échange personnalisé et chaleureux.

Déshabillage au vestiaire.

Rassemblement dans un local en groupe multiâge.

Échange avec les parents : état de santé
de l'enfant, annonce d'une activité spéciale
à venir, conversation informelle, etc.

Déjeuner facultatif des enfants selon l'entente
établie entre le CPE et les parents.

Jeux libres tranquilles qui nécessitent un
minimum de supervision pour permettre l'accueil
des enfants et des parents. Matériel de jeu mis à
la disposition des enfants.

Rangement avec la collaboration des enfants.

8 h 45   Rassemblement des enfants dans leur local
respectif avec leur éducatrice habituel.

Distribution des tâches de la journée,
tableau de la météo, s'il y a lieu, etc.
**Attention : cette activité ne doit pas être longue ou
rigide : elle doit tenir compte avant tout de
l'intérêt réel des enfants.**

9 h 00   Lavage des mains. Routine des toilettes.

Collation et causerie dans une atmosphère
détendue et conviviale.

10 h 00   Application de la crème solaire et habillage,
s'il y a lieu.

Jeux à l'extérieur ou à l'intérieur selon la
température, activités en ateliers ou en
petits groupes.

11 h 30   Rangement avec la collaboration des enfants.

Rentrée, déshabillage, s'il y a lieu.

Routine des toilettes. Lavage des mains.

Préparation pour le repas du midi.

12 h 00 Repas du midi dans une ambiance détendue et conviviale avec la présence à la table d'une éducatrice familière.

12 h 45 Nettoyage de la table et du plancher avec la participation des enfants.

Brossage des dents.

Routine des toilettes.

Lavage des mains et du visage.

Installation du matériel nécessaire pour la sieste avec la participation des enfants.

Déshabillage partiel autonome (chaussettes, souliers et autres selon la saison).

Jeux calmes en parallèle au choix de l'enfant.

Rituel du début de la sieste : histoire, chanson, automassage, etc.

13 h 15 Temps de la sieste. Atmosphère agréable et relaxante. Surveillance constante de la part d'une ou deux éducatrices selon le nombre d'enfants.

Consignation d'informations et d'observations dans le cahier de bord de l'enfant.

14 h 45 Lever graduel des enfants en respectant leur rythme propre.

Rhabillage autonome.

Routine des toilettes.

Rangement des matelas et des couvertures
avec l'implication des enfants.
Jeux libres au choix. Rotation de jouets à
l'occasion.

15 h 30   Lavage des mains.

Collation et causerie.

Application de la crème solaire, habillage,
s'il y a lieu.

16 h 15   Activités en ateliers ou en petits groupes (à l'intérieur
ou à l'extérieur).

Routine des toilettes selon les besoins des enfants.

Rassemblement graduel en groupe multiâge.

Arrivée graduelle des parents. Départ progressif
des enfants et des éducatrices. Accueil
personnalisé et chaleureux des parents.

18 h 05   Fermeture du CPE (en CPE installation, la
présence d'au moins deux éducatrices est requise).

En soirée   L'éducatrice en CPE, volet familial, planifie les
derniers détails pour sa journée du lendemain :
préparation de la collation, du matériel, etc. Elle fait
l'entretien des salles de toilettes, des pots
d'entraînement, etc.

Exemple d'une journée en SGMS
(avec un groupe d'enfants âgés de six et sept ans
où est appliquée une pédagogie démocratique)

Matin

Ouverture du service de garde vers 7 h 00 par une
ou deux éducatrices.

Arrivée progressive des enfants. Rassemblement
en groupe multi-âge dans un local.

Rangement du sac à dos et des vêtements au
vestiaire.

Rangement de la boîte à lunch au réfrigérateur
(telle tablette pour les plats à chauffer, telle autre
pour les plats froids).

Prise des présences.
Jeux libres, achèvement d'une réalisation commencée
la veille, etc.

Arrivée progressive des autres enfants et des
éducatrices.

Répartition des enfants dans des locaux
supplémentaires selon le nombre et l'âge.

Rangement en collaboration avec les enfants.

Habillage au vestiaire.

Toilettes au besoin.

Sortie à l'extérieur.

Les enseignantes prennent la relève
cinq à dix minutes avant le début des classes.

Une éducatrice reste au SGMS pour accueillir les
retardataires et ranger les locaux.

Midi

Accueil chaleureux des enfants.

Prise de présence graduelle.

Lavage des mains.

Dîner en groupe restreint dans différents locaux. Ambiance conviviale où l'éducatrice peut échanger calmement avec les enfants.

Nettoyage et rangement en collaboration avec les enfants.

Brossage des dents.

Habillage au vestiaire.

Jeux à l'extérieur.

Relais par les enseignantes de l'école.

Fin d'après-midi

Il est important que le SGMS fasse une coupure avec le temps passé en classe.

Accueil progressif et chaleureux des enfants.

Prise graduelle des présences.

Lavage des mains.

Collation prise dans une ambiance agréable.

Habillage au vestiaire. Toilettes au besoin.

Jeux à l'extérieur.

Retour à l'intérieur. Déshabillage au vestiaire.

Courte période de devoirs pour les enfants qui sont inscrits.

Activités dirigées, projet, ateliers, etc.

Jeux libres.

Regroupement des enfants en multiâge.

Départ progressif des enfants, accueil chaleureux des parents.

Fermeture du SGMS vers 18 h 00.

On doit limiter le plus possible l'utilisation au téléviseur en services éducatifs, la plupart des enfants passant déjà plus d'une vingtaine d'heures par semaine devant le petit écran à la maison.

Préparer d'avance le matériel nécessaire, réduire les périodes d'attente, éviter les activités qui rassemblent un grand nombre d'enfants à la fois et permettre aux enfants de commencer et de terminer les activités à leur rythme personnel en les autorisant, par exemple, à prendre leur collation au fur et à mesure qu'ils sont allés aux toilettes sont autant de moyens qui aident à faire vivre les activités de routine et de transition en douceur et dans le calme.

Un tableau, bien à la vue des enfants, qui présente la séquence des activités d'une journée type à l'aide d'images, de dessins ou de photos placés horizontalement peut les aider à prévoir les activités.

Figure 3.1 Images illustrant la séquence générale des activités d'une journée en CPE ou en garderie avec des enfants de 3 à 5 ans.

3.4　GARANTIR LA SÉCURITÉ DES ENFANTS

Un des rôles de l'éducatrice consiste à
veiller à la sécurité physique des enfants.

La sécurité avant tout pourrait être un adage à utiliser lorsqu'on travaille avec des enfants. **Ne jamais rien prendre pour acquis, assurer une surveillance constante des enfants, être irréprochable en tout temps,** pourraient en constituer d'autres. C'est
malheureux, mais la plupart des incidents et des accidents qui surviennent en services éducatifs auraient pu être évités. Il suffit d'un moment
de distraction ou d'un oubli pour qu'un simple objet mal utilisé cause
une blessure. La qualité de la surveillance est liée à la fréquence des
blessures (Mauffette, p. 159). Même s'il est vrai que les enfants doivent
être éveillés à la prudence dès leur plus jeune âge, l'éducatrice demeure
la première responsable de la sécurité en tout temps. Celle qui travaille

dans des locaux partagés avec d'autres personnes, par exemple, comme en milieu familial ou en milieu scolaire, doit redoubler d'efforts pour garantir un lieu sécuritaire. On ne doit jamais compter totalement sur les autres pour voir à la sécurité optimale des enfants. Notons que l'aménagement, le matériel, l'organisation des activités, le contrôle du bruit s'avèrent tout aussi importants que la surveillance de l'éducatrice pour assurer une protection judicieuse des enfants.

3.5   GÉRER LE TEMPS

L'une des responsabilités de l'éducatrice consiste à gérer le temps de manière à ce que les enfants et les adultes ne se sentent pas bousculés, hormis évidemment quelques situations inévitables qu'il faut vivre le mieux possible.

L'éducatrice doit tenir compte du temps qui s'écoule lors des activités de routine et de transition pour profiter au maximum de ces moments privilégiés. Une simple montre devient un outil indispensable. En gérant bien son temps, l'éducatrice sera par le fait même plus détendue et pourra se permettre d'aller vers les enfants plus effacés et d'établir une complicité avec ceux ayant des besoins particuliers. Or, cette recommandation suppose l'élimination maximale des contraintes, par exemple, celle voulant que les enfants prennent leur collation en dix minutes seulement. En effet, il est préférable de commencer l'activité un peu avant l'heure officielle afin de laisser la chance aux enfants d'avoir du plaisir à manger et à échanger avec les pairs. Prévoir un temps réaliste pour vivre les activités de routine et de transition demeure sans aucun doute une condition essentielle de réussite.

3.6   ÉTABLIR UN ÉQUILIBRE ENTRE
LE NOUVEAU ET L'ANCIEN

Mieux vaut éviter d'installer des changements trop fréquents ou trop rapides dans les habitudes de vie des enfants, particulièrement chez les tout-petits reconnus pour tenir mordicus à leur routine. Par contre, les nouveautés ont moins tendance à déstabiliser les enfants d'âge préscolaire et scolaire. On gagne à effectuer les changements graduellement, car les enfants risquent de ressentir de l'insécurité devant une transformation trop radicale. Les plus vieux, moins enclins à être déstabilisés devant les changements et la nouveauté participent au processus de changement : on leur donne des responsabilités simples ; on leur demande leur avis, etc.

Pour apporter des transformations, il est préférable de procéder par étape après avoir identifié les priorités. Parfois, il est plus sage d'attaquer un seul problème à la fois. Il faut savoir qu'on ne fait pas de révolution spontanément ni en présence des enfants. Une réflexion préalable s'impose avant d'instaurer des changements majeurs dans une activité de routine ou de transition.

3.7   AMÉNAGER L'ESPACE

L'environnement physique d'un local ou d'une aire de jeu extérieure en dit long sur la qualité de vie du service éducatif. Chaleureux, stimulant, confortable, fonctionnel, hospitalier tant pour les enfants, les éducatrices que les parents, un bon milieu de vie doit favoriser une pédagogie démocratique, le bien-être, la socialisation et l'individualisation. La proximité des installations sanitaires, l'aménagement par coins d'activités, la facilité d'accès aux casiers des enfants, un décor élaboré avec eux (décorations saisonnières, réalisations des enfants sans toutefois surcharger l'espace), l'emplacement stratégique du vestiaire par rapport à la sortie donnant sur la cour influent grandement sur le déroulement des activités de base. L'éclairage naturel doit être suffisant et possible à tamiser à volonté, la température ambiante ni trop chaude ni trop froide, les murs de couleurs pastel.

Plus que tout, il faut penser à un environnement spatial qui limite les interventions disciplinaires ; par exemple, un banc placé dans la salle de toilette en SGMS permettra aux 20 enfants de 7 et 8 ans de s'asseoir pour attendre leur tour, ce qui évitera la fatigue et les bousculades du fait d'avoir à demeurer debout longtemps.

Dans chaque local du service éducatif, il est important de prévoir des espaces communicants avec des repères visuels qui permettent d'associer des activités à des lieux : un coin de psychomotricité avec des objets à tirer et à pousser, des chariots, un coin de détente avec des coussins confortables et des livres attrayants, un coin de rangement pour mettre les effets personnels des enfants, un endroit approprié pour faire les devoirs, etc. Le tout doit être identifié clairement par des divisions – cloisons, séparateurs ou étagères – qui permettent à l'éducatrice d'assurer une surveillance adéquate et sécurisante pour les enfants. Une ligne de couleur fixée au sol, par exemple, un ruban à masquer, peut également servir à délimiter les coins. Plus le local comporte des divisions claires et fonctionnelles – aire de repos, aires de jeu, aire de rassemblement, tables et chaises pour les repas et les collations – plus l'harmonie et le calme sont susceptibles d'y régner.

> Les cloisons servant à diviser un local ne doivent pas empêcher l'éducatrice d'avoir une vue d'ensemble du groupe d'enfants.

Une simple séparation entre le coin maison et le coin construction peut faire toute la différence dans le climat de jeu. Aussi, une délimitation claire d'un coin de jeux dans une grande salle empêche l'éparpillement des enfants et du matériel. Cependant, l'éducatrice doit faire preuve de souplesse en permettant aux enfants de transporter du matériel d'un endroit à l'autre pour réaliser certaines activités ; par exemple, les déguisements du coin des jeux de rôles peuvent se retrouver dans le coin de cuisine pour simuler une sortie au restaurant. Mais la polyvalence des objets de jeux n'exclut en rien la nécessité de les ranger de manière systématique et ce, en temps opportun.

Des étagères basses avec des contenants faciles à identifier aident l'enfant à développer son autonomie.

Des étagères basses, stables et d'une hauteur maximale d'un mètre en petite enfance, des pochettes ou des tableaux pour prendre et remettre aisément des objets, des modules de rangement sur roulettes pour les SGMS, des armoires à tablettes amovibles permettent aux enfants de prendre ce dont ils ont besoin, ce qui les aide à développer leur autonomie. Au contraire, un espace demeuré vaste et ouvert sans matériel accessible aux enfants risque d'engendrer de l'ennui et de la dépendance ; un lieu encombré d'objets de jeu entrave la circulation et prédispose les enfants à la confusion et à l'agitation en plus de constituer un danger de chute. Bien que les lieux puissent paraître en désordre lors des périodes de jeu, un rangement subséquent permettra de remettre un minimum d'ordre dans le local ; en retournant le matériel à sa place habituelle, les enfants le retrouveront aisément.

Un bon aménagement spatial ne se fait pas sans la responsabilisation des enfants ; ils doivent prendre soin de leur environnement et en être fiers. Pour ce faire, ils doivent s'y reconnaître : photos significatives, œuvres personnelles, etc. Autant que possible, établir avec eux et les membres du personnel les règles de fonctionnement et d'ordre et les afficher à la vue des usagers. Par exemple, un plan détaillé de la sieste apposé près de l'armoire des matelas sera très utile à la remplaçante. Une petite note sur le placard précisera quels objets doivent être rangés à cet endroit.

Pour créer des espaces de jeux où les enfants se sentent bien, il est nécessaire de mettre à leur disposition du matériel et de l'équipement adaptés à leur besoin de développement global, sur le plan physique et moteur, intellectuel, langagier, socioaffectif et moral.

Il est très important de placer les besoins réels de l'enfant au cœur même de l'organisation et de l'aménagement du service éducatif. Le respect des enfants passe inévitablement par l'observation attentive de leurs réactions verbales et non verbales.

Les enfants apprécient pouvoir se retirer temporairement du groupe dans un coin tranquille.

Nous n'insisterons jamais trop sur l'importance de mettre à la portée des enfants un coin douillet séparé des aires bruyantes et accessible au moins pendant une partie de la journée. Il est important que cet espace soit offert autant à l'intérieur qu'à l'extérieur et qu'il soit différent de celui utilisé pour la sieste ou la relaxation. Vu comme un espace de décompression, ce lieu est utile pour prévenir l'accumulation de tensions inhérentes à la vie de groupe. Un meuble rembourré comme un petit divan ou un fauteuil sac, des coussins où les enfants peuvent flâner, s'étendre seul ou encore jouer tranquillement sans l'intrusion des pairs, une carpette douce, des objets en peluche ou une cloison transparente deviennent un attrait pour cette aire de détente qui doit évidemment demeurer propre et sécuritaire.

> Ordre (mais sans impression de perfection), sécurité, propreté, utilité, contrôle du bruit, attrait et confort caractérisent un bon espace de vie en services éducatifs.

Il est important de mettre en place un aménagement limitant le bruit, car on sait qu'un niveau sonore élevé engendre des difficultés de concentration et de l'irritabilité qui dégénèrent souvent en troubles de l'attention et du comportement. Matériaux poreux, grand morceau de liège sur les armoires de métal, carpettes, balles de tennis recouvrant l'extrémité des pattes de chaise, banderoles décoratives fixées au plafond, petit tapis sous les blocs de construction figurent au nombre des moyens à prendre pour absorber le son. Les adultes, naturellement plus posés que les enfants, peuvent être portés à restreindre les mouvements de ceux-ci pour faire baisser les décibels. Ils peuvent leur proposer de pousser une chaise le plus lentement possible ou leur demander de chuchoter et de s'excuser lorsqu'ils sont à l'origine de bruits dérangeants. Toutefois, ce ne sont pas des solutions durables pour régler le problème de bruit. Il faut se rappeler qu'après le nombre limité d'enfants dans un même espace, la qualité des matériaux et de l'architecture des lieux demeure la mesure la plus efficace pour contrer le niveau de bruit en services éducatifs. De plus, il est reconnu qu'une musique de fond qui joue pendant plus de plus de 10 minutes rend la conversation normale difficile et augmente le niveau de bruit général.

Écouter de la musique ou des chansons avec des écouteurs contribue à réduire le bruit ambiant.

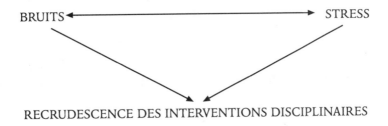

Figure 3.2 L'incidence du bruit en services éducatifs

3.8　RÉDUIRE LES TEMPS D'ATTENTE

Les enfants n'aiment pas attendre et encore moins le faire en gardant le silence. De plus, plusieurs n'ont pas appris à attendre dans la vie familiale, car les parents répondent rapidement à leurs besoins. On sait très bien que des enfants qui attendent sans rien faire s'ennuient et trouvent vite le moyen de s'occuper en prenant les pairs comme objets de stimulation et de distraction. Puisque les temps d'attente constituent une source de tensions, on doit les réduire le plus possible. L'une des façons de contourner les effets négatifs engendrés par les attentes, par exemple l'irritabilité, l'agitation et la frustration, est d'impliquer les enfants dans des petites tâches selon leurs capacités. Une éducatrice qui fait tout pendant que les enfants attendent risque d'avoir à multiplier les interventions disciplinaires pour limiter la turbulence. En outre, pour les enfants n'ayant pas la même notion temporelle que les adultes, cinq minutes d'attente peuvent sembler interminables.

Lorsque les toilettes et les lavabos sont éloignés du local, des délais et des attentes sont parfois imposés aux enfants. Pour ne pas les faire attendre inutilement pendant que les autres finissent de s'habiller, on doit tenter de réduire les déplacements en grand groupe. Les enfants de 4 et 5 ans ont assez d'autonomie pour aller seul aux toilettes même si elles se trouvent à l'extérieur du local. Une autre solution consiste à faire les déplacements en petits groupes et, au besoin, à partager la surveillance avec une autre éducatrice ; même, il vaut mieux faire rentrer graduellement les enfants de l'extérieur par petits groupes, ce qui limitera le bruit et les tensions.

3.9　LIMITER LES RASSEMBLEMENTS ET LES DÉPLACEMENTS

On recommande d'éviter les situations où les enfants doivent agir tous en même temps car elles génèrent bousculades, tensions et bruits. Faire la queue avec 10 enfants qui doivent se laver les mains au même lavabo risque d'engendrer du bruit, de l'agitation et de l'agressivité au sein du groupe. Les enfants, comme les adultes, ont besoin d'un minimum d'espace vital pour développer de bonnes habiletés sociales.

3.10 FAIRE PARTICIPER LES ENFANTS

En partageant les tâches avec les enfants lorsque la situation le permet, l'éducatrice peut accorder un peu plus d'attention à chacun d'eux. En leur permettant de participer à des tâches adaptées à leurs capacités, comme distribuer du matériel, passer le balai après le dîner, être l'aide-éducatrice, les enfants acquièrent un sentiment de compétence et d'estime de soi indispensable à l'épanouissement de leur personnalité. Selon Hendrick (p. 239), « la source de valorisation la plus souhaitable ne viendra pas des félicitations de l'éducateur, mais bien des compétences que l'enfant acquerra lui-même ». Se savoir capable d'accomplir une tâche procure une satisfaction intérieure incontestablement supérieure à l'approbation extérieure des autres. Se sentir utile, développer le sens du partage et l'esprit d'entraide, exercer un certain contrôle sur son environnement font partie des bienfaits retirés de la participation aux tâches.

Grâce à un tableau, les tâches peuvent être distribués équitablement.

Un système d'attribution des tâches est un bon moyen de répartir les petits travaux inhérents à la vie de groupe. Le choix des enfants peut se faire soit sur une base volontaire, soit à l'aide d'un tableau de tâches, soit par une pige au hasard.

être l'aide-éducatrice (mettre une image ou une photo) *nom de l'enfant*	être le chef du train (mettre une image ou une photo) *nom de l'enfant*	passer le balai (mettre une image ou une photo) *nom de l'enfant*	laver la table (mettre une image ou une photo) *nom de l'enfant*
tenir la porte (mettre une image ou une photo) *nom de l'enfant*	éteindre les lumières (mettre une image ou une photo) *nom de l'enfant*	distribuer la vaisselle (mettre une image ou une photo) *nom de l'enfant*	distribuer les ustensiles (mettre une image ou une photo) *nom de l'enfant*

Figure 3.3 Exemple de tâches destinées à des enfants de 4 et 5 ans
N.B. Laisser des cases libres pour ajouter des tâches au besoin.

3.11   OFFRIR DES CHOIX

La pédagogie démocratique préconise la possibilité de faire des choix. Il convient donc d'amener les enfants à sélectionner une tâche ou une partie de tâche parmi un ensemble offert. Un tableau de tâches, une proposition, une alternative peuvent les aider à entreprendre l'activité de routine et transition. « Quelle tâche veux-tu choisir, Lee-Ann ? » « C'est le temps de te laver les mains, David. De quelle façon veux-tu te rendre au lavabo ? » « Pour t'habiller Jason, quel vêtement vas-tu mettre en premier ? » Etc.

La collaboration des enfants augmente lorsqu'ils sont conscients d'avoir une place et un pouvoir sur le déroulement des activités. On sait très bien qu'un enfant de deux ans peut avoir de la difficulté à se soumettre à des règles établies, à tolérer des contraintes ; un des moyens de l'aider est de lui donner la possibilité de faire des choix si minimes, soient-ils. « Veux-tu t'asseoir tout seul ou veux-tu que je t'aide ? » « Veux-tu boire ton lait avant ou après ton dessert ? » Ainsi, à l'aide de quelques astuces, on parvient à susciter une meilleure collaboration des enfants. Avec les enfants plus âgés, l'éducatrice peut recourir à des questions ouvertes pour les amener à résoudre des problèmes : « Comment pourrais-tu t'y prendre pour arriver à sortir dehors en même temps que tout le monde ? »

3.12　MONTER UNE BANQUE D'IDÉES DE JEUX À ANIMER

Des activités, nous en connaissons toutes. Des activités pour agrémenter les moments de routine ou de transition, nous en connaissons généralement un peu moins ou celles qu'on utilise sont dépassées ou insuffisantes pour continuer à capter l'attention des enfants. Des trucs permettant de transformer une idée simple en une activité intéressante, d'ajouter du piquant aux soins d'hygiène, nous n'en connaissons jamais trop. Il n'existe aucun moyen magique lorsqu'on travaille avec des enfants. Toutefois, on peut transformer des expériences de routine et de transition en interventions déterminantes et satisfaisantes en recourant à de petits jeux animés. On trouvera plusieurs suggestions dans les quatrième et cinquième parties de ce livre pour renouveler ou rafraichir les stratégies existantes.

L'éducatrice gagnera à développer au fil du temps un vaste répertoire de jeux donnant lieu à des situations d'animation variées. Un coffre à outils pédagogiques, de minimallettes thématiques garnies de différents objets et accessoires pouvant servir de déclencheurs valent leur pesant d'or en termes de potentiel d'amusement pour les nombreuses minutes passées à vivre les routines et les transitions. Si on les rassemble dans un fichier ou un cartable, les idées d'animation seront beaucoup plus faciles à utiliser. On peut noter ses observations sur les goûts des enfants et y donner suite au moment opportun. La remplaçante pourra consulter ce document de référence pour assurer un suivi auprès du groupe d'enfants.

3.13 PRÉVOIR LA FIN DES ACTIVITÉS

À l'horaire, on recommande de prévoir cinq ou dix minutes pour amorcer la fin d'une activité en avertissant les enfants du changement et en annonçant ce qui s'en vient : « C'est l'heure de ranger car on va aller jouer dehors avant le dîner. » On peut annoncer la fin imminente d'une activité par un signal sonore comme une chanson, une petite clochette, les sons cristallins d'une petite boîte à musique ou une minuterie avec un son agréable ; par un signal visuel comme une banderole colorée agitée dans les airs. L'éducatrice peut en profiter pour susciter l'intérêt pour l'activité suivante : « Je me demande bien si les petites hirondelles qu'on a vues hier sont encore dans l'arbre de la cour aujourd'hui. On va aller voir ça ; mais avant, on va s'habiller. » On peut demander aux enfants de reconnaître l'activité qui s'en vient par une question : « Que fait-on habituellement après la période au gymnase ? » Rappeler aux enfants qui connaissent l'heure de regarder l'horloge les incite à agir par eux-mêmes.

Une affiche avec des photos ou des dessins illustrant les divers moments prévus à l'horaire a l'avantage d'aider les enfants à anticiper les activités. « Regarde sur la pancarte, Deborah ; tu peux savoir ce que tu dois faire quand tu as terminé ton dessin (ranger le matériel et choisir un autre atelier). »

3.14 CONSIDÉRER L'ENFANT ET LE CONTEXTE

Il est essentiel d'avoir des attentes réalistes et raisonnables par rapport au développement de l'enfant, de son vécu et du contexte de vie. Un enfant nouvellement arrivé dans un groupe aura peut-être de la difficulté à s'endormir à la sieste. Il faudra alors l'accompagner dans les nouvelles habitudes à acquérir. De même, on n'aura pas les mêmes attentes envers un enfant qui vient tout juste d'avoir trois ans qu'envers ceux qui ont presque quatre ans en ce qui a trait, par exemple, à la vitesse d'exécution pour se vêtir. On devrait avoir à répéter moins souvent les consignes lorsqu'on parle à un enfant de huit ans que lorsqu'on s'adresse à des bambins. Pensons également aux événements comme l'approche de Noël ou la veille d'une longue fin de semaine de congé qui sont générateurs de tensions prévisibles chez les enfants. Dans ces moments-là, l'éducatrice devrait faire preuve d'une plus grande tolérance face aux perturbations des enfants.

Comprendre le développement intellectuel de l'enfant, les principes qui gouvernent sa mémoire, son type de personnalité quand il s'agit d'intégrer de nouveaux comportements ou de nouvelles habiletés font également partie des rôles qui incombent à l'éducatrice.

Il ne faut pas oublier les nombreux éléments extérieurs avec lesquels l'éducatrice doit composer : milieu bilingue, petit ou gros service éducatif, groupe multiâge, groupe homogène (seulement des maternelles), présence d'enfants ayant des besoins particuliers (enfants trisomiques, hémophiles, diabétiques, hyperactifs, etc.), exigences du conseil d'administration ou du conseil d'établissement, demandes des parents utilisateurs, demandes des enseignantes et des membres de la direction envers le SGMS (ne pas parler dans les corridors, ne pas utiliser tel local, etc.). Comme on peut le constater, la capacité d'adaptation et la débrouillardise de l'éducatrice se trouvent constamment sollicitées.

3.15   ANALYSER LES RÉUSSITES ET LES DIFFICULTÉS VÉCUES

L'éducatrice est sans cesse appelée à poser un regard critique sur les gestes qu'elle pose et sur les situations problématiques qui surviennent inévitablement dans sa profession. Quand rien ne va plus, l'éducatrice reçoit le signal de s'arrêter pour réfléchir sur la situation. Parfois, cet exercice s'effectue rapidement et permet d'apporter les changements qui s'imposent au fur et à mesure que les problèmes apparaissent : servir le repas 15 minutes plus tôt, faire le lever graduellement après la sieste, offrir de courtes activités parallèles au brossage des dents, etc. Par ailleurs, des échanges entre collègues ou une évaluation écrite peuvent s'avérer nécessaires pour analyser clairement les problèmes plus importants. On peut aussi demander aux enfants d'âge préscolaire ou d'âge scolaire de proposer des solutions. Ils ont souvent de bonnes idées qui les amènent à se sentir concernés dans la résolution d'une difficulté. Prenons, par exemple, la période des toilettes comme situation problématique et analysons-la afin d'y trouver des solutions viables. Il est question ici d'un groupe double d'enfants de 4 et 5 ans, en CPE installation.

Tableau 3.2 Analyse d'une situation problématique vécue par deux groupes d'enfants de 4 et 5 ans en CPE installation

Description d'une situation problématique	Effets observés	Proposition d'une solution	Effets envisageables
Après la période de jeux extérieurs et avant celle du repas du midi, les 19 enfants des deux groupes se rassemblent pour entrer à l'intérieur. Ils doivent aller aux toilettes et se laver les mains. Ils attendent leur tour à la queue leu leu.	Les enfants se bousculent dans le rang. Plusieurs d'entre eux montrent des signes d'impatience sans doute dus à la faim et à la fatigue (normal à ce moment de la journée). Certains s'occupent en se tiraillant et en se taquinant mutuellement. Une simple plaisanterie tourne en moquerie et un enfant se met à pleurer. Les éducatrices haussent la voix pour demander le calme.	Faire entrer les enfants graduellement à l'intérieur. Une éducatrice surveille les enfants au vestiaire et aux toilettes alors que l'autre joue encore un peu dehors avec le reste du groupe. Au fur et à mesure que les enfants ont terminé leur routine d'hygiène, ils prennent un livre et s'assoient à la table.	Moins d'enfants attroupés au vestiaire aux toilettes crée moins de bousculades. Avec moins d'attente passive, les risques de désorganisation diminuent. Avec moins d'enfants à surveiller au même endroit, les éducatrices ont plus de temps pour interagir positivement avec chacun. Il y a beaucoup moins d'interventions disciplinaires à faire. L'atmosphère générale est plus détendue.

Pour arriver à analyser adéquatement une situation problématique, pour comprendre les raisons qui motivent certains enfants à accepter ou à rejeter une activité, ou refusent d'adopter un comportement demandé, on doit se poser des questions en rapport avec :

— le **choix du moment** (les veilles de fins de semaine ou de vacances sont à éviter pour expérimenter une nouvelle procédure) ;

— nos propres **dispositions personnelles** (en période de fatigue, il est préférable de s'en tenir à la routine habituelle) ;

— l'**humeur générale des enfants** (une excitation généralisée est normale lors de la première bordée de neige) ;

— la **familiarité avec l'approche utilisée** (puisque les enfants aiment les chansons la plupart du temps, ce moyen a une fois de plus remporté un succès) ;

— le **déroulement d'ensemble** (trop lent ou trop vite ou encore certaines étapes ont été escamotées) ;

— le **niveau de difficulté** (trop facile ou trop difficile, défi ou découragement suscité en fonction du niveau de développement des enfants) ;

— l'**intérêt** pour le thème suggéré (les dinosaures et les animaux de la jungle font toujours sensation auprès des 3 et 4 ans, alors pourquoi ne pas en parler lors d'une collation) ;

— les **habitudes** des enfants (c'est la première fois que les enfants sont appelés à utiliser leur imaginaire pour se déplacer d'un endroit à l'autre), etc.

Remettre en question les façons de faire du service éducatif est plus qu'important. Il arrive qu'on agisse de telle manière parce que l'habitude est installée depuis longtemps alors que les raisons qui justifiaient l'instauration des règles de fonctionnement ne sont désormais plus valables. L'amorce et le maintien d'un processus de transformation sont souvent exigeants. Comme tout le monde, les éducatrices préfèrent garder leurs bonnes vieilles routines et ont tendance à repousser les changements pour diverses raisons : la peur de l'inconnu, le manque de motivation et de connaissances, l'absence de solidarité dans l'équipe, la rareté des réunions pour discuter du problème, etc. En fait, mille et un prétextes viennent saboter notre pouvoir de changement ; en voici quelques-uns :

« C't'impossible à faire. »

« Ça peut pas marcher. J'en suis convaincue ! »

« Ça ne s'est jamais fait auparavant ! »

« Je n'ai pas le temps de m'occuper de ça ! »

« C'est bien trop compliqué ! »

« On s'occupera de ça une autre année ! »

« Vous rêvez en couleurs ! »

« À quoi bon, on ne sera pas plus apprécié après ça ! »

« J'y croirai quand ça sera fait ! »

Etc.

3.16   DONNER DES CONSIGNES VERBALES CLAIRES

Il arrive souvent qu'on utilise des formulations qui demandent aux enfants s'ils ont le goût ou non de faire ce qu'on attend d'eux : « Voulez-vous ranger les jouets ? » « Est-ce que tu veux te calmer s'il te plaît ? » Ce sont de fausses consignes qui laissent un choix à l'enfant alors qu'en fait on ne souhaite pas le voir rejeter notre requête. Il ne faut pas hésiter à recourir gentiment à la forme impérative pour faire des demandes claires. « Range le camion, Gaëlle. » « J'aimerais bien que tu te calmes. » Donner un ordre à un enfant peut se faire en prenant un ton de voix à la fois posé et convaincant. La formulation positive des consignes a pour avantage d'insister sur les comportements attendus et d'affaiblir les restrictions. Dire aux enfants ce qu'ils doivent faire au lieu de ce qu'ils ne doivent pas faire constitue la meilleure façon de se

faire comprendre. Remplacer : « Ne fais pas ça. » par : « Laisse la nourriture dans ton assiette ou mets-la dans ta bouche. » apporte plus de
clarté à la consigne donnée.

Le respect des règles passe également par l'utilisation de termes
simples et concis, adaptés au niveau de compréhension des enfants.
Demander à un enfant de deux ans de parler moins fort sera peut-être
plus compréhensible pour lui que si on lui dit : « Baisse le volume s'il te
plaît. » ou encore « Le ton de ta voix est trop élevé. » Lui demander tout
simplement de parler doucement en donnant soi-même le bon exemple
vaut probablement mieux que bien d'autres tactiques. La consigne « se
comporter comme un grand » dans la cour semble claire pour un adulte,
tandis que pour un enfant d'âge préscolaire, elle peut demeurer ambi-
guë. Que veut-on signifier au juste à un enfant lorsqu'on lui demande
de se conduire comme un grand ? Jouer calmement ? Prendre soin du
matériel de jeu ? Rester à l'intérieur de la zone permise ? Il vaut mieux
formuler les consignes de manière univoque en s'assurant d'utiliser des
termes familiers, affirmatifs, en nombre limité et, bien sûr, avec un débit
modéré : « Je veux que tu prennes un jeu que tu aimes et que tu restes
dans la cour. » « Tiens ton verre avec tes deux mains. » À vrai dire, il
s'agit presque d'un art que de choisir des formulations exemptes d'am-
biguïté : « Assois-toi sur tes fesses. » est une consigne plus susceptible
d'être comprise par un enfant de 18 mois que de lui dire : « Ça fait dix
fois que je te demande de t'asseoir comme du monde. Je commence à
être tannée de répéter toujours la même chose. » Même lorsqu'on
s'adresse à des enfants plus vieux, la phrase suivante ne veut pas nécessairement dire de commencer à ramasser les jouets : « On est dû pour
un bon ménage. » La clarté des consignes est un facteur important pour
obtenir la collaboration des enfants. Pour viser le maximum d'efficacité, on peut demander à un enfant volontaire de présenter les consignes aux autres. Il sait parfois mieux que l'adulte faire comprendre un
message à ses semblables. La vie de groupe amène souvent les enfants à
se rappeler une règle entre eux : « Ce n'est pas permis de monter sur les
chaises, c'est dangereux. »

3.17   JOUER AVEC SA VOIX

Pour surprendre les enfants, rien de mieux que de changer spontanément d'intonations pour s'adresser à eux. Chuchoter, parler en « petite souris », prendre une voix de robot ou de *Teletubbies* constitue une façon efficace d'attirer l'attention des enfants ; cette technique a l'avantage d'être utilisable en tout temps. Les enfants aiment entendre les adultes jouer avec leur voix ; ils perçoivent là une musique, un jeu, du plaisir.

Une attitude calme, un ton ferme et convaincant donnent un bon coup de pouce à la discipline. Il ne sert à rien de « crier après » les enfants alors qu'on leur demande de rester en contrôle d'eux-mêmes. Un regard, une main posée sur l'épaule d'un enfant ou une attitude empreinte de conviction et de tact révèlent à eux seuls la volonté de l'éducatrice de faire respecter les règles qui doivent demeurer **raisonnables**, il va sans dire.

3.18   PASSER À L'ACTION

Il vaut mieux agir que trop parler pour énoncer une nouvelle consigne ou présenter une activité. Un exemple ou une démonstration concrète permet une compréhension plus rapide que de longues explications. Les enfants comprennent davantage en imitant l'adulte qu'en conceptualisant son discours. Une image vaut mille mots, une action en vaut autant.

3.19   RÉDUIRE LES INTERVENTIONS À DISTANCE

Le bruit est souvent évoqué comme facteur de tension en services éducatifs. On n'a qu'à penser aux heures de pointe comme les repas dans un SGMS ou aux périodes de rangement qui font monter le niveau de décibels. « Assois-toi, Maxime. » « À qui ce plat à chauffer ? » S'approcher le plus souvent possible des enfants pour leur parler permet de limiter le niveau sonore déjà très élevé en présence de plusieurs enfants. S'il existe des facteurs sur lesquels il est impossible d'agir, on peut par ailleurs, contrôler les voix des éducatrices. On ne devrait pas hausser la voix pour s'adresser aux enfants et leur parler de loin qu'en cas de situation exceptionnelle ; c'est une règle que les enfants devraient aussi appliquer pour communiquer entre eux.

3.20   RECOURIR À L'IMAGINAIRE

Un service éducatif où il fait bon vivre est un milieu joyeux où on trouve sourires et rires en abondance. Pour éviter de tomber dans la monotonie de la routine, un brin de fantaisie peut agrémenter les activités de base. Puisque les enfants aiment naturellement jouer, il est facile de leur présenter régulièrement les routines et les transitions sous une forme amusante. Jouer au restaurant pendant la collation pour amener les enfants à respecter les règles de politesse (dire merci et s'il vous plaît, rester calme, demeurer bien assis sur sa chaise, etc.) est certes plus intéressant que de rappeler froidement aux enfants les consignes sans autre motivation que de les voir obéir. Donner l'impression aux enfants qu'ils sont en train de s'amuser en adoptant des attitudes fantaisistes relève d'un art qui s'apprend. Un changement de voix (accent italien, accent parisien, voix robotique, nasillarde, etc.), la création d'un personnage farfelu que l'on ressort à l'occasion, l'utilisation d'un plateau spécial pour servir les aliments, le port d'un tablier de serveuse, etc. procurent du plaisir qui compense largement pour les efforts déployés.

On sait que les enfants aiment participer au choix des activités. En ce sens, on peut les inviter à choisir un procédé ludique d'animation parmi ceux qu'ils connaissent déjà, quitte à leur rappeler, au besoin ceux déjà expérimentés. « Comment va-t-on faire notre routine de la collation aujourd'hui ? En jouant au restaurant ou en faisant les personnes muettes comme on a fait l'autre fois ? » « Vous souvenez-vous de ce qu'on a déjà fait avec la marionnette Girouette pour se brosser les dents ? » Pour faire passer un message, rien ne vaut l'imaginaire et la fantaisie : « J'aimerais entendre des souliers silencieux pendant qu'on se déplace jusqu'au vestiaire. » ou : « Mettez votre doigt magique sur la bouche pour marcher dans le corridor. » ou bien : « On va se déplacer comme si on était des détectives à la recherche d'indices suspects. »

Les enfants sont très attirés par les façons divertissantes d'accomplir les tâches même les plus banales. Utiliser une manière originale de présenter une consigne peut également les stimuler comme on le souhaite : « Je vais mettre mes lunettes bioniques pour regarder ceux qui tirent bien la chasse d'eau après être allés aux toilettes. » « Qui peut stationner ce camion dans son garage ? » « J'appelle tous les experts du lavage des mains au lavabo. »

3.21   ÉVITER LA PERFECTION À TOUT PRIX

C'est une illusion de vouloir ou de croire que l'on peut contrôler parfaitement **tous** les comportements des enfants comme on le voudrait. En tant qu'éducatrice, il y a peut-être lieu de se demander si nos exigences envers les enfants sont vraiment utiles à leur développement ou visent plutôt à répondre à un besoin personnel de contrôle. Tenir mordicus au silence complet lors d'un déplacement, par exemple, n'est peut-être pas indispensable au bon déroulement de cette transition. Il est plus réaliste de mettre en place un moyen efficace pour inciter les enfants à collaborer agréablement aux moments de calme et d'agir sans attendre la perfection absolue.

3.22   ATTIRER L'ATTENTION DE MANIÈRE INHABITUELLE

Ce que j'entends, je l'oublie. Ce que je vois, je m'en souviens. Ce que je fais, je le sais.
Confucius (philosophe chinois, ± 500 ans avant Jésus-Christ)

On doit s'assurer d'avoir l'attention des enfants avant de leur transmettre une information. Dire : « Je veux avoir tous les yeux ici. » ou prendre une voix mystérieuse suggérant un brin de magie : « J'ai quelque chose d'important à vous dire. Approchez mesdames et messieurs. » L'approche multisensorielle qui fait appel au langage, à la vue et à l'expérience concrète favorise une meilleure attention. Une image, un geste constituent des ancrages supplémentaires à la consigne verbale et sollicitent diverses régions du cerveau. Plus un message s'adresse à l'ensemble du cerveau, plus il s'imprime ; par exemple, on capte davantage l'attention d'un enfant distrait si on lui touche délicatement l'épaule en même temps qu'on lui parle tout en le regardant dans les yeux.

3.23   FAIRE DU RENFORCEMENT POSITIF

Quel enfant n'aime pas voir souligner ses bons comportements ? « Bravo ! » « Super ! », « C'est beau… », – sans toutefois tomber dans les compliments disproportionnés ou les exclamations automatiques – un sourire, une main chaleureuse sur l'épaule, sont des signes d'encouragement qui aident l'enfant à augmenter son estime personnelle, à poursuivre ses efforts. « Tu es allé jusqu'au bout. » « Tu peux être content de tes beaux efforts. »

« La loi du renforcement est un phénomène de la nature et le comportement de l'enfant n'y échappe pas. » (Beaulieu, p. 21) Indiquer aux enfants que nous apprécions leurs bons comportements est une façon de faire du renforcement positif. « Je suis contente que tu ranges avec les autres. » « J'aime ça quand on parle calmement pendant la collation. » De plus, les enfants sont sensibles au fait d'entendre leur nom dans un commentaire verbal, ce qui peut constituer un renforcement en soi. « Je vois, Mathieu, que tu sais bien ranger les camions. » « Wow ! Audrey-Ann, tu as entendu ce que je t'ai demandé. » En interpellant ainsi les enfants, ils se sentent davantage concernés que si l'on s'adresse à l'ensemble du groupe.

Remercier les enfants est une forme de renforcement qui caractérise l'adulte bienveillant. (Miller. P. 143) « Merci d'avoir nettoyé les pinceaux. On dirait qu'ils sont neufs. » Quant à la critique négative, on sait qu'elle paralyse la motivation des enfants : « T'as pas encore rangé tes affaires. Comment veux-tu que je te considère comme un grand si tu niaises comme ça ? » Certaines éducatrices semblent distribuer des réprimandes ou des punitions en fonction de leur humeur au lieu de se baser sur des règles équitables et constantes.

Il faut éviter d'utiliser de manière systématique le retrait d'un enfant en raison d'un comportement jugé inacceptable. Faire « réfléchir » un enfant ne constitue pas toujours un moyen réaliste et efficace pour l'amener à adopter un comportement adéquat. Il faut considérer l'âge et la situation de l'enfant pour évaluer la pertinence d'une telle intervention.

La plupart des éducatrices se montrent particulièrement douées pour rendre la discipline plus humaine ; elles n'hésitent pas à souligner la bonne participation des enfants par des paroles encourageantes, des sourires d'approbation, des regards complices qui motivent les enfants à réussir ce qui leur est demandé. De plus, leurs actions démontrent un souci de cohérence et de congruence qui en font des modèles inspirants pour les enfants. Si les enfants n'ont pas la permission de manger et de boire ailleurs qu'à la table, l'éducatrice cohérente n'ira pas prendre son café devant eux ; si elle doit se mettre debout sur une chaise pour accrocher des dessins au mur, elle expliquera aux enfants pourquoi elle transige la règle de ne pas monter sur les chaises.

Dans certains contextes, l'octroi de privilèges s'ajoute aux bienfaits du renforcement verbal : être le premier à jouer à l'ordinateur, faire jouer le groupe à un jeu spécial, apporter un vidéo ou un jeu de la maison, etc. Mais attention à ne pas en faire un usage inadéquat ou abusif, car les systèmes d'émulation (autocollants, bonhomme sourire à côté du nom de l'enfant, récompenses, etc.) ne sont souvent des moyens limités et efficaces qu'à court terme seulement ; ils demeurent nettement incomplets dans le contexte d'une pédagogie démocratique. **Ce type de renforcement doit s'inscrire dans un plan d'intervention global où l'éducatrice a recours à diverses stratégies favorisant la pédagogie démocratique.**

3.24   RÉORIENTER L'ATTENTION

Le fait d'opérer une diversion dans l'attention de l'enfant peut l'aider à interrompre un comportement dérangeant et peut l'amener à revenir au calme. « Viens m'aider, Antoine, à sortir les matelas de l'armoire. » Dans des situations où il est porté à s'entêter, à hésiter ou à s'opposer, on peut offrir à un enfant rebelle des solutions de rechange : « Préfères-tu que je sorte ton matelas de l'armoire ou que je te laisse le faire seul ? » Dans la mesure du possible, il est préférable d'ignorer les agissements des enfants qui dérangent et insister plutôt sur leurs efforts.

3.25   ENCOURAGER L'AUTONOMIE DE LA PENSÉE

On peut être tenté d'accabler les enfants d'ordres, car beaucoup de situations s'y prêtent : « Tais-toi. » « Reste assis. » « Retourne à ta place. » « Ne cours pas. » « Lave tes mains tout de suite. » Etc. De tels commandements semblent avoir plus d'effets immédiats chez l'enfant. Par ailleurs, ils suppriment tout raisonnement ; il est plus constructif pour son développement de l'amener à réfléchir. Poser des questions ouvertes a l'avantage de l'aider à se rappeler les consignes habituelles : « Qu'est-ce que tu dois faire après être allé aux toilettes ? » « Va voir sur le tableau de tâches ce que tu peux faire maintenant. » « Est-ce que c'est permis de faire ça ? » La pédagogie démocratique doit favoriser chez l'enfant l'autoconstruction de sa pensée : « Regarde. » « Va voir sur l'affiche qui est au mur. » « Écoute attentivement ». « Penses-y bien. » « Comment vas-tu attacher ton manteau si tu mets tes mitaines tout de suite ? » Etc.

L'éducatrice démocratique invite les enfants à réfléchir au lieu de leur donner uniquement des directives.

Les enfants se montreront probablement plus accommodants si l'éducatrice prend la peine de faire des interventions qui les aident à se construire comme personne à part entière.

3.26   FAIRE PREUVE DE PERSÉVÉRANCE ET D'OPTIMISME

Quelle éducatrice n'a pas été tentée de baisser les bras devant l'entêtement d'un enfant ? Il n'est pas facile d'accepter qu'un enfant de deux ans manifeste de la résistance ou de l'indifférence devant un changement apporté dans la façon de vivre une routine ou une transition. Il faut alors que l'éducatrice fasse preuve de persévérance pour laisser à l'enfant le temps d'apprivoiser la nouveauté, de passer de l'inconnu au connu. S'ils avaient l'habitude de se précipiter tous ensemble aux lavabos, les enfants trouveront peut-être difficile de se laver les mains un par un si un changement s'impose. On ne doit pas abandonner trop vite une nouvelle idée qui n'aurait pas rapidement l'effet escompté, car les enfants réussiront vite à s'adapter et surmonteront leur réticence face à la nouveauté à la condition qu'on ne leur impose pas de rythme rapide d'exécution ou trop de changements en même temps. L'optimisme et la détermination de l'adulte favorisent indéniablement la participation active des enfants.

3.27   DÉMONTRER DE LA SOUPLESSE

Permettre à l'enfant de regarder le jeu peut être aussi profitable pour lui sur le plan des apprentissages que d'y participer activement. Par exemple, regarder les autres chanter lors d'un rassemblement est une excellente occasion de mémoriser les paroles. Évidemment, on aura avantage à évaluer le bien-fondé des interventions selon chaque cas. Il est certain que la souplesse demeure une qualité de l'éducatrice démocratique.

3.28   ASSURER SON BIEN-ÊTRE EN TANT QU'ÉDUCATRICE

Même si les enfants demeurent la principale préoccupation des services éducatifs, la santé et la sécurité de celles qui s'en occupent, c'est-à-dire les éducatrices, doivent également faire l'objet de préoccupations des milieux concernés. Puisqu'elles passent elles aussi beaucoup de temps à vivre les activités de routine et de transition, les éducatrices ont droit à un aménagement et à un équipement adéquats ainsi qu'à des conditions de travail favorables pour accomplir leur tâche. Une chaise adaptée à la taille adulte pour prendre place confortablement à la table, un fauteuil ergonomique pour s'asseoir au sol, des chariots pour transporter du matériel, des fenêtres faciles à ouvrir pour aérer le local après les collations, des temps de pause réguliers, une salle de repos agréable réservée aux membres du personnel, un support pédagogique de la part des gestionnaires, des ateliers de formation gratuits, du temps rémunéré pour préparer la programmation des activités, pour assister aux réunions d'équipe et animer les rencontres de parents ne sont que quelques-uns des moyens qui viennent concrètement en aide aux éducatrices. Puisqu'elles peuvent avoir une influence directe sur leur bien-être, les éducatrices doivent également revoir leurs façons de faire et d'être : postures néfastes pour le dos, attitudes négatives envers les parents, habitudes de travail pouvant mener à l'épuisement professionnel, désengagement face à l'équipe de travail, etc.

Lorsqu'elles se sentent appréciées dans leur milieu de travail, les éducatrices sont davantage portées à donner le meilleur d'elles-mêmes dans l'accomplissement de leur tâche professionnelle. Plus elles sont motivées, plus elles sont désireuses de contribuer au développement de l'enfant en services éducatifs. Mais il ne faut pas oublier que les éducatrices demeurent souvent les premiers agents de reconnaissance, de valorisation et d'amélioration de leur profession. Faire ses preuves comme professionnelles de l'enfance, posséder une formation de qualité, donner régulièrement des renseignements sur la nature de leur travail, participer à l'amélioration de leurs conditions de travail, mettre régulièrement à jour leurs connaissances et leurs compétences, être capable de s'auto-évaluer, gérer son stress, se doter de politiques cohérentes et d'un code d'éthique demeurent des moyens qui permettent aux éducatrices de contribuer concrètement à leur propre bien-être professionnel.

Chapitre 4

L'hygiène

CONTENU DU CHAPITRE

L'hygiène constitue l'un des éléments importants au maintien de la santé physique des enfants. Les activités qui encouragent l'hygiène permettent de contribuer au renforcement du système immunitaire qui demeure immature durant les premières années de vie.

Dans ce chapitre, nous ferons référence au lavage des mains, au brossage des dents, à la routine des toilettes ainsi qu'au mouchage. Nous parlerons des mesures d'hygiène comme conditions essentielles pour prévenir les maladies infectieuses.

4.1   LE LAVAGE DES MAINS

La pratique du lavage des mains doit être prise au sérieux, car elle permet à elle seule de réduire jusqu'à 50 % les risques de contamination dus aux parasites, aux bactéries ou aux virus transmis indirectement par les personnes ou les objets. Des recherches en épidémiologie ont démontré que les mains s'avéraient les principales responsables de la transmission des infections (La santé des enfants, p.88). Par surcroît, l'opération « lavage des mains » peut participer concrètement au maintien du bien-être physique des enfants.

Le lavage des mains compte parmi les mesures les plus importantes en matière de prévention des infections. Étant donné l'immaturité du système immunitaire des jeunes enfants, cette activité de routine doit faire l'objet d'une attention particulière de la part de l'éducatrice pour préserver la santé des enfants.

Le personnel éducateur a un rôle considérable à jouer dans la prévention des maladies, la protection du bien-être physique et le maintien de la santé des enfants. Aidés de l'adulte, les enfants peuvent acquérir de bonnes habitudes d'hygiène en apprenant, entre autres, à se laver les mains au bon moment et de la bonne façon.

A.   L'équipement et le matériel

Tout d'abord, il faut s'assurer que les lavabos soient en nombre suffisant selon le nombre d'usagers. On recommande d'avoir au moins un lavabo pour 15 enfants. Tous auront avantage à utiliser des lavabos faciles d'accès, de préférence dans le local où se prennent les collations et les repas, et installés à la hauteur des enfants. Pour protéger le dos de l'éducatrice, on conseille d'utiliser un lavabo de hauteur régulière auquel est ajouté un marchepied rétractable ou amovible sur lequel l'enfant peut monter par lui-même.

Pour des raisons de maniabilité et d'hygiène, on doit utiliser du savon liquide placé dans un distributeur au lieu d'un pain de savon. Le savon en barre constitue un agent de transmission des microbes non négligeable, car les enfants et les éducatrices ont à le manipuler directement avec leurs mains sales. Par ailleurs, l'utilisation d'un savon germicide est recommandée en période d'épidémie seulement (rhume, gastro-entérite, varicelle, etc.) en raison du dessèchement qu'il peut occasionner. Le distributeur doit être muni d'une cartouche de remplissage jetable, sinon il doit être lavé avant chaque remplissage. Pour assécher les mains, des papiers à main sont préférables aux serviettes en tissu puisqu'ils limitent la propagation des germes. L'éducatrice veillera à ce que les enfants n'en utilisent pas trop pour éviter le gaspillage et la pollution. Malheureusement, certains services éducatifs utilisent encore une serviette en ratine commune par souci d'économie. Une poubelle protégée par un sac de plastique et placée à proximité du lavabo s'avère indispensable pour y déposer les papiers après usage. Il faut voir à ce que les tout-petits ne les jettent pas dans la cuvette des toilettes. On devrait idéalement privilégier l'utilisation d'une poubelle à pédale pour empêcher les mains d'entrer en contact avec le couvercle. Le nettoyage et la désinfection de la poubelle devraient être effectués quotidiennement. On recommande l'utilisation d'une solution désinfectante composée d'une partie d'eau de Javel domestique pour neuf parties d'eau.

Dans les cas où le lavage des mains ne peut se faire au lavabo (lors des sorties, lorsque les lavabos sont situés loin du local et lorsqu'il n'y a pas assez de lavabos pour un grand nombre d'enfants, etc.), on peut alors utiliser un savon antiseptique sans rinçage ou des serviettes jetables humidifiées. Un lavage avec une débarbouillette mouillée d'eau tiède légèrement savonneuse suivi d'un rinçage peuvent également servir de compromis. **Mais rappelons que rien ne peut remplacer un lavage des mains fait adéquatement sous l'eau tiède du robinet : ni débarbouillette mouillée, ni serviettes jetables préhumidifiées, ni solution désinfectante qui sèche à l'air.**

B.   Les moments du lavage des mains

Ce n'est pas tout de se laver les mains, encore faut-il le faire au bon moment pour maximiser l'efficacité du geste. Nul besoin de préciser que cette règle concerne autant les éducatrices que les enfants.

Encadré 4.1   Moments propices pour se laver les mains

- Avant et après la manipulation des aliments (aux collations et aux repas), avant et après la préparation des fruits, etc.
- Après être allé aux toilettes, après la manipulation d'un pot d'entraînement sale ou après avoir touché à une couche souillée. Après avoir aidé un enfant à aller aux toilettes.
- Après avoir toussé ou éternué dans sa main, et après s'être mouché. Après avoir mis ses doigts dans son nez.
- Après avoir aidé un enfant à se moucher.
- Avant et après le brossage des dents.

- Après avoir joué dans le sable ou être allé dehors (les souliers, les bottes, les mitaines ou les mains retiennent du calcium, des excréments d'oiseaux, de chiens ou de chats qui constituent des irritants et des agents de contamination qu'il faut neutraliser le plus possible).
- Après avoir été en contact avec de l'urine, des selles, du mucus ou du sang, même si on a porté des gants de protection.
- Après avoir enlevé des gants de protection, peu importe la raison.
- Avant et après la préparation et l'administration d'un médicament, par exemple des gouttes nasales, ou avant l'application d'un onguent.
- Avant et après l'application d'une crème solaire.
- Avant et après le changement d'un pansement.
- Avant et après la prise de la température d'un enfant.
- Après avoir touché à la poubelle ou à toute autre surface sale.
- Avant et après une période de jeux avec de la pâte à modeler, de l'argile, etc.
- Avant et après avoir un contact avec des produits ménagers.
- Après avoir touché à un animal et aux objets qu'il utilise (en milieu familial).
- Idéalement, en arrivant au service éducatif et en le quittant.

C. Les techniques de lavage des mains

Un bon lavage des mains se fait évidemment avec de l'eau et du savon, mais aussi en respectant un minimum de règles.

Encadré 4.2 Les gestes et les étapes d'un bon lavage des mains

- Retirer les bagues, la montre et les bracelets.
- Relever les manches, s'il y a lieu, pour découvrir les avant-bras.
- Ouvrir les robinets pour obtenir de l'eau chaude (attention à l'eau trop chaude et au gaspillage).
- Mouiller les mains sous l'eau courante.

- Mettre au creux d'une main un peu de savon provenant du distributeur.
- Frotter les mains ensemble pendant 15 à 20 secondes (30 à 45 secondes si les mains sont visiblement sales) en n'oubliant pas de frictionner les paumes et le dos des mains, le bout des doigts et les pouces, les espaces entre les doigts ainsi que les poignets.
- Bien rincer les mains sous l'eau en les frottant ensemble.
- Assécher les mains avec une serviette en papier en évitant de frotter pour ne pas irriter la peau.
- Fermer le robinet avec la serviette de papier, si l'on est le dernier à se laver les mains.
- Jeter le papier dans la poubelle sans la toucher avec les mains.

Au besoin, l'éducatrice peut demander aux parents de couper régulièrement les ongles des mains de leur enfant, car ils sont porteurs de germes. Il va sans dire que cette mesure concerne également l'éducatrice.

Loin d'être réfractaires au lavage des mains, certains enfants prennent plaisir à étirer cette tâche en jouant avec l'eau et le savon. Si ce jeu crée un inconvénient, l'éducatrice peut réduire sa durée en réorientant l'attention des enfants; elle peut leur demander, par exemple, de collaborer à de petites tâches : distribuer les serviettes de papier, fermer le robinet, vérifier si les mains des autres enfants sentent bon, piquer leur curiosité pour l'activité suivante, etc.

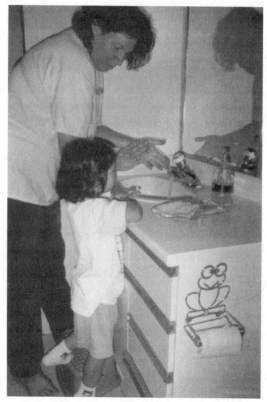

« Mon éducatrice aussi se lave souvent les
mains. Elle donne le bon exemple. »

D.   Donner l'exemple aux enfants

Il est important de prendre l'habitude de se laver les mains en
présence des enfants pour leur donner le bon exemple : après être allé
aux toilettes, avant et après la manipulation de la nourriture, après avoir
aidé un enfant à se moucher, après un changement de couche, après
l'utilisation d'objets souillés ou des produits de nettoyage. Les enfants
apprennent beaucoup en regardant les autres faire surtout lorsqu'il s'agit
d'un modèle d'autorité significatif ; ils acceptent plus facilement les
consignes de l'adulte si elles sont cohérentes avec ses propres actions.

E.   L'éducation à l'hygiène des mains

L'éducatrice a intérêt à dire et à rappeler aux enfants le pourquoi du lavage des mains, à faire ressortir ses avantages sur la réduction des rhumes et des diarrhées au sein du groupe. Des explications simples peuvent leur être fournies. « Lorsque vous vous lavez les mains, vous vous débarrassez des microbes qui peuvent vous rendre malades. »

De plus, une affiche* placée à un endroit stratégique ou la présentation régulière du vidéo *Bye, bye les microbes* font aussi partie des moyens susceptibles de sensibiliser les enfants à l'importance de l'hygiène des mains. D'autre part, les enfants d'âge scolaire auront sans doute du plaisir à réaliser leur propre affiche ou vidéo pour en faire la promotion. Aussi, l'éducatrice est invitée à utiliser sa créativité pour offrir aux enfants des occasions de se rendre compte que cela fait du bien de prendre soin de son corps.

Une affiche avec un message écrit aide les enfants d'âge scolaire à se rappeller de se laver les mains.

---

*   Des affiches sont disponibles : « L'eau et le savon », Association pour la santé et la sécurité du travail, secteur des affaires sociales (ASSTSAS). Tél. : (514) 253-6871 Télec. : (514) 253-1443 et « Lavage des mains », Directions de la santé publique et du MFE.

Pour qu'ils réalisent la nécessité de se laver les mains avec de l'eau chaude et du savon, on peut demander aux enfants de faire le jeu suivant. Pour leur faire voir la présence des **microbes** qui demeurent en principe invisibles à l'œil nu, on prend de la gelée de pétrole (vaseline) que l'on met dans la paume de la main de chaque enfant ; on demande ensuite aux enfants de se frotter les mains ensemble ; puis, on procède à l'expérimentation du lavage des mains, à l'eau froide et sans utiliser de savon ; on fait alors remarquer aux enfants que l'eau glisse sur les mains et que les microbes ne partent pas. On répète l'expérience, mais cette fois-ci avec de l'eau chaude ; les enfants constatent alors que seulement un peu de gelée de pétrole s'enlève ; comme dernière étape, on fait le lavage des mains habituel, c'est-à-dire en utilisant de l'eau chaude, du savon que l'on fait mousser et on rince bien. C'est alors que les enfants remarquent la disparition complète des **microbes. En conclusion : on ne peut faire un bon lavage des mains sans utiliser d'eau chaude ni de savon.**

En valorisant explicitement la période du lavage des mains, l'éducatrice favorise l'intégration de nombreux apprentissages aux plans de la psychomotricité, du langage verbal, de la socialisation, de la conscience corporelle, etc. On n'insistera jamais trop sur la place essentielle qu'occupent les activités de routine dans le développement global de l'enfant.

F.   Petits jeux

En tenant compte du stade de développement des enfants, l'éducatrice organise des jeux amusants pour motiver les enfants à l'hygiène des mains ou encore pour apporter de la nouveauté à cette routine qui, avouons-le, revient très souvent en services éducatifs (une dizaine de fois par jour, ce qui en bout d'année représente près de 2 000 lavages des mains).

Un petit coup de baguette magique de la part de l'éducatrice suffira pour qu'humour, spontanéité et plaisir prennent place au cœur même de la grande simplicité de l'activité du lavage des mains.

Encadré 4.3   Suggestions pour mettre du piquant à l'activité du lavage des mains

- Se déplacer jusqu'à l'évier en empruntant une démarche inusitée : en petits pas de souris, sur le bout des pieds, sur les talons, en glissant les pieds au sol, etc.

- Se rendre au lavabo en accomplissant une épreuve facile : marcher avec les mains sur la tête ou en suivant une ligne tracée au sol par un ruban cache, contourner une chaise, etc.

- Déterminer à qui le tour en pigeant les noms des enfants placés dans une boîte ou encore en annonçant une caractéristique : « J'appelle au lavabo un enfant qui porte un chandail bleu avec un dessin. »

- Susciter de temps en temps des échanges avec les enfants autour des soins d'hygiène afin de les sensibiliser à l'importance de prendre soin de leur corps. Un livre sur le sujet peut très bien servir de déclencheur.

- Faire un jeu de relais au lavabo en faisant passer un objet ou un mot de passe d'un enfant à l'autre.

- Offrir de temps en temps du savon à l'arôme fruité en tenant compte des allergies. Les enfants aiment beaucoup les fragrances aux fruits comme la pomme verte, la fraise, la clémentine ou les raisins.

- Donner aux enfants le privilège d'adoucir leurs mains avec un soupçon de crème hydratante anti-allergène après un bon lavage. Pour les enfants souffrant d'allergies cutanées sévères, la crème solaire fournie par leurs parents peut très bien faire l'affaire.

G.   Comptines et chansons

Les jeunes enfants ont tendance à exécuter une tâche à la fois. Avec les comptines et les chansons suivantes, ils pourraient soit chanter, soit se concentrer à faire les gestes. Se laver les mains et chanter en même temps est une habileté qui se développe davantage après l'âge de 5 ou 6 ans. Cependant, le fait d'entendre les consignes chantées rappelle aux enfants les actions à faire tout en favorisant une ambiance agréable qui ne peut que les motiver à accomplir la tâche demandée.

1
On va se laver les mains

Air traditionnel : Dans la ferme à Mathurin

On va se laver les mains
I a i a o
On fait vite car on a faim
I a i a o
Du savon, par-ci, du savon par-là
On frotte, on mousse, on rince bien
I a i a o.

2
Savez-vous laver vos mains ?

Air traditionnel : Savez-vous planter des choux ?

Savez-vous laver vos mains à la mode, à la mode
Savez-vous laver vos mains à la mode de chez-nous ?

On les lave comme ça
À la mode, à la mode,
On les lave comme ça
À la mode de chez-nous.

3
Le blues du lavage des mains

(Se trouve sur le disque compact)

Paroles : Nicole Malenfant
Musique : Michel Bonin

Paroles	*Gestes*
Je relève mes manches	
pour laver mes mains. (bis)	Relever les manches.
	Ouvrir le robinet si ce n'est pas déjà fait.
Je mouille mes mains	Mouiller les mains
Je les mouille bien. (bis)	sous l'eau tiède du robinet.
Je mets du savon	Mettre dans une main
Au creux de mes mains. (bis)	du savon liquide pris d'un distributeur.
Je frotte mes mains	Faire mousser le savon
Je les frotte bien. (bis)	sur les mains, entre les doigts, sur les poignets et en tournant les doigts au creux des mains.
Je rince mes mains	Rincer les mains
Je les rince bien. (bis)	sous l'eau.
Et pour les sécher	Assécher les
Je prends un papier. (bis)	mains avec une serviette jetable.
Je sèche mes mains	
Je les sèche bien. (bis)	
Je jette le papier	Jeter le papier dans la
Quand j'ai terminé. (bis)	poubelle.
Oyé !	Apprécier l'odeur agréable de ses mains propres. Céder sa place au suivant ou fermer le robinet.

4.2   LE BROSSAGE DES DENTS

Quand on sait que la carie dentaire constitue un mal répandu chez 98 % de la population québécoise, la prévention s'avère plus que nécessaire pour en contrôler les causes. En ce sens, l'enfance constitue certes une période cruciale pour acquérir de bonnes habitudes en matière d'hygiène dentaire. Une statistique issue d'une enquête menée par le ministère de la Santé du Québec, en 1999, révèle que près d'un enfant sur deux a des dents cariées dès son entrée à la maternelle.

> Pour préserver la santé dentaire des tout-petits, il est impératif de les initier d'abord à une bonne alimentation en réduisant, entre autres, la consommation de sucres raffinés particulièrement entre les repas – c'est le gage par excellence d'une protection contre les caries – puis à l'apprentissage adéquat du brossage des dents dès le plus jeune âge.

Une bonne dentition et des gencives saines permettent d'épargner la perte prématurée de dents, d'éviter des problèmes de langage et les inconvénients liés à une mauvaise occlusion dentaire qui peuvent en découler, d'empêcher la douleur occasionnée par les caries, les obturations ou les extractions – souvent psychologiquement difficiles à vivre pour l'enfant – en plus de réduire les coûts élevés des soins dentaires.

En matière de sensibilisation, il n'est pas rare que le service éducatif soit le seul lieu où l'enfant est appelé à brosser ses dents et à apprendre à bien le faire. Après la clinique médicale ou le CLSC, le CPE, la garderie, le SGMS ou l'école deviennent des sources importantes d'influence et de renseignements pour les parents concernant la santé dentaire de leur enfant.

En CPE ou en garderie, il est fréquent de voir les enfants se brosser les dents après le repas du midi, ce qui constitue une excellente habitude à prendre. Malheureusement, certains milieux ont aboli le brossage des dents par crainte de transmission de l'hépatite B ou du VIH alors que des mesures de prévention appropriées permettraient de bien contrôler les risques presque inexistants de contamination par ces virus. Dans les SGMS, cette activité de routine semble être généralement ignorée ; cette regrettable situation laisse à l'enfant la responsabilité de veiller seul à sa propre hygiène dentaire si les parents n'y voient pas à la maison.

Il est vrai que le brossage des dents quotidien en services éducatifs requiert du temps et de l'énergie tant pour les enfants que pour l'éducatrice, mais c'est un investissement qui en vaut la peine quand on pense aux nombreux bienfaits que procurent des mesures adéquates de prévention des caries. En plus de préparer la venue des dents permanentes communément appelées dents d'adulte, les dents primaires ou dents de lait saines en place jusqu'à l'âge de 6 à 11 ans, jouent un rôle majeur dans la diction, la mastication et la digestion de l'enfant.

La dentition est plus qu'une affaire d'esthétique ; c'est un élément de première importance faisant partie de la santé globale des enfants et que les adultes chargés de leur l'éducation doivent avoir à cœur.

A. Les moments propices pour se brosser les dents

On recommande de nettoyer gencives et cavité buccale avec une débarbouillette humide avant l'apparition des dents primaires pour initier l'enfant le plus tôt possible à de bonnes habitudes d'hygiène dentaire. Le nettoyage des dents à l'aide d'une brosse à dents peut débuter vers l'âge de deux ans. Pour les enfants qui fréquentent un service éducatif, on conseille un brossage des dents après le repas du midi, soit avant la sieste, en les supervisant de près. Même si la pratique est loin d'être courante en SGMS, elle devrait aussi avoir lieu après la période du dîner. Le brossage des dents devant se faire **au moins** deux fois par jour, il revient aux parents de voir au deuxième brossage quotidien qui devrait se faire le soir avant le coucher de l'enfant ; c'est la période la plus importante pour contrer l'accumulation de la plaque dentaire.

B.   Le matériel et l'équipement

Pour obtenir une bonne santé buccodentaire, il est évident qu'une **brosse à dents** est nécessaire. Les parents ont la responsabilité de fournir à leur enfant une petite brosse à dents avec une identification personnelle résistante à l'eau. On recommande de choisir une brosse à dents facile à manipuler avec des soies souples et un manche droit en caoutchouc perforé à son extrémité pour faciliter son entreposage. Il est nécessaire de changer la brosse à dents au moins deux à trois fois par année lorsque les soies commencent à être recourbées ou abîmées ou lorsqu'une couche blanchâtre apparaît au fond (dépôt de dentifrice et de bactéries). Il ne faut jamais désinfecter les brosses à dents mais plutôt les remplacer. En période d'épidémie, la brosse à dents doit être immédiatement remplacée par une nouvelle.

Pour prévenir la contamination bactérienne, il faut prévoir un système hygiénique de rangement des brosses à dents pour entreposer les brosses à dents après chaque utilisation. Afin que les soies sèchent à l'air libre, mais à l'abri de la poussière, les brosses doivent idéalement être accrochées séparément sur un support adéquat conçu de manière à ce qu'elles ne se touchent pas et ne dégoulinent pas les unes sur les autres. Il existe sur le marché des supports en acrylique pour accrocher les brosses à dents et qui répondent aux critères d'hygiène attendus. Il est important de faire l'installation d'un tel support au mur de manière à ce qu'il soit facile à décrocher pour les fins d'entretien.

Le support à brosses à dents doit être lavé une fois par semaine avec une solution désinfectante et ce, pendant deux ou trois minutes pour ensuite être rincé à fond. En période de gastro-entérites, de rhumes ou de maladies contagieuses, on recommande de le désinfecter plus fréquemment.

L'utilisation d'un capuchon protecteur en plastique comme ceux qui se vendent en pharmacie peut aussi être envisagée comme moyen d'entreposage, mais il faut savoir que les bactéries profiteront de

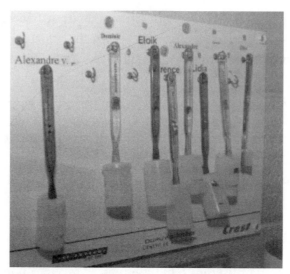

Il existe des méthodes hygiéniques pour ranger les brosses à dents.

l'humidité des soies et de l'herméticité du capuchon pour se reproduire allègrement, ce qui n'est pas l'idéal. Il en va de même avec les pochettes de plastique. Quant aux petits contenants comme ceux utilisés pour distribuer les médicaments en milieu hospitalier ou les contenants à pellicule à photos, ils peuvent, en plus d'être économiques, faire d'excellents bouts protecteurs aux brosses à dents une fois qu'on les a perforés à la base ou sur le côté. Il est évidemment nécessaire de les désinfecter ou de les renouveler chaque semaine pour réduire les risques de contamination.

L'éducatrice doit donner aux enfants des consignes claires afin d'éviter les échanges ou les prêts de brosses à dents, ce qui favorise la transmission des microbes. Si les brosses à dents se touchent ou si un enfant utilise la brosse d'un autre enfant, il faut les jeter et en donner de nouvelles aux enfants.

La supervision de l'adulte est toujours nécessaire dans l'activité du brossage des dents.

Pour prévenir les caries, l'utilisation d'un **dentifrice** avec fluorure est indispensable. Il en existe différents types sur le marché : en pâte, en gel ou en combinaison des deux. Le sigle de l'Association dentaire canadienne apposé sur le tube assure une qualité adéquate du dentifrice. Les dentifrices en gel avec fluorure sont recommandés pour les enfants ; ils ont meilleur goût tout en étant moins abrasifs pour les dents. Il appartient aux parents de voir à l'achat du dentifrice pour leur enfant et de l'apporter au service éducatif. Précisons que le dentifrice, en plus de nettoyer les dents, facilite l'action de la brosse à dents.

C.   Les techniques de brossage des dents

Pour abréger le temps de distribution du dentifrice en services éducatifs, on peut utiliser un seul tube pour le groupe ; une fois vide, il suffit de le jeter et de se servir d'un autre tube parmi ceux fournis par les parents. Pour éviter que l'orifice du tube de dentifrice entre en contact avec les brosses à dents, l'éducatrice doit procéder de la façon suivante : répartir, sur une languette de papier brun ou de papier ciré, une petite quantité de dentifrice égale au nombre d'enfants. Découper chaque portion et l'appliquer sur les soies de la brosse à dents de chaque enfant ; cette manière de faire évite la transmission des maladies tout en réduisant le temps qui serait consacré à cette tâche si elle était faite en prenant chacun des tubes de dentifrice l'un après l'autre. Pourquoi se compliquer la tâche quand il est possible de faire autrement ?

Même si la quantité de dentifrice recommandée pour les enfants est minime, soit l'équivalent de la grosseur d'un grain de riz, il est important de rappeler souvent aux enfants de ne pas l'avaler. Le dentifrice contient diverses substances telles des détergents, des abrasifs, des agents liants, des colorants, des agents de conservation et du fluor qu'il est préférable de ne pas ingérer. « Le dentifrice est fait pour te laver les dents et non pour être mangé. C'est comme le savon que tu prends pour nettoyer tes mains ; ça ne va pas dans ton ventre. » On peut suggérer aux enfants de cracher le dentifrice dans le lavabo pour ensuite rincer leur bouche à l'eau. On peut permettre aux enfants qui refusent le dentifrice de se brosser les dents seulement avec de l'eau, ce qui est nettement mieux que de ne pas les laver du tout. On conseille de bien rincer la brosse à dents après chaque nettoyage pour éviter le dépôt de dentifrice.

Bien qu'il n'y ait pas vraiment de consensus entre les spécialistes quant à la meilleure façon de se brosser les dents, il existe cependant des principes incontournables concernant cette technique. Pour les enfants de 2 et 3 ans, il convient de limiter à deux ou trois le nombre de consignes pour ne pas les décourager. On recommande de leur faire prendre la brosse par le manche en évitant de toucher aux soies avec leurs mains pour ne pas les contaminer. On peut proposer aux enfants un jeu simple, par exemple, jouer à caresser ou à chatouiller chacune des dents à l'aide de leur brosse à dents « magique » tout en gardant la bouche ouverte. Notons toutefois que la dextérité manuelle des enfants ne leur permet généralement pas d'effectuer un brossage de dents totalement efficace avant l'âge de six ans. Les éducatrices et les parents doivent donc terminer le travail pour s'assurer que les dents sont bien lavées. Une fois l'enfant devenu assez habile avec la brosse à dents, vers 10 ou 11 ans, il est bon que les parents commencent à la maison à lui montrer la technique de soie dentaire pour nettoyer quotidiennement, de préférence avant le brossage du soir, les endroits non atteignables avec la brosse à dents. Soulignons aussi que l'hygiène dentaire nécessite des visites régulières chez le dentiste.

On peut enseigner quelques gestes techniques plus précis aux enfants d'âge préscolaire. On leur apprend à se brosser les dents en gardant la bouche ouverte dans le sens où les dents poussent, c'est-à-dire de haut en bas pour les dents d'en haut et de bas en haut, pour celles d'en bas, en partant toujours de la gencive ; faire de même autant pour la face externe que pour la face interne des dents en n'oubliant pas le dessus des dents que l'on frotte avec un mouvement horizontal de va-et-vient. Il faut calculer cinq mouvements pour chaque segment de dents. L'opération complète de brossage de dents requiert à peu près deux minutes par enfant.

L'enfant aimant beaucoup imiter les adultes, il est bon de donner l'exemple aux enfants en se brossant soi-même les dents devant eux. C'est un moyen valable de les entraîner à prendre de bonnes habitudes d'hygiène dentaire.

D.   Petits jeux

- Mettre un miroir incassable à la disposition des enfants pour qu'ils puissent vérifier s'ils ont bien brossé leurs dents.

- Utiliser une marionnette en guise de mascotte pour faire la promotion et la vérification du brossage des dents. Lui donner un nom évocateur et lui prêter une voix amusante.

- Jouer ou faire jouer le rôle du dentiste et de l'hygiéniste dentaire qui examine les dents brossées.

- Mettre à la disposition des enfants des petits carnets ou des calendriers dans lesquels les enfants peuvent dessiner une dent souriante une fois le brossage des dents complété.

- Organiser une visite chez une hygiéniste dentaire. Les CLSC, l'Ordre des hygiénistes dentaires du Québec* offrent gratuitement des services d'animation. Les collèges qui offrent le programme de Techniques d'hygiène dentaire organisent également ce type de visite.

- Utiliser un outil visuel original comme une grosse brosse à dents en carton pour rappeler aux enfants qu'il est temps de procéder à la tâche.

---

* Ordre des hygiénistes dentaire du Québec, 1290, rue Saint-Denis, bureau 300, Montréal (Québec) H2X 3J7 Tél. : (514) 284-7639 ou (800) 361-2996 Téléc. : (514) 284-3147. Courriel : info@ohdq.com Site Internet : www.ohdq.com

- Ajouter un élément décoratif sécuritaire au manche de la brosse à dents : un ruban, un embout fait en pâte Fimo, etc.

E.　Comptines et chansons

1
Savez-vous brosser vos dents ?

Air traditionnel : Savez-vous planter des choux ?

Savez-vous brosser vos dents ?
À la mode, à la mode
Savez-vous brosser vos dents ?
À la mode des savants.

On les brosse de haut en bas
À la mode, à la mode
On les brosse de haut en bas
À la mode des savants.

2
Brosse-bien tes dents

(Se trouve sur le disque compact)

Comptine/chanson de Nicole Malenfant

Papa me dit : « Brosse-bien tes dents »
Maman me dit : « Brosse-bien tes dents »
Grand-père me dit : « Brosse-bien tes dents »
Grand-mère me dit : « Brosse-bien tes dents »
La dentiste me dit : « Brosse-bien tes dents »
L'hygiéniste me dit : « Brosse-bien tes dents »
Mon chien me dit : « Wouf ! Wouf ! Wouf ! Wouf ! »

Alors je brosse, brosse, brosse, brosse
Brosse mes dents, puis tout le monde est content :
papa, maman, grand-père, grand-maman
La dentiste, l'hygiéniste, mon chien qui fait wouf, wouf
Et surtout mes vingt dents au sourire éclatant.

4.3   LA ROUTINE DES TOILETTES

La majorité des enfants d'âge préscolaire sont capables d'aller aux toilettes seuls lorsqu'ils en ressentent le besoin. Ils savent reconnaître les signes qui traduisent leur besoin d'élimination. Il arrive qu'un enfant se retienne d'aller aux toilettes parce qu'il est trop absorbé par une activité ou par crainte de déranger le groupe en pleine activité. On le verra alors se trémousser, toucher ses organes génitaux, s'accroupir, s'isoler. Un rappel discret de la part de l'éducatrice lui permettra de se rendre aux toilettes avant de poursuivre son occupation : « Je crois que si tu vas aux toilettes maintenant, tu te sentiras mieux pour continuer ton jeu. »

Pour les débutants, une supervision plus étroite sera sans doute nécessaire pour cette activité de routine. Il est souhaitable d'habituer l'enfant de 2 et 3 ans à une certaine régularité qui lui apporte des repères temporels importants à cet âge : avant d'aller dehors, avant de s'installer pour la sieste, etc. L'éducatrice devra peut-être lui apprendre à ne pas enlever tous ses vêtements lorsqu'il va sur le pot d'entraînement ou sur le siège de toilette. Régulièrement, elle devra vérifier s'il doit aller aux toilettes en se basant sur les observations qu'elle est en mesure de faire auprès de l'enfant : « As-tu besoin d'aller aux toilettes ? » « Est-ce qu'il y a un pipi qui s'en vient ? » « Tes p'tits pets disent peut-être qu'il y a un caca qui veut sortir. » etc.

A.   L'utilisation des installations sanitaires

À elles seules, des toilettes adaptées à la taille des enfants de 2 à 6 ans, c'est-à-dire plus basses et plus petites, facilitent la tâche d'aller aux toilettes, à défaut de quoi une marche et des sièges adaptables seront nécessaires pour adapter les cabinets standard. Le confort, une stabilité à toute épreuve et la facilité d'entretien priment dans les critères de choix pour effectuer l'achat de petits pots, de sièges d'appoint ou de toilettes en services éducatifs.

En outre, il est judicieux de prévoir une salle de toilette réservée aux éducatrices située à proximité du local principal.

À l'exception des SGMS, les services éducatifs utilisent généralement les mêmes toilettes pour les garçons et pour les filles. Avant l'âge de six ans, les toilettes mixtes permettent aux petits d'apprendre à considérer comme normales les différences sexuelles. (Hendrick, p. 83) Quant aux toilettes ouvertes, elles ont l'avantage de permettre aux enfants de satisfaire une certaine curiosité. Il existe des installations sanitaires avec des cloisons latérales, mais sans porte. Il faut savoir que ces toilettes ouvertes ou semi-ouvertes peuvent poser des problèmes à certains enfants qui ont un besoin légitime d'intimité pour une raison ou pour une autre : principes d'ordre religieux, tempérament, habitude à la

« Je me sens mal à l'aise d'aller à la toilette sans avoir d'intimité. »

maison, etc. On n'a qu'à se référer à nous, adultes, pour constater le malaise que provoque le fait d'aller aux toilettes sans pouvoir fermer la porte.

> Un enfant devrait toujours pouvoir choisir entre une toilette fermée ou ouverte sans avoir à se justifier pour autant. L'éducatrice demeure disponible pour aider l'enfant à s'essuyer ou à remonter son pantalon, au besoin.

Quand les installations sanitaires sont situées à l'extérieur du local, il importe que les enfants prennent l'habitude d'avertir leur éducatrice qu'ils se rendent aux toilettes. Un système de contrôle peut permettre aux enfants de signaler leur sortie et leur retour. On peut utiliser des cartons et deux pochettes ou crochets fixés au mur du local et accessibles aux enfants, l'un destiné aux garçons et l'autre aux filles ; ainsi l'enfant désireux de se rendre aux toilettes prend le carton correspondant à son sexe et se rend aux toilettes. À son retour, il remet le carton à sa place permettant à un autre enfant de l'utiliser. Ainsi, il n'y a jamais plus d'un enfant à la fois à la même salle de toilettes, ce qui permet d'éviter le flânage et les accrochages entre enfants. L'éducatrice sait aussi lorsqu'il y a quelqu'un aux toilettes et assure une supervision en conséquence.

Figure 4.1 Système de gestion de l'utilisation des toilettes en SGMS

Il s'agit ni plus ni moins d'une sorte de passeport de circulation dans le service de garde qui sert à contrôler les allées et venues des enfants lorsqu'ils vont aux toilettes. Il peut prendre la forme d'un collier ou d'une clé qu'on veillera à protéger avec un recouvrement de plastique. Divers procédés peuvent être envisagés pour éviter que les enfants aient à se placer en ligne et à patienter pour aller aux toilettes.

Dans les situations exceptionnelles où les enfants ont à attendre leur tour pour aller aux toilettes, des jeux simples et amusants les aideront à patienter ; cela permettra de limiter la montée des tensions générées par le rassemblement et l'inactivité. À cette fin, nous suggérons plusieurs idées au chapitre douze, où nous traiterons des attentes inévitables.

L'accès facile à une toilette à partir de la cour extérieure constitue un facteur facilitant les allées et venues des enfants. Pour les bambins et les enfants d'âge préscolaire, le port de vêtements pratiques avec un élastique à la taille, en tissu extensible, sans boutonnage laborieux ou ceinture rend la tâche plus facile. L'éducatrice verra à sensibiliser les parents en ce sens lors des rencontres en début d'année.

B.   Le changement de couche

Lorsque les couches ne contiennent que de l'urine et que les enfants qui en portent encore se tiennent bien à la verticale, il est plus facile de faire le changement de couche des petits de 2 et 3 ans en restant debout. Cette procédure réduit les maux de dos des éducatrices puisqu'elles n'auront pas à soulever les enfants vers la table à langer ; en plus, la routine est moins longue. Pour les enfants en mesure de grimper les marches, un marchepied évite également les soulèvements. Il faut s'assurer d'avoir à portée de la main tout le matériel nécessaire pour effectuer le changement de couche ; cette précaution facilite la tâche. Les effets personnels de l'enfant peuvent être rassemblés dans un petit panier que l'éducatrice place près d'elle avant de procéder au changement de couche.

Le lavage des mains de l'enfant et de l'éducatrice, la désinfection de la table à langer, le port de gants de protection en présence de blessures aux mains, demeurent des précautions à prendre pour réduire la propagation des microbes favorisée par le port d'une couche.

Le changement de couche demeure un moment privilégié pour établir un contact personnalisé et chaleureux avec l'enfant. L'éducatrice profite de cette routine pour parler à l'enfant, pour s'intéresser à lui, pour faire équipe avec lui.

Même en dehors de la période normale d'apprentissage de la propreté, il arrive qu'un enfant s'échappe dans sa culotte. Il ne faut surtout pas le réprimander ou l'humilier par des paroles ou des silences

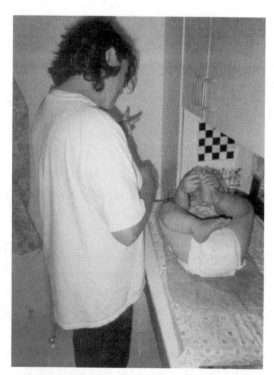

« J'aime le changement de couche car mon
éducatrice prend le temps de me parler et
de faire une petite chanson. »

qui empireraient le malaise déjà grand de l'enfant. L'éducatrice doit le consoler immédiatement et l'aider à se changer sans délai, sans toutefois lui manifester une approbation tacite. Si la situation se répète plusieurs fois sans raison apparente, l'éducatrice devra en discuter calmement avec les parents. Des vêtements de rechange (bas, sous-vêtements, etc.) venant de la maison remplaceront les vêtements souillés. Il est pratique d'avoir à portée de la main des vêtements appartenant au service éducatif qui serviront à dépanner un enfant qui n'aurait pas son propre rechange. Il faut prendre la précaution d'étiqueter ces vêtements au nom du service éducatif pour s'assurer de les ravoir.

> Puisque que le souci du bien-être physique des enfants et l'apprentissage progressif de leur autonomie se trouvent au centre des préoccupations de l'éducatrice démocratique, elle verra à effectuer l'entraînement à la propreté et l'utilisation des toilettes en respectant leur développement global et en demandant la collaboration des parents.

C.   L'hygiène

Les enfants développent de bonnes habitudes d'hygiène en observant les autres et en se faisant rappeler régulièrement la marche à suivre ; par exemple, se laver les mains après être allés aux toilettes est loin d'être un réflexe acquis pour des enfants de moins de huit ans (et même pour des adultes !). L'éducatrice doit les sensibiliser en recourant à divers moyens qui n'excluent en rien la répétition des mêmes consignes. Utiliser le papier hygiénique de la bonne manière et sans en gaspiller, s'essuyer d'avant à arrière pour les filles, relever le siège pour les garçons qui urinent debout et puis l'abaisser, tirer la chasse d'eau, se laver les mains, demeurent des gestes très routiniers, mais qui seront nécessaires toute la vie durant.

La désinfection des cabinets de toilettes est à faire adéquatement à tous les jours et celle des pots d'entraînement et de la table à langer, après chaque utilisation. L'entretien d'une salle de toilettes ayant un plancher qui se lave bien est beaucoup plus facile. On recommande que la pièce bénéficie d'une aération et d'un éclairage appropriés ainsi que d'un décor invitant. La routine des toilettes sera alors une activité bien organisée qui pourra être accomplie avec professionnalisme.

D.   Les bons mots aux bons moments

Malgré la connotation grossière que les adultes portent habituellement aux termes « pipi » et « caca », le bambin a besoin qu'on utilise des mots simples pour traduire son besoin d'éliminer. Aller à la selle, faire ses besoins, uriner, restent des expressions étrangères pour lui. Les mots familiers « pipi » et « caca » ont leur raison d'être lorsqu'ils sont utilisés pour la bonne raison et au bon moment. L'enfant d'âge préscolaire qui commence à avoir plus de pudeur préférera tout simplement dire qu'il veut aller aux toilettes. Cependant, à divers moments de la journée, il s'amusera à jouer avec les mots pipi, caca, pet, fesses pour une raison différente de celle des tout-petits. Il sait que c'est une façon de faire réagir son entourage. Si l'usage des mots scatologiques devient problématique, l'éducatrice peut lui demander de réserver ces termes seulement lorsqu'il se trouve aux toilettes.

L'enfant d'âge scolaire sera généralement plus à l'aise d'entendre et d'utiliser des termes proches de ceux utilisés en médecine pour qualifier ses besoins de base ; par exemple, aller à la selle, uriner, etc. « Tu dis que tu as mal au ventre. Est-ce que tu as fait des selles liquides ? As-tu la diarrhée ? »

4.4   LE MOUCHAGE

En services éducatifs et principalement en ce qui concerne les enfants âgés de moins de six ans, le mouchage est une activité qui se répète plusieurs mois par année. Que ce soit lors des nombreux rhumes, otites ou sinusites se succédant d'octobre à juin, ou en période d'allergies saisonnières (rhume des foins, réactions au pollen ou aux graminées) qui s'échelonne du printemps jusqu'à tard dans l'été, la pratique du mouchage peut revenir plusieurs fois par jour.

Chaque fois qu'un enfant éternue ou que son nez coule, il y a risque de transmission d'une infection par les sécrétions nasales. Celles-ci peuvent contenir des virus dont on doit circonscrire la propagation en utilisant des mesures d'hygiène appropriées. L'éternuement dans les mains, l'écoulement nasal ou le contact des doigts avec du mucus favorisent la multiplication rapide des microbes dans les 30 à 60 minutes suivantes.

Dans bien des cas, les enfants ont besoin qu'on leur apprenne à se moucher. On doit aussi leur montrer à éternuer sans papier mouchoir lorsqu'ils ne peuvent en utiliser un. En services éducatifs, c'est à l'éducatrice que revient la tâche d'enseigner aux enfants les règles d'hygiène concernant le mouchage. Mais comme la santé des enfants concerne plus d'une seule personne, il est indispensable de faire un suivi avec les autres membres du personnel et avec les parents.

A.   Les moments propices pour se moucher

À partir de deux ans, l'enfant est généralement en mesure d'apprendre à se moucher, de commencer à savoir comment et quand le faire, mais ce n'est que vers quatre ans qu'il le fera adéquatement.

Dans l'art de se moucher, il existe des pratiques simples à enseigner aux enfants et à appliquer soi-même. Nous serons d'accord pour reconnaître l'utilité du mouchage dans les situations suivantes :

— lorsqu'on éternue ;

— pour vidanger le nez qui coule de manière évidente ;

— pour vider le nez qui semble contenir des sécrétions moins apparentes, par exemple, lorsqu'on renifle plusieurs fois de suite ;

— pour se soulager lorsque le besoin se fait sentir ;

— pour nettoyer les narines qui semblent contenir des déchets (poussières, sécrétions séchées, etc.).

B. Le matériel et l'équipement

Pour leur côté pratique et hygiénique, on préférera les papiers mouchoirs aux mouchoirs en tissu. Évidemment, il ne faut pas utiliser le même papier plus d'une fois ou pour un autre enfant. On doit placer une boîte de papiers mouchoirs dans chacune des pièces du service éducatif de même que dans la cour extérieure et ce, en toutes saisons. Il est nécessaire d'apporter des papiers mouchoirs lors des sorties au parc, des déplacements en autobus, etc.

L'éducatrice doit amener les enfants à se moucher de manière autonome. Par conséquent, ils devraient pouvoir accéder facilement et au besoin, à la boîte de papiers mouchoirs. Il arrive fréquemment qu'on demande aux parents de fournir une boîte de papiers mouchoirs à leur enfant. Évidemment, il ne s'agit pas d'en étaler huit, dix ou vingt dans l'environnement, mais plutôt d'en sortir une à la fois et, une fois vide, de la remplacer par une autre. On évite la perte de la boîte de papiers mouchoirs en la fixant au mur ou sur un bout de comptoir.

Par souci d'écologique, on devrait privilégier les papiers mouchoirs fabriqués à partir de fibres recyclées.

Il importe de disposer d'une poubelle à couvercle, de préférence à pédale, protégée à l'intérieur par un sac de plastique. Chaque local ou lieu fréquenté par les enfants doit disposer d'une poubelle dont on fera la vidange et la désinfection à tous les jours.

C. Les techniques du mouchage

Premièrement, à l'aide d'un ou deux papiers mouchoirs assez grands et suffisamment épais pour que les doigts n'entrent pas directement en contact avec le mucus, couvrir le nez et les narines avec les

deux mains placées de chaque côté. Deuxièmement, souffler doucement, une narine à la fois, en bloquant l'autre avec les doigts de l'autre
main. En procédant ainsi, on évite de faire entrer les sécrétions nasales
dans les trompes d'Eustache, ce qui diminue les risques d'infection de
l'oreille moyenne. (La santé des enfants, p. 65) La troisième étape consiste à jeter le papier mouchoir à la poubelle. Puis finalement, se laver
les mains à l'eau courante et savonneuse.

Le mouchoir de papier ne constituant pas toujours une barrière efficace entre les sécrétions nasales et les mains, il est nécessaire de se
laver les mains après le mouchage afin de minimiser les risques de
contamination par les microbes.

Apprendre à se moucher fait partie des
habiletés qui se développent durant la petite
enfance.

Porter les doigts à son nez favorise le risque de blessures aux narines, d'où l'importance de garder les ongles courts, précaution qui contribue également à diminuer la quantité de germes sous les ongles.

L'éternuement est un réflexe qui survient le plus souvent de manière soudaine de sorte qu'on n'a pas le temps de prendre un papier mouchoir. Pour diminuer les risques de contamination des mains et la propagation des microbes, on suggère d'enseigner aux enfants à éternuer dans le pli du coude. Cependant, certains enfants semblent abuser de cette pratique alternative et prennent la mauvaise habitude d'essuyer régulièrement leur nez qui coule avec leur avant-bras ou l'intérieur de leur coude. Il faut leur rappeler gentiment d'utiliser le papier mouchoir en leur expliquant que c'est la façon la plus hygiénique de se moucher tout en prévenant les maladies infectieuses.

D.   Petit jeu pour s'exercer à se moucher

Voici un jeu à faire qui permettra aux débutants de s'exercer à se moucher.

Dessiner un sympathique petit fantôme sur un mouchoir de papier. Faire souffler l'enfant dans celui-ci en lui demandant de chasser le fantôme, d'abord avec la bouche ouverte puis avec la bouche fermée. Ensuite, mettre le papier en avant de son nez et tenter de faire bouger le fantôme en soufflant dessus par les narines. Finalement, souffler par le nez sur le fantôme directement dans le mouchoir, en bouchant une narine.

E. Comptines et chansons

1

Le lapin Dunécoquin

Air traditionnel : On va t'y n'avoir du plaisir

Je suis le p'tit lapin (s'approcher de l'enfant en simulant un lapin avec un papier mouchoir)

Lapin Dunécoquin
Je m'en viens moucher le nez de... (prénom de l'enfant que l'on mouche)

Je mouche, je mouche,
Je mouche, je mouche,
Je mouche le nez de... (prénom de l'enfant)

2

Va moucher ton petit nez

Air traditionnel : Marie avait un mouton

Va moucher ton petit nez, ton petit nez, ton petit nez.
Va moucher ton petit nez pour mieux respirer.

3

Les microbes à mes trousses

(Se trouve sur le disque compact)

Comptine de Nicole Malenfant

1)
Les microbes sont à mes trousses
Quand je tousse ou je me mouche.
Ils sont là qui éclaboussent
Quand je tousse ou je me mouche.

2)
C'est un mouchoir en papier
Qu'il me faut pour capturer
Les microbes dans mon nez
Qui me font éternuer.

3)
Ils ont certainement la frousse
Ces microbes qui éclaboussent
Une fois emprisonnés
Dans mon mouchoir en papier.

4)
Quelques-uns se sont sauvés
Pour aller vite se cacher.
Je vais m'en débarrasser :
Mes mains, je vais laver.

Les microbes ne sont plus à mes trousses…

Chapitre 5

Les collations et les repas

CONTENU DU CHAPITRE

S'alimenter fait partie des besoins de base de tous les êtres vivants, besoin vital auquel il est essentiel de répondre par une nourriture saine et appétissante. Mais manger n'est pas qu'une nécessité pour la croissance des enfants ; c'est aussi une source de plaisir et de bien-être pour la plupart d'entre eux, une activité sensorielle, sociale, émotionnelle qui représente une occasion privilégiée d'apprentissage. L'éducatrice conscientisée à la pédagogie démocratique considère les collations et les repas comme des activités à part entière où les enfants prennent une place privilégiée. Elle voit à les planifier et à les présenter soigneusement au même titre que les autres moments de la journée.

L'éducation à l'alimentation débute dès le jeune âge, alors que l'enfant commence à vivre différentes expériences et à apprendre par l'exemple dans sa famille et au service éducatif. Un enfant qui fréquente à temps plein un CPE, une garderie ou un SGMS est appelé à y prendre près de la moitié de sa nourriture quotidienne et davantage pour celui qui y déjeune, d'où l'importance de voir à la qualité de ce qu'il mange et boit.

5.1   UNE ALIMENTATION SAINE

Plus que jamais, les spécialistes de la nutrition et même la population en général reconnaissent l'importance d'une saine nutrition pour contribuer au maintien d'une bonne santé. Par contre, le mode de vie des Nord-Américains révèle un écart important entre le discours et la réalité. Alors que le tiers des habitants de la planète meurent de faim en raison d'une pénurie d'eau et de denrées alimentaires, une autre partie tout aussi considérable, dont nous sommes, souffre de plus en plus de déficience alimentaire non par manque de nourriture ou d'aliments nutritifs, mais plutôt par surconsommation alimentaire ou mauvaise nutrition. Cet état de fait entraîne de nombreux troubles de santé : excès de poids, diabète, maladies cardiovasculaires, hypertension, hypoglycémie, problèmes digestifs, cholestérol, sédentarité excessive, fatigue chronique ou affaiblissement du système immunitaire.

Dans la plupart des cas, la difficulté de bien se nourrir vient d'une éducation alimentaire déficiente et même d'un manque d'intérêt vis-à-vis la nutrition. Une pomme coûte moins cher qu'un sac de croustilles ; pourtant, c'est souvent celui-ci qui remporte la faveur populaire.

Le contenu nutritionnel des aliments ingérés (vitamines, minéraux, acides gras essentiels, fibres, protéines, etc.) permet d'induire d'une manière efficace les mécanismes métaboliques qui contribuent au maintien d'une bonne santé. De plus, une alimentation équilibrée augmente les capacités d'attention et d'apprentissage des enfants (Hendrick, p. 72) et s'inscrit inévitablement dans le cadre d'une approche de santé globale. Ainsi, les adultes nourriciers devraient offrir aux enfants des aliments véritablement nutritifs et privilégier la fraîcheur et la variété, les groupes alimentaires et la réduction des calories vides en éliminant les boissons édulcorées aux fruits, les biscuits commerciaux très sucrés, les craquelins à saveur artificielle ainsi que les additifs chimiques comme les agents de conservation.

Les éducatrices en SGMS peuvent exiger que les parents et les traiteurs fournissent des collations et des repas nutritifs. Elles doivent expliquer clairement leur point de vue, s'y tenir et y revenir au besoin pour qu'on élimine les aliments camelotes : barres de chocolat, croustilles, dessert sucré, boisson gazeuse, etc. On peut fournir aux parents en quête d'idées une liste d'aliments qu'on recommande pour garnir la boîte à lunch de leur enfant. La santé et le bon développement de l'enfant demeurent toujours les raisons qui justifient les demandes que le service éducatif fait aux parents en matière d'alimentation. Les SGMS qui offrent la collation aux enfants en après-midi ont la responsabilité de leur donner des collations variées et nutritives.

> Comme le recommande le *Guide alimentaire canadien*, les repas et les collations doivent contenir des produits céréaliers, des fruits et des légumes, des produits laitiers ainsi que de la viande ou un substitut et les portions suggérées doivent être adaptées aux différents groupes d'âge. Les cuisiniers et cuisinières en CPE de même que les traiteurs qui préparent les repas doivent s'inspirer du Guide tout comme le demande la réglementation, pour planifier adéquatement leur menu.

Il est tout à fait possible de consommer des mets-santé à prix abordables, savoureux et satisfaisants tant pour le corps que pour l'esprit et qui ne demandent pas une longue préparation. Il existe de nombreux ouvrages diététiques fort intéressants pouvant aider à préparer et à présenter les repas et les collations en services éducatifs. Les bibliothèques, les librairies et les centres de documentation des associations vouées à l'éducation à l'enfance en offrent plusieurs.

5.2   LES COMPORTEMENTS DES ENFANTS FACE À L'ALIMENTATION

Non seulement les premières années de vie sont-elles déterminantes pour le développement des enfants, mais elles jouent également un rôle considérable dans l'acquisition des habitudes et des connaissances alimentaires. En comprenant mieux les caractéristiques des enfants en matière de nutrition, nous sommes davantage en mesure de les accompagner dans cet apprentissage crucial. Même si les enfants de 2 à 8 ans affichent des différences individuelles en matière d'alimentation, il existe des points communs dans leur comportement. L'encadré 5.1 en présente quelques-uns.

Encadré 5.1   Caractéristiques communes des enfants en matière de nutrition

- Prendre les repas et les collations à heures régulières et prévisibles sécurise tous les enfants et non seulement ceux en bas âge.

- Les enfants préfèrent les saveurs douces, salées et sucrées alors qu'ils ont, en général, une aversion pour les aliments exotiques, amers, trop assaisonnés ou relevés à moins qu'ils y aient été habitués dès leur tendre enfance, comme ceux issus de certains groupes ethniques.

- Les enfants ont un penchant pour le pain, les fruits, la viande, le beurre et un certain dégoût pour les légumes verts. Il existe cependant des manières de les amener à y goûter.

- L'estomac des bambins étant petit, ils préfèrent ingurgiter de petites quantités de nourriture à la fois jusqu'à cinq ou six reprises par jour d'où l'importance de leur offrir quotidiennement trois repas ainsi que deux à trois collations.

- Après l'âge d'un an environ, les enfants aiment pouvoir reconnaître les aliments qu'on leur présente. Il vaut mieux leur présenter de petites portions séparées et non mélangées en « gibelotte », couper les aliments en petits morceaux et non les écraser, ni les hacher ni les ensevelir sous une montagne de ketchup ou de sauce quelconque pour les camoufler.

- Les enfants préfèrent les aliments tièdes aux aliments chauds ou froids.

- Ils ont une préférence pour les textures molles et tendres au début de leur vie et commencent à apprécier les consistances croustillantes et croquantes au fur et à mesure qu'ils grandissent.

- Les enfants sont attirés par des aliments faciles à manipuler : soupe dans une tasse, bâton de grissol à tremper dans une tartinade au tofu, légumes coupés de façon à ce qu'ils puissent être pris avec les doigts, cubes de fromage, fruits en morceaux, craquelins de blé entier, petites pièces de viande, croquettes de poulet maison, cubes de tofu, tranches de pain brun, biscuits à l'avoine, etc.

- Les enfants mangeant d'abord avec les yeux, aiment bien les couleurs contrastantes des aliments, les napperons colorés, la vaisselle attrayante, etc.

On choisira la nourriture de l'enfant en fonction de sa texture, de sa couleur, de sa forme et de sa valeur nutritive.

- À partir d'un an et jusqu'à environ cinq ans, l'appétit des enfants peut fluctuer beaucoup selon leur dépense d'énergie, leur forme physique, leur rythme de croissance et leur niveau de fatigue. Ils peuvent même passer d'un extrême à l'autre : dévorer ou refuser de manger à l'intérieur d'un court laps de temps. Un enfant fatigué, émotionnellement instable ou malade aura généralement peu ou pas d'appétit. En plus de la courbe de croissance « en dents de scie » caractéristique de la petite enfance, cette période de la vie est marquée par le passage de plusieurs infections (otites, gastro-entérites, rhumes, bronchites, etc.), l'administration de vaccins sans compter la prise de certains médicaments tels que les antibiotiques, l'acétaminophènes (Tempra, Tylénol), les bronco-dilatateurs (les pompes de type Ventolin) qui sont, la plupart du temps, des inhibiteurs d'appétit chez les enfants.

5.3   L'ORGANISATION DES TÂCHES ET DU TEMPS

Il n'est pas tout de voir à bien alimenter les enfants ; encore faut-il leur offrir un cadre apaisant pour faciliter la digestion. Les collations et les repas en services éducatifs devraient être des moments de répit agréables tant pour les adultes que pour les enfants. « Il faut se rappeler que manger représente l'un des merveilleux plaisirs de la vie. » (Petit, p. 47) Par conséquent, les éducatrices ont un rôle capital à jouer pour valoriser ce plaisir dans la vie de groupe en accordant une importance particulière à la gestion du temps et des tâches concernant les

Après le dîner, les bambins peuvent démontrer des signes évidents de fatigue.

activités de repas et de collations. L'encadré 5.2 fournit quelques conseils à cet égard et l'encadré 5.3 montre comment susciter la participation des enfants lors des collations et des repas.

Encadré 5.2   Gestion du temps et des tâches pour les repas et les collations

- Il est préférable que les enfants de moins de quatre ans prennent leur repas assez tôt, le repas pas trop tard, soit vers 11 h 30, après avoir passé du temps à l'extérieur. Les enfants d'âge préscolaire peuvent le faire plus tard, aux alentours de 12 h 00, pour ensuite commencer la sieste, vers 13 h 15. Bien entendu, chaque service éducatif devrait planifier l'horaire des activités de repas **en tenant compte avant tout des besoins des enfants.**

- Prévoir 30 à 40 minutes pour le repas du midi et du soir*, 30 minutes pour le déjeuner* et 15 à 20 minutes pour chaque colla-

---

* Quelques CPE accueillant des enfants à diverses heures de la journée, certains enfants y prennent leur souper ou leur déjeuner. Il y a des SGMS qui offrent le déjeuner gratuitement par l'entremise d'organismes tels le Club des Petits déjeuners du Québec.

tion. Viser le juste milieu entre la course et le « flânage » à la table ; on recommande qu'il y ait une horloge dans le local : elle permet de bien gérer le temps. Certains SGMS limitent à 20-25 minutes le temps consacré au dîner afin de permettre aux nombreux groupes qui doivent se succéder dans le même local de manger chacun leur tour. C'est une situation aberrante allant à l'encontre des valeurs de respect des enfants pourtant clamées dans les discours des gestionnaires.

- Idéalement, on devrait disposer de 15 minutes de jeu par rapport à l'horaire fixé pour commencer et finir le repas ou la collation, de manière à éviter de faire pression sur les enfants à cause du manque de temps. Le rythme de la vie des adultes souvent infernal n'a pas à être imposé aux enfants. **Certains services éducatifs devraient faire une analyse sérieuse des interventions qui se font dans leur milieu à l'heure des repas et des collations, afin d'ajuster leur mode de fonctionnement aux besoins réels des enfants.**

- Pour réduire les temps d'attente lors de la collation de l'après-midi en SGMS, il vaut mieux dissuader les parents de fournir des plats à chauffer au micro-ondes.

- Autant que possible, prévoir pour les enfants en SGMS une sortie à l'extérieur d'au moins quinze minutes après le repas pour leur permettre de rééquilibrer leur énergie avant le retour en classe.

- Aviser les jeunes enfants du moment du repas ou de la collation : « Après le jeu de ballon, ce sera l'heure de prendre la collation. » Les enfants d'âge scolaire qui apprennent rapidement l'enchaînement des activités, s'installeront eux-mêmes à la table.

- Se laver les mains avec du savon liquide extrait d'une pompe distributrice et faire laver celles des enfants, à l'eau chaude et savonneuse sous le robinet, avant la manipulation et l'ingestion de la nourriture ; de plus, l'éducatrice doit se laver les mains entre chaque manipulation d'aliments différents, par exemple, quand elle a à préparer des morceaux de clémentine après avoir coupé du fromage en cubes. Le port de bracelets et de bagues est à proscrire car des résidus d'aliments pourraient s'y loger. De plus, une éducatrice ayant des lésions cutanées sur les mains doit porter des gants en latex.

- Enfiler un tablier ou un bavoir (une bavette) aux plus petits pour minimiser les saletés sur leurs vêtements, mesure très indiquée lorsqu'il y a du macaroni au fromage et aux tomates au menu !

- Désinfecter la table où mangent les enfants avant qu'ils n'y prennent place en s'abstenant de vaporiser le désinfectant au-dessus de la table.

- Limiter le plus possible le temps d'attente avant, pendant et après la collation et le repas pour minimiser les comportements dérangeants des enfants et tenir compte de la patience dont ils peuvent faire preuve selon leur développement.

- Réduire au minimum le délai entre la préparation, le service et la dégustation des aliments afin d'éviter la prolifération des bactéries ; rappelons que les aliments faciles à contaminer – ceux qui ne sont pas conservés ou manipulés correctement – ne doivent pas être gardés dans la zone de danger (entre 4° et 60 C°) pendant plus de deux heures.

> Les personnes assignées à la préparation des repas et des collations doivent accorder une attention particulière aux règles de cuisson et de conservation des aliments et voir adéquatement à la salubrité et à l'hygiène culinaire, tout en tenant compte de la sécurité des enfants (aliments allergènes pour tel enfant, risque d'étouffement avec les crudités et certaines coupes d'aliments pour les tout-petits, etc.).

- Servir une petite quantité de nourriture dans les assiettes des enfants quitte à les resservir ensuite. À partir d'un an, il est recommandé de commencer par offrir une cuillerée à table de chaque aliment par groupe d'âge. Par exemple, 2 cuillerées à table de poulet, 2 cuillerées de riz et 2 cuillerées de haricots coupés en biseaux pour les 2 ans, etc. (Lagacé, 1997) Même chose pour le lait ou le jus : il est préférable de remplir les verres au quart ou à la moitié au lieu de forcer les enfants à boire tout le contenu de leur verre plein. Même pour un enfant ayant un appétit normal, manger une pomme entière à la collation peut être trop ; les enfants ayant un plus grand appétit, pourront être servis à nouveau, à leur demande. **Les éducatrices auraient tendance à servir trop de nourriture aux**

enfants lorsqu'elles-mêmes ont très faim ; on serait porté à croire que plusieurs parents font de même lorsqu'ils préparent la boîte à lunch de leur enfant.

C'est à l'adulte de fournir la **qualité et la variété** des aliments alors qu'il revient aux enfants de déterminer la **quantité** qu'ils peuvent manger. (Lambert-Lagacé, 1984)

- En SGMS, faire chauffer les plats des dîneurs dans le micro-ondes et les distribuer dans un délai raisonnable. La tâche sera plus facile si on a accès à plusieurs appareils et s'ils sont situés à proximité des tables de dîneurs. De plus, l'identification des plats au nom de l'enfant faite par les parents, permet de repérer plus rapidement les propriétaires et d'éviter ainsi les interventions à distance : « C'est à qui ce plat-là ? »

- Établir une entente claire avec les parents d'enfants qui déjeunent au CPE, à la garderie ou au SGMS : Qui le fournit ? Coût supplémentaire ? Entre quelle heure à quelle heure ? Menu ? Etc.

- Habituer les enfants à boire de l'eau fraîche durant la journée : avant la collation, en rentrant de dehors et surtout pendant les journées chaudes d'été et les activités à grande dépense d'énergie. Il n'est pas nécessaire d'attendre que les enfants manifestent leur soif pour leur offrir de l'eau, car la sensation de soif traduit déjà un état de manque qu'il faut prévenir. (Petit, p. 108)

- Ne pas proposer de concours de vitesse aux enfants dans le but de les pousser à manger rapidement ou à vider leur assiette. Après les avoir invités calmement et fermement à goûter au moins chaque type d'aliments de leur dîner, il vaut mieux ne pas les réprimander et retirer leur assiette ou leur proposer de ranger leur boîte à lunch à la fin du repas en leur précisant qu'ils n'auront qu'à se reprendre la prochaine fois.

- Pour réduire le plus possible les va-et-vient des enfants pendant les pauses alimentaires, leur demander de faire signe à l'éducatrice lorsqu'ils ont besoin d'aide.

- Une fois le repas ou la collation terminée, voir à ce que les enfants se lavent le visage et les mains à l'aide d'une débarbouillette humide prévue pour chaque personne ou, idéalement, **à l'eau courante et savonneuse** pour enlever les traces de nourriture qui font proliférer les bactéries. Éliminer catégoriquement l'utilisation de la même débarbouillette pour tous ou du nettoyage dans le même plat d'eau.

- Ramasser avec un balai tous les débris de nourriture tombés au sol ou sur les chaises, car ces aliments se contaminent rapidement et peuvent rendre malade celui qui serait tenté de les manger ; bien nettoyer la table et les chaises.
- Après le repas ou la collation, vider la poubelle où aboutissent les restes alimentaires et désinfecter le couvercle de celle-ci.

Encadré 5.3   Comment susciter la participation des enfants lors des collations et des repas

- Distribuer et ramasser les verres (en CPE ou en garderie).
- Distribuer les plats chauffés à l'aide d'un cabaret (en SGMS).
- Pour les enfants d'âge préscolaire en CPE, disposer la nourriture dans des plats de service au milieu de la table ou sur une table adjacente pour les entraîner à se servir eux-mêmes en appliquant la règle suivante : « ce que tu mets dans ton assiette, tu le manges ».
- Amener les dîneurs à déposer leurs déchets dans un plat servant de poubelle installé au centre de la table pour éviter d'avoir à aller jusqu'à la grosse poubelle (en SGMS) ; inviter les enfants de 3 à 5 ans en CPE à jeter leurs déchets dans la poubelle après la collation ou le repas. C'est une bonne habitude à leur inculquer pour leur apprendre à prendre soin de leur environnement.
- Demander aux enfants de nettoyer leur place après avoir mangé, ramasser ce qui traîne, essuyer la table et leur chaise.
- Pousser délicatement sa chaise en sortant de table.
- Balayer le plancher autour de la table.

5.4   L'ORGANISATION PHYSIQUE ET MATÉRIELLE

L'aménagement physique a une influence indéniable sur la qualité des moments passés à table ; l'éducatrice doit faire des choix éclairés et bien fondés en ce qui concerne le lieu et le déroulement des collations ou des repas.

Tout d'abord, l'éducatrice doit appliquer le principe prioritaire et « universel » de **sécurité** pour les collations et les repas où, en tout temps, elle doit faire preuve d'une vigilance accrue envers les enfants. Les enfants sont davantage en sécurité lorsqu'ils demeurent assis tout au long de la collation ou du repas ; cela leur permet de mieux mastiquer et de bien avaler la nourriture. Bien entendu, les enfants ne devraient jamais se trouver en position couchée ou être en train de courir, de pleurer, de rire ou de chanter lorsqu'ils mangent ; de plus, ils ne devraient jamais être laissés seuls. Si un problème survient, l'éducatrice doit être prête à réagir promptement. Il est imprudent de laisser un enfant en nourrir un autre, peu importe leur âge. L'échange ou le partage de nourriture – d'une assiette ou d'une boîte à lunch à l'autre – devrait être totalement interdit afin d'assurer, entre autres, une sécurité optimale aux enfants souffrant d'allergies alimentaires graves.

> L'éducatrice ne devrait jamais rien prendre pour acquis en matière de sécurité des enfants à l'heure des collations et des repas.

Il est bon de planifier l'aménagement physique de manière à favoriser les échanges entre les convives. En plus de permettre de garder l'œil sur les enfants, la table de forme circulaire semble être la plus adaptée pour que chacun voit tout le monde. À défaut de quoi, l'éducatrice verra à faire asseoir les enfants à différentes tables ordinaires distancées les unes des autres tout en ayant une bonne vue d'ensemble du groupe.

Malgré leur commodité pour le rangement, les longues tables pliante de cafétéria découragent les contacts interpersonnels. Par souci pédagogique, il faut préférer de plus petites tables de préférence circulaires, qui permettent une installation des tables en îlots et encouragent les échanges entre convives. Il existe sur le marché des tables circulaires, mobiles et pliantes à 8 ou 10 places, avec des sièges à dossier.

Les collations et les repas étant des occasions propices pour le développement social, il est bon de varier le **regroupement des enfants** lors de ces moments pour favoriser de nouvelles relations interpersonnelles. Par exemple, permettre aux enfants de prendre de temps en temps leur collation à des tables parallèles de deux ou trois places pour leur donner l'occasion d'établir un contact plus étroit avec différents compagnons.

Un système rotatif des places des enfants autour de la table peut favoriser des rapprochements interpersonnels difficiles à faire autrement. De plus, l'occasion de prendre la collation ou le dîner à côté de l'éducatrice peut être très appréciée des jeunes enfants. On peut faire asseoir les enfants sur des chaises identifiées à leur prénom ou à leur symbole personnel pour leur assigner rapidement une place ou pour contourner subtilement des conflits prévisibles entre voisins de table.

Il importe de limiter le plus possible le **nombre d'enfants** qui doivent manger en même temps dans le même local, car un nombre élevé d'enfants dans un même lieu engendre une recrudescence de bruits, de tensions, de discipline et de désagrément pour tous. Parfois, il vaut mieux faire manger les enfants dans leur local habituel ou dans un autre local, plutôt que de les retrouver trop nombreux dans une salle à manger exiguë, surpeuplée, impersonnelle et très bruyante.

Peut-on s'habituer à l'ambiance de certains locaux de dîneurs en milieu scolaire où des enfants de 5 à 12 ans se retrouvent à 80, 90, 100 et parfois davantage, assis collés les uns à côté des autres, sans appui dorsal, dans un fracas insupportable, empressés d'avaler leur repas pour laisser la place au groupe suivant, ayant en plus de la difficulté à obtenir de l'aide de l'éducatrice tellement elle a à faire comme concierge, serveuse, police ou médiatrice, devant subir l'avalanche des consignes de discipline pour demander le calme ou pour prendre les présences, quand ce ne sont pas les menaces et les cris engendrés par un tel contexte de tension généralisée ? La plupart des adultes fuiraient à toute allure s'ils se retrouvaient dans un tel environnement. De plus, on doit se demander si une telle organisation prédispose les enfants à faire des apprentissages scolaires en après-midi.

Cette description, qui peut sembler exagérée, reflète malheureusement une réalité à laquelle doit se soumettre le personnel de SGMS et de services de dîneurs afin de répondre à la demande accrue des familles qui veulent que leur enfant dîne à l'école. Cette augmentation est venue aggraver une situation où le ratio en vigueur est d'une surveillante pour 60 enfants inscrits uniquement au service des dîneurs et d'une éducatrice pour 20 enfants en SGMS. On constate également des problèmes relatifs aux locaux existants : pénurie, non-appropriation ou inaccessibilité, ce qui amplifie la *déshumanisation du repas du midi*. Il va sans dire que la situation est inacceptable tant pour les enfants que pour les éducatrices et les surveillantes de dîner. En tant qu'agents d'éducation, il est grand temps de faire les réflexions qui s'imposent pour arriver à trouver des solutions viables aussi bien pour les usagers que pour les employés.

Manger dans une salle réservée aux repas et aux collations peut présenter des avantages : salubrité accrue, proximité des lavabos, changement d'environnement brisant la monotonie du local habituel. Cependant, l'intimité qui se dégage d'un repas pris en petits groupes dans un espace personnalisé est impossible à retrouver dans une grande salle à manger. Par contre, les enfants sont portés à être plus distraits dans un local où se trouvent des objets de jeu attirants pour eux. Pour faire son choix, l'éducatrice doit prendre tous ces facteurs en considération : faut-il prendre le repas dans le local habituel, un autre endroit, un local de classe, la salle à dîner ou la cafétéria ?

Pour que le moment soit favorable à la détente et à l'échange avec les pairs, pour pouvoir bien digérer, il faut **réduire au minimum les bruits** contrôlables durant les heures de collation et de repas : la musique de fond entraînante, trop forte ou de longue durée, les bruits d'appareils électro-ménagers, les voix autoritaires omniprésentes voulant imposer la discipline, les bruits incommodants de vaisselle, etc. Dans certains services éducatifs, on utilise la télévision et les vidéocassettes à l'heure des collations et du repas du midi comme solution pour limiter le bruit des bavardages des enfants. Dans ce cas-là, la règle veut généralement que tout le monde mange en silence ou en chuchotant, et que l'émission ou la vidéo joue seulement si le bruit environnant est faible. Est-ce vraiment l'idéal pour des enfants qui passent déjà en moyenne près de 30 heures par semaine devant le petit écran (émissions télévisées, vidéos, Nintendo, etc.) ? C'est plus du tiers de leur vie passée à regarder passivement des images qui banalisent souvent la violence, le sexisme, le racisme, etc. Voilà un exemple flagrant de contradiction entre les valeurs prônées dans certains services éducatifs et celles réellement véhiculées sur le terrain. Malgré des progrès considérables réalisés ces dernières années, le travail de cohérence pédagogique est loin d'être achevé en ce qui a trait à l'éducation des enfants.

On doit procurer aux enfants un **espace minimal vital** pour qu'ils puissent prendre avec aisance la collation ou le repas, en évitant de les entasser tous comme des sardines les uns à côté des autres. Un **mobilier confortable** ajoutera au confort des enfants, comme des chaises robustes, munies d'un dossier droit et adaptées à leur taille pour que leurs pieds touchent le sol ; on réduira ainsi le risque de renverser les verres et les dégâts tout en augmentant le plaisir de manger. Les éducatrices devraient avoir à leur disposition une chaise adaptée à leur besoin et à leur taille pour qu'elles puissent s'asseoir à la table pendant la collation ou le repas.

Apprécier le moment des collations et des repas n'est pas toujours facile. Une table qui arrive au menton, des chaises trop basses qui obligent les enfants à s'asseoir sur les genoux ou encore un siège d'appoint non sécuritaire qui fait basculer les enfants sur le côté, une surface de table rugueuse, des bancs qui ne permettent pas de s'adosser en mangeant, un environnement bruyant sont loin d'être des conditions propices au confort et à la détente des enfants et des éducatrices à l'heure des collations et des repas, qui reviennent plus de 600 fois par année en CPE et en SGMS.

De la **vaisselle facile à manipuler et incassable**, solide et à large rebord doit être mise à la disposition des enfants. (Petit, p.49)

Pour assurer un minimum de **salubrité**, il est conseillé de faire porter un tablier aux plus petits et de placer sous leur table une nappe de plastique pour faciliter le nettoyage du plancher souillé par les débris de nourriture qu'ils laissent tomber par maladresse ou inattention. Évidemment, un plancher facile à laver est ce qu'il y a de mieux surtout en milieu familial. On recommande de garder à portée de la main des papiers absorbants et un **linge à nettoyer** au cas où un dégât surviendrait. Lorsque les enfants d'âge préscolaire et scolaire sont à l'origine d'un dégât, on conseille de les faire participer au nettoyage.

Dans les situations difficiles, l'éducatrice principale devrait pouvoir recevoir une **aide temporaire,** par exemple, pour le repas des huit bambins qui arrivent à peine de la pouponnière, dans le cas d'un groupe de dix enfants de 4 et 5 ans très agités ou lorsque des dîneurs ont plusieurs plats à faire chauffer au micro-ondes.

Dans un contexte difficile, l'éducatrice peut parfois recourir à un **système d'émulation** pour encourager les enfants à adopter les comportements souhaités à l'heure du midi, par exemple, le privilège de s'asseoir à côté de l'éducatrice ou de prendre place à la table d'honneur une fois par semaine selon le mérite accordé. On pourrait identifier les enfants récompensés pour leur bon comportement en leur faisant porter un collier ou un macaron ; les enfants devraient savoir à l'avance quel comportement méritoire on souligne et ce comportement doit correspondre aux valeurs éducatives du milieu et à l'âge des enfants. Le défi pourrait consister à bien nettoyer sa place pendant les quatre premiers jours de la semaine pour devenir éligible au privilège visé. En tout temps, l'éducatrice doit s'abstenir d'accorder des privilèges pour la nourriture ingérée : « Si tu manges tout ce qu'il y a dans ta boîte à lunch. » ou pour la vitesse d'exécution : « Le premier qui finira de manger. » Les concours de silence sont également à proscrire. Le but visé par un système d'émulation est plutôt de stimuler les enfants, d'encourager leurs efforts et non de les humilier, de les sous-estimer ou de les réprimer. Ce moyen demeure inefficace s'il n'est pas accompagné d'autres types de stratégies et si ce sont toujours les mêmes enfants qui sont récompensés.

La collation de l'après-midi n'étant pas nécessairement prise par tous les enfants, l'éducatrice devrait offrir à ceux qui ne mangent pas la possibilité d'avoir accès à un espace et à du matériel de jeu. Il serait regrettable que ces enfants s'ennuient à patienter à la table pendant que les autres prennent leur collation à moins que ce soit leur choix.

Pour apporter du nouveau aux collations et aux repas, on peut changer le décor en allant, par exemple, faire un pique-nique dehors à l'ombre d'un arbre ou en aménageant un espace printanier champêtre dans le service éducatif en plein hiver, etc.

5.5   LA PRÉSENCE BIENVEILLANTE DE L'ÉDUCATRICE

En prenant place à la table avec les enfants, l'éducatrice participe à la création d'un climat chaleureux à l'heure du repas.

Il appartient à l'éducatrice d'organiser les tâches, de gérer le temps, de prévoir un aménagement spatial et du matériel adéquats pour assurer de bonnes conditions au déroulement des collations et des repas. De plus, ses attitudes verbales et non verbales ont une importance capitale dans l'ambiance recherchée. Il est difficile d'envisager le déroulement calme d'une collation ou d'un repas si l'éducatrice s'active sans cesse pendant que les enfants mangent. Elle devrait plutôt tenir compagnie aux enfants en s'assoyant avec eux pour prendre le repas ou la collation ; l'atmosphère risquera aussi d'être plus calme ; il y aura moins de déplacements, moins incitation à se lever et davantage de contacts interpersonnels constructifs. La présence de l'éducatrice à la table rend souvent nécessaire l'utilisation d'une table d'appoint, fixe ou roulante et un plateau pour déposer les plats de service, qui seront alors facilement accessibles. Il importe d'avoir à portée de la main tout le matériel nécessaire pour voir aux diverses tâches à partir de la table, ce qui limite les déplacements.

L'éducatrice est en partie responsable de la création d'une atmosphère conviviale à l'heure des repas et des collations

On peut agrémenter la pause alimentaire de sourires et de regards complices, de petites touches d'humour et de tendresse, du sens du merveilleux en empruntant une voix fantaisiste, en jouant à être à un restaurant chic, en engageant une conversation détendue et agréable, etc. Le partage d'un repas, d'une collation peut être un moment très agréable si une bonne organisation et de bonnes attitudes sont au rendez-vous.

Il est insensé d'exiger le silence absolu à la table sauf dans de rares occasions et pour un temps très limité, mais on peut fournir aux enfants des moyens appropriés pour susciter leur collaboration pour obtenir le calme recherché : donner l'exemple en chuchotant, les féliciter pour leurs bons comportements, les inviter à se calmer au début du repas en déposant leur tête sur la table pendant deux minutes, se détendre soi-même comme éducatrice en prenant quelques respirations lentes et profondes, recourir à une marionnette pour les à l'ordre d'une façon amusante, démarrer des sujets de conversation intéressants pour eux, proposer un repas ou une collation spéciale telle « une collation tout en sourire ».

Les enfants d'âge préscolaire sont particulièrement actifs pendant les conversations à l'heure des collations et des repas. Il importe d'aider les plus silencieux à prendre eux aussi part aux échanges en leur posant des questions ou en leur adressant des remarques simples et personnalisées, sans toutefois les obliger à se livrer. Les enfants aiment les échanges informels où ils sont amenés à parler de leur intérêt du moment : anniversaire prochain, sortie au cinéma en famille, visite chez grand-papa, animal domestique, activité nouvelle du matin, événement prochain, etc.

De temps en temps ou lors d'une occasion spéciale, il peut être intéressant de décorer la table avec des napperons plastifiés, qui pourraient avoir été fabriqués par les enfants, ou avec une nappe de plastique aux motifs attrayants, un petit bouquet de fleurs sauvages cueillies lors d'une promenade (vérifier cependant les allergies au pollen), etc. Il peut aussi être indiqué de tamiser l'éclairage, de mettre pendant quelques minutes une musique douce qui plaît aux enfants, d'organiser un pique-nique dans la cour extérieure, autrement dit, de **briser la monotonie des routines alimentaires en apportant de la nouveauté dont les enfants de trois ans et plus se réjouissent naturellement.**

5.6   L'ÂGE « CRITIQUE » DE 2 ANS

Le rythme de croissance du bébé ralentit après l'âge de un an, il est donc normal de voir l'appétit des enfants diminuer de manière significative jusqu'à cinq ans. Plutôt que de s'en préoccuper, il vaut mieux ajuster les portions en fonction de cette nouvelle donnée.

Les premières années de vie étant déterminantes dans la relation qu'établit l'enfant avec la nourriture, on doit faire des choix alimentaires éclairés en tenant compte de la santé des enfants. Les intervenants concernés – éducatrices, parents, cuisinières, responsables de la gestion, membres du conseil d'établissement ou du conseil d'administration – ont avantage à se concerter pour prendre les meilleures décisions possible en matière d'alimentation ; en effet, ces décisions ont eu incidence sur le développement de l'enfant, sur sa capacité d'attention et de concentration, sur sa motivation, etc.

Lorsque l'enfant a atteint l'âge d'un an, il arrive que certains parents se préoccupent moins de la qualité de son alimentation, même s'ils ont apporté une grande attention à ce point pendant les premiers mois de sa vie. Raison de plus pour qu'en services éducatifs on re-double d'efforts pour offrir et promouvoir une saine nutrition.

La créativité émergente des enfants de 1 ½ à 2 ans les porte à faire des expériences avec leur nourriture (étendre, transvaser, renverser le lait dans l'assiette, jouer avec la cuillère, etc.). Il vaut mieux leur signifier clairement ce que l'on attend d'eux et voir à réorienter leur attention de manière positive. « Tout à l'heure après la collation, tu pourras t'amuser avec la pâte à modeler, mais maintenant je veux que tu manges ta compote de pommes avec ta cuillère. »

Il n'est pas facile de garder un enfant de deux ans assis à la table pendant 30 à 40 minutes d'autant plus que certains d'entre eux uti-lisent encore la chaise haute à la maison. Il faut beaucoup de patience, de douceur et de rappel des consignes pour leur permettre d'effectuer ce nouvel apprentissage. Il est primordial de limiter le temps assis à la table tout en ne les bousculant pas. La règle d'or, c'est la persévérance, car la plupart des enfants finissent par s'adapter d'une manière ou d'une autre aux attentes réalistes de leur éducatrice.

Les enfants de deux ans n'aiment pas se salir ; il est donc fré-quent de les voir réclamer une débarbouillette pendant le repas pour se laver la bouche et les mains. Il faut alors raisonnablement le leur per-mettre avant de continuer le repas.

Jusqu'à trois ans, il est normal que les enfants se salissent en mangeant. On peut leur faire porter des bavoirs et placer des nappes de plastique sous la table pour faciliter le nettoyage après le repas. C'est vers l'âge de deux ans que les petits commencent à se démarquer dans leurs goûts alimentaires. Ils expriment des préférences, refusent de man-ger certains aliments qu'ils acceptaient auparavant, ont tendance à re-demander toujours la même nourriture. Cela s'ajoute aux manifesta-tions qui caractérisent cette période du développement marquée par le besoin d'affirmation.

Routine, précision et stabilité étant le propre des bambins, il vaut mieux garder le même ordre de présentation des aliments, les mêmes habitudes de service, les mêmes gestes et rituels, les mêmes lieux, le même mobilier, etc. (Betsaler, 1984) Il est fréquent d'observer le refus face à la nouveauté chez les enfants de deux ans. Passer de la chaise haute à la table conventionnelle, délaisser le biberon ou la tasse à bec pour le verre ordinaire, remplacer la nourriture en purée par celle préparée pour tout le monde, faire apprécier de nouvelles saveurs voilà des changements qu'on devrait introduire entre l'âge de un et deux ans alors que les enfants sont plus ouverts. Bien entendu, on doit intervenir le plus judicieusement possible selon chaque enfant. Néanmoins, tous les groupes alimentaires devraient avoir été introduits avant l'âge de deux ans. Puisque aux environs de deux ans et demie, les enfants ont toutes leurs dents de lait, on devrait avoir totalement éliminé les purées.

La période précédant le dîner peut être difficile pour l'éducatrice veillant sur des enfants de 1 ½ à 2 ½ ans. Les changements de couche à faire pour quelques-uns, la séance sur le pot d'entraînement pour d'autres, la fatigue accumulée de la matinée, la faim difficile à supporter, les tensions entre pairs qui s'ensuivent, de même que la fatigue et la faim de l'éducatrice peuvent mettre sa patience à rude épreuve. Une organisation à la fois rigoureuse et souple du dîner — avant, pendant et après — s'avère indispensable pour traverser sans trop de heurts cette période plutôt exigeante de la journée.

5.7   LE PEU D'APPÉTIT, LE REFUS DE MANGER, L'ENFANT DIFFICILE

Les « caprices » et les refus alimentaires des enfants passent rarement inaperçus aux yeux de l'éducatrice qui se demande comment agir : laisser faire, insister, faire entendre raison à l'enfant, argumenter, proposer un compromis, moraliser, confronter, faire de la diversion ou des jeux sont autant de solutions couramment envisagées pour amener les « petits appétits » à se nourrir.

Plusieurs ouvrages de référence nous donnent des pistes de réflexion très utiles pour intervenir adéquatement face au désintéressement alimentaire des enfants. Tout d'abord, les auteurs nous invitent à **observer l'enfant concerné de manière objective pour vérifier s'il a une bonne énergie physique dans l'ensemble**. Peut-il courir, rire, bouger avec entrain, participer aux activités proposées ? Si oui, il vaut mieux ne pas s'inquiéter outre mesure du fait qu'il mange peu dans une journée. Cependant, il est quand même prudent d'étudier l'évolution de la situation et d'assurer un suivi avec les parents.

Des caprices alimentaires passagers attribuables à des situations de vie anxiogènes comme le divorce des parents, un changement d'éducatrice ou le chômage d'un parent peuvent expliquer à eux seuls la raison du refus d'un enfant de manger. Par contre, si l'enfant semble exagérément fatigué, refuse de s'adonner à des activités physiques, démontre une difficulté à se concentrer, a des troubles de l'humeur et du sommeil, semble souffrir d'une insuffisance de poids, a mauvaise mine sans présence de symptômes connus pouvant signifier une infection passagère comme la fièvre, un rhume, une gastro-entérite, et que très peu de solutions réalistes semblent réussir à l'amener à manger, il est urgent d'en parler aux parents et de les inciter à consulter un spécialiste de la santé. Dans les autres cas, le peu d'élan à l'égard de la nourriture doit être dédramatisé. Pour faire face aux caprices alimentaires des jeunes enfants, rien ne vaut de bonnes attitudes empreintes de compréhension et d'amour, nous rappelle Louise Lambert-Lagacé (1984).

A. Particularités associées au tempérament de l'enfant

Les caractéristiques propres à la personnalité de l'enfant sont souvent en cause dans son manque d'appétit. On voit des bébés qui sont des mangeurs nés enthousiastes. (Essa, p. 335) Dès les premières tétées, les premiers aliments solides offerts, ils montrent un intérêt évident pour la nourriture, alors que d'autres peuvent inquiéter leurs parents en raison de coliques persistantes, de régurgitations répétées, d'intolérances alimentaires ou parce qu'ils sont difficiles à nourrir. Chaque enfant est unique dans le développement des attitudes alimentaires. Pour certains, manger sera facile tandis que pour d'autres, ce sera difficile voire pénible.

> Les particularités alimentaires propres à chaque enfant font partie de son unicité, que l'éducatrice doit comprendre et considérer avec beaucoup de discernement tout en collaborant avec les parents.

Un enfant qui semble étiqueté tôt comme « difficile » aura tendance à l'être. (Essa, p. 335) Il décodera les inquiétudes parfois même les plus subtiles de son entourage face à ses limites alimentaires. Il constatera qu'on le traite de façon différente des autres enfants : on le supplie de manger par divers moyens, on lui demande de goûter aux aliments, de finir son verre de lait, etc. Avec un peu de perspicacité, il se peut que cet enfant boycotte les stratégies utilisées qui visent à rassurer ses parents et son éducatrice sur son état de santé.

B.   Particularités associées à l'âge de l'enfant

L'âge des enfants peut expliquer leurs caprices alimentaires. Rappelons-le, les enfants en bas âge n'ont besoin que de petites portions de nourriture pour suffire à leurs besoins physiologiques. En outre, il est fréquent de voir un enfant entre 1 et 6 ans refuser ou préférer des aliments pour des raisons d'affirmation et d'autonomie inhérente à son développement socioaffectif; cette réaction sera d'autant plus marquée s'il constate une certaine anxiété ou irritabilité chez l'adulte nourricier face à son comportement alimentaire difficile.

> Accepter sans en faire de cas le refus alimentaire de l'enfant est souvent la meilleure attitude à adopter lorsqu'il s'agit d'un enfant en bonne santé.

C.   L'art d'observer les enfants

« Cet enfant-là ne mange jamais rien », serions-nous portés à dire d'un enfant difficile face à la nourriture. Pourtant, dans la réalité, il peut en être tout autrement. Il est plus facile de généraliser une situation dérangeante que de s'arrêter aux faits, que de l'analyser pour tenter de réellement l'améliorer. Est-ce que cet enfant dont il est question ne mange **vraiment** jamais rien ? Une observation menée de manière systématique et professionnelle s'impose pour démêler les perceptions et les faits réels. L'encadré 5.4 fournit quelques points de repère à ce sujet.

**Encadré 5.4   Question à se poser face à un enfant
                  qui refuse de manger**

Qu'est-ce qu'un enfant difficile face à la nourriture
ou qui a des caprices alimentaires ?

- Un enfant qui lambine devant son assiette ?
- Un enfant qui refuse de manger des légumes verts ?
- Un enfant qui joue avec sa nourriture ?
- Un enfant qui n'avale pas facilement la nourriture, qui mâche longtemps ?
- Etc.

Quels aliments refuse-t-il ? Quels aliments préfère-t-il ?

- Yogourt ?
- Viandes rouges ?
- Fruits de la famille des agrumes ?
- Etc.

Comment se manifestent ses limites alimentaires ?

- En silence ?
- Par des plaintes et des récriminations ?
- Par de la tristesse ?
- En pleurant intensément ?

- En gardant longtemps sa nourriture dans sa bouche ?
- En se montrant agressif, entêté ? En jouant avec sa nourriture ?
- En ayant des haut-le-cœur ?
- Etc.

S'agit-il d'une situation récente ? Quand a-t-elle débuté ?
À quelle fréquence apparaissent les comportements observés
sur une semaine donnée ?

- Deux fois au dîner, trois fois à la collation ?
- Surtout en début de repas ?
- Etc.

Qu'arrive-t-il au juste lorsque l'enfant se comporte ainsi ?

- Mange-t-il de façon sélective ?
- Parle-t-il beaucoup ou peu lors des repas et des collations ?
- L'éducatrice finit-elle par lui faire avaler deux ou trois bouchées à la cuillère ?
- Les autres enfants lui disent-ils de manger ?
- L'atmosphère générale est-elle détendue ou plutôt tendue ?
- Etc.

Une fois les informations objectives recueillies, on doit effectuer une analyse rigoureuse des résultats pour avoir un portrait plus juste et éclairé de la situation. Partager son expérience d'observation et son plan d'intervention avec d'autres éducatrices et la responsable du service éducatif ne pourra qu'être bénéfique à la démarche menée auprès de l'enfant concerné. L'échange de renseignements, l'encouragement apporté par les collègues rendront certainement le programme d'aide plus efficace. Évidemment, les parents doivent être avisés, car le problème identifié et les mesures mises en place se répercutent d'une manière ou d'une autre sur la vie familiale.

D.   État général de la situation

En matière d'alimentation, il est important de tenir compte **des habitudes et des attitudes régulières de l'enfant à la maison,** car il existe bel et bien des différences personnelles dans ce domaine, tant chez les enfants que chez les adultes. A-t-il bon appétit ? A quelle heure prend-il son déjeuner avant de quitter la maison le matin ? A-t-il déjà mangé des poires ? Comment se passent les repas chez lui ? Voilà des exemples de questions à poser aux parents et dont les réponses peuvent grandement éclairer l'éducatrice qui cherche à comprendre les réticences alimentaires de l'enfant.

Dans certaines familles, les habitudes nutritionnelles sont particulières : surconsommation de fast-food, mets épicés, absence de légumes au menu, repas pris à heures variables, aliments différents liés à une culture différente, ce qui a pour conséquence que la nourriture servie en services éducatifs ou les manières de vivre les repas ne plaisent pas nécessairement aux enfants vivant dans ces familles concernées. Malgré cette situation souvent déplorable pour la santé des enfants, il faut continuer à leur offrir des aliments santé dans un cadre structuré tout en évitant à tout prix « la pression pour manger, la contrainte, le chantage, l'attention excessive donnée à l'enfant pour son refus de manger ». (Petit, 1994)

> « Mange car ton papa ne viendra pas te chercher tout à l'heure. » ou « Mange ta viande sinon tu ne pourras pas grandir et aller à la maternelle. » « Il faut que tu manges ton brocoli pour avoir droit à ton dessert. » sont des phrases récupérées qui n'ont rien d'éducatif et qui doivent être bannies des interventions de l'éducatrice.

De même, on devrait limiter le recours à des astuces telles « une bouchée pour maman », jouer à l'avion avec la cuillère pour faire ouvrir la bouche de l'enfant, s'asseoir près de l'enfant pour le stimuler sans cesse. Quoique justifiées, ces stratégies peuvent finir par nuire à l'établissement d'un rapport sain avec la nourriture. Peu importe les comportements alimentaires des enfants, ceux-ci doivent développer dans les premières années de leur vie, une relation positive avec le geste de manger, le temps des repas, les aliments, le fait de prendre soin de soi en se nourrissant, les sensations procurées par corps (limites, faim, aversion, préférence, etc.). Ce n'est certes pas le marchandage, le chantage ou les détours répétés de l'adulte qui les aideront en ce sens. **Il importe donc que l'éducatrice dédramatise la situation devant le refus ou le peu d'ardeur de l'enfant pour manger et qu'elle explique clairement son point de vue aux parents en cherchant avec eux comment agir pour le développement harmonieux de l'enfant.**

E. Quelques stratégies utiles

On ne le dira jamais assez : le fait de prendre les repas et les collations dans une **atmosphère agréable** contribue au plaisir de manger, à celui de goûter aux aliments, à aider à penser à autre chose qu'à son dégoût pour tel ou tel aliment.

Il est parfois bénéfique de stimuler stratégiquement quelques enfants à manger en les encourageant avec une **fermeté calme** à prendre, par exemple, deux bouchées pour deux ans, trois bouchées pour trois ans, selon leur âge respectif. Le cas échéant, il vaut mieux, à la fin du repas ou de la collation, retirer la nourriture sans commentaires ou manifestation quelconque de désapprobation. On peut alors dire à l'enfant : « Tu te reprendras la prochaine fois. » ce qui l'amènera probablement à vivre la conséquence naturelle de son refus de manger, c'est-à-dire ressentir la faim jusqu'au prochain repas ou jusqu'à la collation. « Les enfants connaissent mieux que quiconque leur appétit. » (Gibouleau, vol. 2, p.17) **Encourageons davantage les bons comportements alimentaires avec un sourire, un regard approbateur et tentons d'ignorer ceux qui nous contrarient ou nous préoccupent.**

De son côté, Joanne Hendrick (1993) suggère un petit truc pour inciter un enfant qui refuse de manger parce qu'il n'aime pas ce qui se trouve dans son assiette : « Je pense que tu aimeras y goûter lorsque tu seras grand. » On peut dire aux enfants, par exemple, que le nouveau pain offert à la collation ce matin est comme un aliment d'adulte et qu'il pourra y goûter lorsqu'il le décidera lui-même. Ou lui dire que le poivron qui se trouve dans son assiette aimerait bien faire son travail qui est de l'aider à digérer et que pour cela, il doit aller dans son estomac. « Le poivron adore que tu le manges, car il fait son travail. » Une touche de fantaisie peut plaire à certains enfants. Inviter l'enfant à goûter à un aliment sans toutefois l'obliger à l'aimer fait partie des stratégies qui peuvent l'amener à une plus grande ouverture alimentaire.

Il n'est pas bon d'introduire plus d'un nouvel aliment à la fois et, lorsqu'on le fait, il faut alterner avec des aliments familiers et être réaliste face à nos attentes d'adulte. Les tout-petits préfèrent généralement s'en tenir toujours aux mêmes aliments et affinent peu à peu leurs goûts en vieillissant, les champignons, les olives, le camembert et les moules marinières ne figurent pas au palmarès des préférences alimentaires des jeunes enfants. De plus, il est prudent de **préparer les enfants à l'arrivée d'un nouvel aliment** en prenant le temps de le présenter la veille ou durant la matinée. Très probablement que les pois chiches figurant au menu du midi recevront un meilleur accueil si on les a d'abord présentés lors d'une causerie enrichie d'images, d'observation et de manipulation de spécimens, d'identification des lieux et des modes de culture. Il ne faut pas oublier que les moyens pédagogiques adaptés au niveau de développement des enfants auront davantage d'impact sur leur réceptivité. On verra dans la dernière partie de ce chapitre, quelques activités d'apprentissage susceptibles d'éveiller l'intérêt des enfants pour les nouveaux aliments.

Les présentations amusantes et **les mises en situation imaginatives** peuvent également stimuler certains enfants à goûter aux aliments : des tranches de tomates vues comme des roues de camion, de la luzerne comme les cheveux d'un bonhomme, une pomme coupée en étoile, des morceaux de fromage découpés avec un emporte-pièce, etc. Il peut aussi s'avérer efficace de rappeler aux enfants, sans pression aucune, qu'ils ont besoin de manger tel aliment pour être en santé ou pour nourrir les bras de leurs muscles de jambes qui leur permettent de courir vite dehors, etc.

Donner soi-même l'exemple en consommant devant les enfants la même nourriture qu'eux, ou enc**ore placer les petits mangeurs près des gros mangeurs** pour stimuler ceux qui ont moins d'appétit, ne peut qu'être bénéfique pour stimuler les plus réticents à manger. On ne doit pas sous-estimer l'influence qu'exerce l'éducatrice sur son groupe ; son attitude, verbale ou non verbale – intérêt, rejet, dégoût masqué, indifférence face aux nouveaux aliments et aux nouvelles saveurs – est déterminante pour les enfants. L'éducatrice non convaincue de l'impact de son exemple sur les enfants devrait tenter l'expérience ; le modèle qu'elle présente aux enfants leur communique ou non le plaisir de manger, de découvrir des goûts différents, etc.

Quand l'enfant d'âge préscolaire a la possibilité de se servir lui-même en CPE ou en garderie, il accepte mieux de manger ce qui se trouve dans son assiette. Il est sage de commencer cette pratique en se limitant à une seule partie du repas, par exemple le plat principal. Bien entendu, pour que la procédure ait le succès escompté, on doit l'accompagner de règles claires et simples :

- Prenez au moins un peu de tout.

- Ne prenez que la quantité que vous pouvez manger.

- Vous pourrez vous servir une deuxième fois si vous avez encore faim.

Il semble impensable d'envisager une telle approche avec des enfants de moins de 2 $\frac{1}{2}$ ans. La patience de l'éducatrice lors des premières expériences du genre est un gage de réussite. Au début, il est normal que les enfants se servent trop malgré les consignes établies et qu'ils soient maladroits et échappent de la nourriture à côté de leur assiette. N'oublions pas qu'ils sont en période d'apprentissage et que l'expérience en vaut souvent la peine en dépit des inconvénients passagers.

Les enfants étant mieux disposés à manger la nourriture qu'ils ont aidé à préparer, on peut prévoir des **expériences culinaires quotidiennes simples à faire avec les enfants**, qui consommeront la nourriture qu'ils auront préparée lors d'un repas ou d'une collation.

L'éducatrice inquiète du comportement alimentaire d'un enfant peut utiliser un **tableau de renforcement,** où elle place un autocollant chaque fois que l'enfant goûte à chacun des aliments lors des repas et des collations. Avant d'adopter cette méthode, on doit informer l'enfant et ses parents. **De plus, il faut assurer un caractère confidentiel à la démarche en évitant d'exposer le tableau d'émulation à la vue de tous et chacun.** Afin d'augmenter les chances de réussite du programme, commencer par offrir des aliments que l'enfant aime et lui faire choisir et apposer lui-même l'autocollant mérité sur le tableau. Cette approche persuasive fonctionne mieux avec des stratégies parallèles et gagne à être accompagné de **renforcement verbal.** « Tu as goûté à un peu de viande, au riz et à une fève verte. Bien … » À mesure que les mauvaises habitudes diminuent, on abandonne graduellement l'utilisation du tableau qui n'aura bientôt plus sa raison d'être, de même que le renforcement verbal systématique.

F.   Le vécu de l'enfant

Tenir compte du vécu de l'enfant – situation familiale anxiogène, stress occasionné par des perturbations au CPE ou à l'école – s'avère sans doute essentiel pour cerner les causes de changements dans les habitudes alimentaires. On sait bien que les émotions altèrent grandement l'appétit. En période d'intégration ou de perturbation majeure, ce n'est pas le moment de modifier les comportements alimentaires rapportés de la maison ou d'un autre service éducatif – utilisation prolongée d'un biberon, ingestion exclusive de pain et de pâtes, etc. – Il vaut mieux retarder la démarche d'ajustement à une période ultérieure plus favorable.

G. Les préférences alimentaires

Les enfants ont bel et bien des préférences alimentaires tout comme les adultes. Les friands de choux de Bruxelles, de lentilles ou de foie de bœuf sont généralement peu nombreux chez les personnes de tous âges. Il vaut mieux alors apprêter ces aliments de manière appétissante : crème de brocoli ou chou-fleur gratiné, cubes de foie apprêtés avec une sauce savoureuse, pâté chinois aux lentilles, etc. Toutefois, certains enfants et adultes refuseront de manger divers aliments comme le navet, le poisson, les tomates, les oignons etc., **car les aversions alimentaires réelles et définitives existent** réellement. N'est-ce pas ce que dit le vieux dicton populaire : « Tous les goûts sont dans la nature et ils ne se discutent pas. »

H. Les situations temporaires

Finalement, il faut savoir que **plusieurs caprices alimentaires ne seront que passagers.** Jusqu'à l'âge de cinq ans, les enfants se développent rapidement ; ils ont des pics et des creux de croissance qui les font passer d'une étape à l'autre et, souvent, sans prévenir leur entourage. S'adapter aux fluctuations alimentaires des enfants est aussi le lot des éducatrices. Néanmoins, il demeure important de continuer à leur proposer régulièrement des aliments dits « impopulaires » sans toutefois les obliger à les manger. Quelques enfants auront besoin d'apprivoiser un nouvel aliment en ne faisant que le regarder dans leur assiette pendant un certain temps avant de se décider à y goûter.

5.8   LES HABITUDES ET LES RESTRICTIONS ALIMENTAIRES

Considérer et incorporer au menu certaines particularités alimentaires d'enfants de cultures différentes est important pour leur intégration sociale ; cela peut également profiter à l'ensemble du groupe. Patates douces en purée, mangues, variété de laitues, pain pita, couscous, bagel, haricots rouges, blé bulgur apportent de la variété aux repas ainsi que des textures, des couleurs et des saveurs différentes qui stimulent la curiosité des convives.

Les restrictions alimentaires justifiées par des traditions ethniques, des principes religieux ou des valeurs familiales (pas de porc, pas de sucre raffiné, etc.) devraient être prises en considération dans la limite du raisonnable. Il n'en demeure pas moins que sur ce point, qu'une entente claire doit être prise avec les parents pour éviter tout malentendu. (Betsaler, 1984)

5.9   L'EXCÈS ALIMENTAIRE

« On croirait que cet enfant n'a pas de fond » ou encore,« Il a les yeux plus grands que la panse », dit-on d'un enfant enclin à la gourmandise. Celle-ci se caractérise par un élan irrésistible vers la nourriture, qui vont bien au-delà des besoins du corps. L'enfant montrant une tendance à la gourmandise manifeste une réaction d'emballement à la vue de nourriture, demande souvent à quelle heure il va manger, a peur de manquer de nourriture, s'empresse de tout avaler ce qu'il a devant lui, en redemande plus d'une fois, s'empare de la nourriture avec une certaine nervosité. On reconnaît la goinfrerie par un très grand attrait pour la nourriture qui se manifeste par la compulsion, le gavage, la consommation de très grandes quantités de nourriture, un empressement à manger nettement incontrôlé.

Avec l'aide de ses parents et des éducatrices, l'enfant peut entretenir une relation harmonieuse avec la nourriture sans nuire à sa santé. Partageant avec lui ses collations, souvent le dîner et parfois même le déjeuner et le souper, l'éducatrice est bien placée pour aider l'enfant à apprivoiser son rapport de dépendance face à la nourriture. « Il faut travailler avec l'enfant pour développer chez lui l'écoute des sensations corporelles liées à l'alimentation et l'aider à percevoir la sensation du fond du ventre, la sensation du plein et de vide. » (Petit, p. 57)

Faire la distinction entre le goût et le besoin corporel de manger s'apprend dès le plus jeune âge. « Tu aimes tellement cet aliment que c'est difficile pour toi de t'arrêter d'en manger. Sens-tu la faim dans ton corps ? Que te dit ton ventre ? Qu'il a faim, qu'il en a assez ou qu'il en veut d'autre ? As-tu encore de la place pour une deuxième pomme ? Es-tu rassasié ? Etc. » On a intérêt à vite faire usage de ce mot en présence des enfants afin qu'ils le comprennent bien et l'utilisent à bon escient pour décrire leurs véritables sensations corporelles. Le terme **rassasié** évoque très bien la sensation physique de plénitude et de satiété ressentie une fois que le corps a eu suffisamment de nourriture ; le mot **satisfait** quant à lui réfère davantage au désir, au goût et à l'idée de manger. Devant un enfant gourmand, on eut recourir à plusieurs méthodes d'intervention éducative telles :

— cultiver la modération alimentaire sans culpabilisation ni comparaison entre pairs, proposer des compromis : « Je vais t'en garder un peu pour demain, car je sais que tu aimes beaucoup cet aliment » ;

— faire des choix-santé ;

— accorder une valeur à la dégustation des aliments et au plaisir de manger ;

— éduquer à l'autoobservation des signes physiologiques de la faim et de la satiété.

Pour avoir un rapport sain avec la nourriture, l'enfant doit apprendre la sagesse face à la nourriture. (Petit, p.59) La tâche de l'éducatrice consiste donc à **encourager l'enfant à savourer pleinement les aliments, à prendre le temps de mastiquer sa nourriture, à**

ressentir le plaisir de manger sans besoin de s'empiffrer ou de perdre le contrôle, à décoder et à prendre en considération les signes de satiété ressentis dans son corps (nausées, sensation de plein, ventre gonflé, sensation de pantalon trop serré, etc.), puis à tenir compte des aversions personnelles pour certains aliments. Par surcroît, l'activité physique régulière devrait faire partie du programme de santé globale des enfants portés à la gourmandise.

Certains enfants mangent beaucoup sans être obèses et d'autres semblent avoir un surplus de poids sans pour autant manger exagérément ; pourtant, la plupart des enfants qui mangent trop risquent de souffrir d'un problème de poids pendant leur vie. De plus, ces enfants sont susceptibles d'avoir des problèmes sociaux (Essa, p. 347) puisqu'ils sont perçus comme différents et se déprécient aussi eux-mêmes. Ils ont souvent de la difficulté à suivre les autres dans les activités physiques, ils sont souvent plus vite essoufflés et moins agiles ; ce faisant, ils développent rapidement une préférence pour les jeux plus statiques. Les moqueries, les comparaisons des pairs risquent aussi d'affecter sérieusement leur estime personnelle.

Parce qu'il est associé à un plaisir, le comportement alimentaire est difficile à modifier ; si on s'en occupe durant la petite enfance, période de la vie où l'adulte peut encore contrôler l'alimentation de l'enfant, les chances de réhabilitation sont plus grandes.

> Manger modérément, accorder de l'importance à la qualité des aliments et non seulement à la quantité tout en répondant aux besoins fonctionnels du corps est avant tout une question de santé et non de poids et d'esthétique.

Pour mener efficacement une démarche de modération alimentaire chez un enfant, une collaboration étroite avec les parents et l'ensemble du personnel éducateur est indispensable. L'aide d'une spécialiste en diététique infantile du CLSC pourrait être très utile pour assurer la réussite de ce genre de programme.

5.10 LA BOÎTE À LUNCH EN SERVICE DE GARDE EN MILIEU SCOLAIRE

Comment bien garnir la boîte à lunch de son enfant qui fréquente le service de garde de son école pendant plus de 200 jours durant l'année ? C'est un défi de taille pour les parents, le plus souvent pour les mères de famille, de remplir jour après jour la boîte à lunch d'aliments nutritifs, variés, attrayants et appréciés.

Les habitudes alimentaires de la famille se répercutent directement dans le contenu de la boîte à lunch. Les repas et les collations qu'on y trouve ressemblent aux repas servis à la maison. Un lunch-santé n'est pas nécessairement long à préparer, mais requiert plus de planification qu'un *kraft dîner* à réchauffer au micro-ondes et accompagné de biscuits *Oréo* pour le dessert.

Pour que les aliments se conservent bien dans la boîte à lunch, il faut connaître et appliquer avec soin des principes de salubrité appropriés : réfrigération adéquate, boîte à lunch de qualité, etc. Une bonne boîte à lunch possède des caractéristiques précises ; elle est rigide, dispose d'une isolation thermique, est d'un format assez grand, n'est pas trop encombrante, est munie d'une doublure intérieure en vinyle qui se nettoie facilement, a une fermeture éclair solide, résistante et simple à manipuler. De plus, elle possède une pochette pour y placer un sac réfrigérant.

Encadré 5.5   La boîte à lunch : précautions à prendre pour éviter les risques d'intoxication (à l'intention des parents)

- Nettoyer quotidiennement la boîte à lunch et les contenants isothermiques (thermos) en utilisant une eau additionnée de bicarbonate de soude (petite vache) ; cette mesure a aussi l'avantage d'enlever les mauvaises odeurs.

- Conserver les aliments périssables (trempette, sandwich, yogourt, etc.) au frais en plaçant les contenants entre deux petites boîtes de jus congelés ou deux sachets réfrigérants (*ice pack*).

- Laver fruits et légumes avant de les mettre dans la boîte à lunch.

- Nettoyer le dessus des boîtes de conserve avant de les ouvrir.

- Garder la boîte à lunch au réfrigérateur le plus longtemps possible avant de consommer les aliments.

- Se débarrasser des aliments le moindrement douteux.

Lors des repas au SGMS, certains enfants ont bon appétit alors que d'autres goûtent à peine aux aliments même si leur boîte à lunch est remplie à craquer et que les parents exigent que leur enfant mange tout. L'éducatrice se sent alors obligée de stimuler l'enfant à manger au-delà de sa faim. On voit également la situation contraire où des enfants affamés ou bons mangeurs doivent se contenter d'un sandwich contenant une mince tranche de saucisson de Bologne et d'un breuvage aux fruits. Que faire dans ces cas ? C'est avant tout une affaire de gros bon sens. Il est facile de demander aux parents de mettre moins de nourriture dans la boîte à lunch en leur expliquant le problème que vit leur enfant. Il est plus délicat d'expliquer à des parents que leur enfant n'a pas assez à manger et que sa nourriture est de piètre qualité ; cette situation reflète souvent une réalité familiale difficile à vivre : pauvreté, négligence, problèmes de santé d'une mère monoparentale, enfant laissé à lui-même dans la préparation de son lunch, etc. L'éducatrice doit essayer de comprendre le contexte dans lequel vit l'enfant ; elle devra discuter du problème avec la coordonnatrice, la directrice ou la responsable du SGMS. On pourra peut-être par la suite envisager une bonne conversation dans le but que l'enfant ait dorénavant suffisamment de nourriture dans sa boîte à lunch. On pourra les aider à profiter des services d'aide alimentaire offerts aux plus démunis par la plupart des municipalités.

5.11 LES BONNES MANIÈRES À TABLE

Éduquer l'enfant à la politesse contribue à son développement, affirme Jovette Boisvert (p. 37), psychologue. Dire **merci, s'il te plaît, excuse-moi, bonjour** s'apprend à travers l'exemple donné par l'adulte et bien au-delà d'une discipline imposée. L'imitation constitue sans aucun doute un puissant outil d'apprentissage du « savoir vivre » chez les enfants : manger la bouche fermée, laisser sa nourriture dans son assiette entre deux bouchées, demander une deuxième portion avec un « s'il vous plaît », remercier pour le verre de lait qui vient d'être servi, éviter de siroter son verre de jus, etc. On ne doit pas accepter les gestes tels que lancer de la nourriture, jouer avec les patates pilées, cracher son morceau de pomme, roter bruyamment et on doit indiquer calmement à l'enfant le comportement attendu : « Je veux que ta nourriture reste dans ton assiette. » « Mâche bien ton morceau de pomme, puis avale-le. » « Prends ta cuillère pour manger tes patates. » « Tu dois t'excuser lorsque tu fais du bruit comme ça avec ta bouche. » Etc.

Force est de constater que la discipline et l'exemple ne sont pas les seules conditions à l'apprentissage de la politesse, précise Boisvert (p. 37). Il faut en plus de tenir compte de l'âge de l'enfant et de ses traits de caractère : limitation intellectuelle, difficulté à contrôler ses émotions ou à tenir compte de l'autre, etc. À partir de trois ans environ, l'enfant peut se rendre compte qu'être impoli peut blesser, irriter ou rendre l'autre mal à l'aise. Par exemple, mâcher bruyamment sa nourriture avec la bouche grande ouverte, peut dégoûter les autres et même les empêcher de poursuivre leur repas. Inversement, manger convenablement peut rendre l'atmosphère des repas beaucoup plus agréable ; l'enfant « impoli » sera le premier à en profiter. L'éducatrice a tout avantage à montrer à l'enfant qu'il a un rôle à jouer dans le plaisir que procurent les collations et les repas ; souligner positivement les bons comportements, les gestes de politesse encouragera l'enfant à se conduire comme on le souhaite. Avant tout, le manger doit demeurer une activité agréable où il fait bon partager et être ensemble, et où l'éducation à la politesse se fait dans le respect de soi et des autres tout en contribuant ainsi à la maturation sociale de l'enfant.

En général, un enfant commence à manger proprement vers l'âge de trois ans, c'est-à-dire qu'il arrive à garder la nourriture dans son assiette ou dans sa bouche sans trop en échapper sur le sol, sur ses vêtements ou encore sur la table. Bien entendu, les aliments réputés salissants comme le spaghetti ou ceux difficiles à saisir avec une cuillère ou une fourchette comme les potages laisseront certainement quelques traces sur la table, sur la bouche des enfants et au sol, mais, règle générale, après trois ans, le « salissage » devient beaucoup moins important.

Hormis son jeune âge, l'enfant peut manger malproprement à cause de difficultés de coordination attribuables à des problèmes moteurs ou de perception visuelle. Il manifeste alors de la difficulté à manier les ustensiles, à les tenir correctement ou à bien diriger la nourriture à sa bouche. Il est possible qu'un problème de retard dans le développement soit la cause de ces difficultés, mais seul un examen approfondi de la situation par un professionnel de la santé permettra de poser un diagnostic.

S'il a déjà remarqué que son comportement suscite des réactions chez les autres et que cela semble lui procurer certains avantages, il se peut que l'enfant cherche à attirer l'attention des adultes et des autres enfants en mangeant malproprement. Enfin, il peut s'agir de la combinaison des deux premières causes, soit une difficulté motrice associée à un besoin réel d'attention.

L'environnement où se déroulent les collations et les repas influence les enfants à manger correctement ou non. Ils saisissent vite l'importance que l'éducatrice accorde à la propreté en servant les aliments avec soin, en créant une ambiance décontractée, en dressant une belle table ; ces attitudes prédisposent les enfants à bien se comporter à table. Ensuite, il faut offrir aux enfants de la **vaisselle adaptée** à leurs capacités comme des petites cuillères et fourchettes, des assiettes et des bols faciles à manier, c'est-à-dire de petite taille, de faible poids et incassables. Les enfants seront mieux à même de prendre leur nourriture si elle est servie dans des **plats appropriés**. Par exemple, une gélatine aux fruits servie dans une soucoupe sera difficile à prendre, une soupe servie dans un bol large posera des problèmes aux enfants et entraînera plus facilement de la malpropreté. Finalement, **les aliments coupés en petits morceaux** conviendront mieux à l'habileté motrice des plus malhabiles. Les sandwichs, par exemple, sont plus faciles à prendre et à manger s'ils sont coupés en quatre.

On peut axer l'**apprentissage systématique de la propreté** sur le problème que l'enfant doit corriger. S'il a de la difficulté à prendre les aliments avec sa cuillère ou sa fourchette, il doit apprendre à s'en servir convenablement, de la même manière qu'il effectue d'autres apprentissages. Dans ce cas-ci, l'aide de l'éducatrice sera des plus utiles.

5.12   LES ALLERGIES ET LES INTOLÉRANCES ALIMENTAIRES

Au Québec, l'allergie alimentaire concerne deux enfants sur 1 000. Elle se caractérise par une réaction importante voire fatale de l'organisme en présence de certaines substances alimentaires perçues comme des agresseurs par le corps qui tente de se défendre de manière intense en produisant des anticorps. Les allergies aux arachides et à l'ensemble des noix, aux poissons et aux fruits de mer, aux œufs et aux produits laitiers sont les plus couramment observées chez les enfants en bas âge. Quant à l'intolérance alimentaire (un enfant sur 1 000), elle s'avère moins sévère et nettement moins dangereuse pour la santé. Dans ce cas-ci, il s'agit plutôt de réactions de l'organisme qui ne dispose pas des enzymes digestives nécessaires à la digestion des aliments allergènes. Parmi ceux-ci, on compte principalement le lait de vache et ses dérivés, le blé entier, le maïs, le soja, le chocolat, les agrumes, les kiwis, les fraises et les colorants alimentaires.

Quelques médicaments peuvent également susciter des allergies ou des intolérances chez les enfants comme certains antibiotiques ; au moment de l'administration des premières doses, on conseille d'être particulièrement attentif. On suggère de laisser aux parents le soin débuter de commencer à donner le nouveau médicament et de le faire à la maison afin de vérifier la présence ou l'absence d'effets secondaires. Les symptômes cliniques qui peuvent survenir dans les cas d'allergies ou d'intolérances alimentaires et médicamenteuses appartiennent soit aux malaises gastro-intestinaux, comme des ballonnements, des diarrhées, des crampes intestinales, soit aux problèmes cutanés, comme des irritations, des éruptions, de l'eczéma, des plaques sur la peau, soit aux difficultés respiratoires, qui sont sans contredit les plus graves, comme les difficultés à respirer, les crises d'asthme, le gonflement des cavités buccales et de la gorge. Maux de tête, irritabilité et fatigue figurent également sur la liste des manifestations potentielles.

La réaction d'allergie ou d'intolérance peut survenir immédiatement ou à retardement, soit de deux à 24 heures après l'absorption de l'aliment pathogène. Elle a tendance à s'intensifier au fil des consommations répétées, une première réaction allergique annonçant très souvent des réactions subséquentes plus fortes. Toutefois, ces problèmes alimentaires sont plus fréquents avant l'âge de six ans et tendent à disparaître à mesure que l'enfant grandit. On a remarqué qu'ils apparaissaient le plus souvent dans les familles où des allergies sont ou ont été présentes. Malheureusement, les allergies aux arachides et aux produits de la mer peuvent persister toute la vie durant. Un coroner a déjà fait la recommandation aux services éducatifs accueillant des enfants de moins de six ans (cet avis ne touchait pas les services de garde en milieu scolaire) d'éliminer tous les aliments pouvant contenir une quelconque trace d'arachides, de noix ou de graines à cause des problèmes graves et des risques d'étouffement dus à leur présence. (Petit, p.210)

L'allergie et l'intolérance alimentaire doivent toujours être diagnostiquées professionnellement par un médecin ou une personne diplômée en nutrition et faire l'objet d'un suivi rigoureux. L'intolérance au lait rapportée uniquement par les parents n'est souvent réelle que dans 25 % des cas. (Petit, p. 208)

Encadré 5.6   Interventions de l'éducatrice dans les cas d'allergies ou d'intolérances alimentaires

- Recevoir des parents un diagnostic médical en bonne et due forme quant au type d'allergie de l'enfant :
  - signes et manifestations courantes ;
  - aliments à éliminer et leurs dérivés ;
  - substituts de valeur nutritive comparables ;
  - procédures officielles à suivre en cas de réactions.
- Afficher clairement à la cuisine et à la vue de toutes les personnes qui ont à côtoyer les enfants, y compris les remplaçantes, les noms des enfants allergiques, leur photo et la liste des aliments problématiques.
- Toujours lire plus d'une fois la liste des ingrédients contenus dans les produits commerciaux (les biscuits au chocolat et même les popsicles, peuvent contenir des traces d'arachides, etc.) pour s'assurer de ne pas donner d'aliments allergènes aux enfants concernés.

N.B. On peut joindre l'Association québécoise des allergies alimentaires au n° de tél. : (514) 990-2575.

- Dès qu'il le peut, conscientiser l'enfant à ses allergies et l'amener à en parler de lui-même pour susciter une vigilance chez les gens de son entourage.

- Faire porter un bracelet MedicAlert à l'enfant gravement allergique.

- Savoir en tout temps où se trouve la seringue à injection d'adrénaline (Épipen) et apprendre à s'en servir le cas échéant.

- Toujours apporter l'Épipen avec soi lors de sorties à l'extérieur du service éducatif (au parc, à l'insectarium, etc.).

- Voir à faire remplacer l'Épipen en tenant compte de la date d'expiration.

5.13   LES RISQUES D'ÉTOUFFEMENT

Certains aliments comportent des risques d'étouffement importants surtout pour les enfants de moins de trois ans. Chaque année au Québec, près de cinq enfants âgés entre 2 et 5 ans meurent d'axphysie à cause de l'obstruction des voies respiratoires par un aliment ou un objet alors que 200 autres doivent subir une intervention chirurgicale pour retirer un aliment ou un objet coincé dans l'œsophage, le larynx ou les bronches (Hôpital Ste-Justine). La prévention constitue le moyen par excellence pour entraîner une diminution si ce n'est une disparition de si tristes statistiques. On peut enseigner aux enfants comment mastiquer ; cela fait partie des mesures préventives à envisager.

Parmi les aliments à risques jusqu'à quatre ans mentionnons, entre autres, les aliments de forme cylindrique comme les **saucisses** entières ou coupées en rondelles qu'il faut trancher sur le sens de la longueur, les **raisins frais entiers** à couper en deux ou en quatre s'ils sont très gros, les aliments durs comme les **crudités** (carottes, navet, céleri, chou-fleur et brocoli) qu'il vaut mieux faire blanchir, c'est-à-dire faire tremper dans l'eau bouillante pendant environ deux minutes avant de les servir), les **légumes en feuilles** qu'on doit couper, toutes les sortes de **noix**, le **maïs soufflé**, les **gros morceaux d'aliments** comme les cubes de viande, sans oublier les bonbons durs, les croustilles (chips), les raisins secs, les arêtes de poissons, les petits os ainsi que les noyaux de fruits et les cœurs de pommes.

Les amuse-gueules ou les décorations utilisant des **cure-dents** présentent également des risques d'étouffement. Il vaut mieux les éliminer complètement de l'environnement de l'enfant.

Un refus soudain d'avaler, une salivation accrue, des douleurs au thorax, une difficulté à respirer ou une respiration bruyante de même qu'un pourtour de bouche et des lèvres bleutées peuvent signaler la présence d'un corps étranger dans les voies respiratoires. Lorsqu'un enfant semble s'être étouffé avec un aliment ou un objet, il faut d'abord bien observer ses réactions. S'il tousse, pleure ou respire, il faut éviter d'utiliser les mesures d'urgence habituelles. En présence d'indices ne démontrant qu'une obstruction partielle des voies respiratoires, il faut plutôt encourager l'enfant à tousser en l'aidant à se pencher vers l'avant et en s'abstenant de lui donner des tapes dans le dos ou de le bouger brusquement, car cela pourrait déplacer le corps étranger et obstruer ses voies respiratoires. Il est important d'aider l'enfant à rester calme et d'aviser rapidement les services médicaux d'urgence qui évalueront la meilleure conduite à adopter en pareille situation.

Si la respiration semble s'être arrêtée, que l'enfant ne parle ni ne pleure ou qu'il émet un faible son aigu, il faut procéder le plus rapidement possible à la manœuvre de Heimlich en gardant un grand contrôle de soi, ce qui augmentera l'efficacité de la technique d'urgence. L'encadré 5.7 présente cette manœuvre.

Encadré 5.7   Manœuvre de Heimlich

- Si l'enfant est conscient, l'adulte se place debout ou à genoux derrière la victime et entoure sa taille de ses bras.

- Avec une main fermée (poing serré) placée juste au-dessus du nombril de l'enfant, le pouce sur l'abdomen, il appuie sur celui-ci avec l'autre poing en donnant des poussées rapides vers le haut (mouvement en J) jusqu'à l'expulsion du corps étranger.

- Continuer les pressions jusqu'à ce que l'objet soit expulsé.

- Plus la taille de l'enfant est petite moins la pression doit être forte.

- Si l'enfant perd connaissance, il faut appeler les secours médicaux d'urgence (911).

- L'éducatrice doit réclamer du support d'autres adultes pour veiller sur les enfants de son groupe et demander à un enfant plus vieux d'aller aviser une éducatrice ou crier elle-même « à l'aide ! ».

- Une fois la manœuvre réussie, on recommande de consulter un médecin pour qu'il vérifie les voies respiratoires de l'enfant afin de s'assurer qu'elles sont libres de tout débris.

On doit mettre à jour ses connaissances en premiers soins en suivant un cours de rappel tous les trois ans tel que prescrit par la Loi sur les services de garde à l'enfance et le Règlement sur les SGMS. Les éducatrices en prématernelle et en maternelle gagnent à être habilitées à intervenir adéquatement dans les cas d'urgence.

5.14   L'ÉDUCATION ALIMENTAIRE

L'alimentation compte parmi les thèmes les plus populaires auprès des enfants. La nourriture fascine les petits autant que les grands car elle est rattachée à une notion universelle de plaisir. En services éducatifs, on gagnerait à aborder ce sujet tout au long de l'année et quotidiennement, en lui accordant une place bien plus importante que celle qui lui est habituellement réservée dans la programmation officielle des activités. De nombreuses occasions s'offrent à l'éducatrice de faire de l'alimentation un sujet captivant pour les enfants. De plus, on peut traiter de la nutrition en diversifiant les approches, ce qui offre de multiples possibilités pédagogiques.

A.   Faire participer l'enfant à son alimentation

L'enfant peut apprendre beaucoup en participant à la préparation des collations et des repas. « Préparer des aliments demeurera toujours une action passionnante pour l'enfant âgé de 2 à 12 ans. » (Petit, p. 63) Pour capter l'intérêt des enfants les jours de pluie, pour apporter un brin de nouveauté dans la monotonie du train-train quotidien, rien de tel que de demander aux enfants de laver et de disposer des fruits dans une assiette de service, de découper des formes dans de la pâte à pain commerciale (de type Pillsburry) pour ensuite les faire cuire et les déguster, etc. En plus d'aider au développement d'habiletés motrices, tout ce qui entoure de près ou de loin la préparation des aliments aide à faire croître l'autonomie, le sentiment de compétence et de fierté personnelle de l'enfant, ce qui est important dans le développement des habiletés socioaffectives. L'encadré 5.8 propose quelques idées pour faire participer l'enfant.

Encadré 5.8   Participation de l'enfant

La nourriture :

- Aider à laver les fruits.
- Aider à disposer les fruits ou les légumes dans une assiette individuelle ou collective.
- Décorer l'assiette avec des petits fruits secs.
- Peler des fruits faciles à peler comme des clémentines. Au besoin, l'éducatrice fait une première entaille dans la pelure pour faciliter la tâche de l'enfant.
- Verser du jus dans son verre avec un pichet de taille adaptée. Une tasse à mesurer en plastique de 500 ml peut très bien faire l'affaire.
- Etc.

Les soins et les gestes entourant les repas et les collations :

- Se laver les mains avant et après.

- Mettre une jolie nappe ou des napperons personnalisés ; décorer le centre de la table d'un bouquet de fleurs sauvages ou fabriquées par les enfants.

- Collaborer au service, en partie ou en totalité.

- Faire circuler un plat de nourriture d'une convive à l'autre.

- Se servir soi-même à partir d'une table où sont disposés les plats d'aliments.

- Se desservir.

- Essuyer la table.

- Balayer le plancher.

- Replacer les chaises.

- Se brosser les dents.

B.   La conscience alimentaire

C'est d'abord par **l'exemple vivant** que l'enfant apprend les bonnes habitudes de vie. Le modèle dont il dispose l'aide à développer des habitudes et attitudes alimentaires bien plus que ne le font les paroles moralisatrices ou les discours. En servant elle-même d'objet de référence, l'éducatrice peut contribuer à la démarche de santé de l'enfant

Le principe de cohérence entre la parole éducative – « manger une pomme est bon pour la santé, les bonbons favorisent la carie dentaire, les aliments gras favorisent de l'embonpoint, etc. » – et la réalité est mis à rude épreuve lors de fêtes spéciales organisées en services éducatifs où souvent, les enfants reçoivent des messages contradictoires. Des croustilles, des desserts très sucrés, des boissons gazeuses, du chocolat ornent la table lors des occasions « spéciales ». Ainsi, on crée une confusion dans l'esprit des jeunes. On pourrait imaginer le raisonnement d'un enfant de quatre ans : « Mon éducatrice m'enseigne par toutes sortes d'activités aussi intéressantes les unes que les autres que le *coke* n'est pas bon pour la santé, mais par contre, elle me dit que je peux en prendre aujourd'hui parce qu'il s'agit d'une fête qui souligne la semaine des CPE. Je ne comprends pas vraiment pourquoi. En plus, elle aussi en boit et elle a l'air de bien aimer ça. » Puisqu'ils ont une mission éducative de grande valeur auprès des enfants et de leur famille, les CPE, les maternelles et les SGMS devraient faire l'effort constant de privilégier le choix et la consommation d'aliments-santé lors de fêtes ou d'occasions spéciales et même lors de campagne de financement.

On estime à deux ou trois le nombre d'aliments à calories vides que chaque enfant consomme quotidiennement (Petit, p. 224), soit à la maison, soit au restaurant. Sans préconiser l'interdit absolu de ces aliments, les adultes des services éducatifs ont un rôle à jouer avant tout par l'exemple et en étant cohérents dans les valeurs éducatives qu'ils mettent de l'avant, valeurs qui doivent également se refléter dans les « journées spéciales ». Les enfants d'âge préscolaire et scolaire peuvent participer à l'élaboration du menu comprenant essentiellement des aliments nutritifs en incluant quelques petites gâteries. Tout est question d'équilibre.

Prêcher davantage par l'exemple que par la parole, développer plus de conformité entre ce qui est dit et ce qui est appliqué, voilà l'attitude que devrait adopter l'éducatrice soucieuse de professionnalisme.

C. Les activités éducatives

a) Causeries

En services éducatifs, les moments passés à table, qui totalisent près de deux heures par jour (deux collations d'une demi-heure chacune et le repas du midi de 45 minutes environ), sont des occasions propices pour parler des aliments avec les enfants, en se questionnant à leur sujet, en les observant. En présence des enfants, l'éducatrice a avantage à faire preuve de curiosité face à l'alimentation ; cela permet d'ouvrir sur des connaissances des plus fascinantes. (Petit, p. 218) Pour ce faire, on conseille d'employer un langage précis et juste pour décrire les aliments et les actions se rapportant à la cuisine* : sauce au lieu de *gravy*, grumeaux à la place de *mottons*, mélangeur au lieu de *blender, du cantaloup* et non pas *de la cantaloupe,* etc. tout en considérant évidemment le niveau de développement des enfants. Plusieurs maisons d'édition intéressées par la littérature enfantine publient de nombreux albums consacrés à l'alimentation et à des sujets connexes et ce, pour différents groupes d'âge. Pour connaître les titres existants et les parutions récentes, on peut contacter son association professionnelle, la bibliothèque du quartier ou Communication Jeunesse.

L'éducatrice peut commencer à développer le sens critique des enfants de quatre ans et plus, en ce qui concerne les produits alimentaires et la publicité ou les produits qu'ils retrouvent dans leur boîte à lunch : trop de sucres, manque de vitamines, excès de gras nuisibles à la santé, etc. Les enfants d'âge scolaire peuvent apprendre à lire et à analyser les étiquettes sur les contenants d'aliments.

b) *Activités variées*

En utilisant des circulaires publicitaires distribuées par les marchés d'alimentation, on peut proposer aux enfants de découper des photos d'aliments pour susciter divers apprentissages tout en les guidant selon leurs intérêts et leurs capacités. Les activités de découvertes sensorielles s'avèrent intéressantes pour les enfants de même que des expériences culinaires simples. Rappelons que les activités proposées doivent s'inspirer des observations recueillies auprès des enfants quant à leur intérêt et à leurs capacités.

---

* Voir le livre *L'alimentation sans fautes,* publié aux PUL à ce sujet.

Encadré 5.9   Idées d'activités sur le thème de l'alimentation

- Découper des images d'aliments puis les regrouper par catégories (produits laitiers, fruits et légumes, viandes et substituts, pains et céréales et aliments camelotes). Les afficher par la suite sur le mur du local pour susciter des échanges verbaux ou monter un album personnel d'aliments sains.

- Réaliser un mobile collectif à suspendre au plafond à partir d'images d'aliments.

- Fabriquer un jeu de cartes pour faire des devinettes ou pour re-grouper les aliments selon leur couleur, leur goût, leur forme, etc.

- Faire des casse-tête maison avec des images d'aliments collées sur un carton.

- Créer un jeu de parchési (serpents et échelles) avec les quatre groupes alimentaires et les aliments-camelotes.

- Décrire un aliment à partir d'une image ou d'un spécimen réel : forme, couleur, grosseur, odeur, texture, provenance, culture, trans-formation, valeur nutritive, etc.

- Comparer les caractéristiques d'une variété d'un même aliment, par exemple des nouilles de formes différentes, du pain de blé entier, de seigle, d'avoine, des pommes, etc.

- Faire un jeu de reconnaissance olfactive ou tactile d'aliments préa-lablement observés et identifiés.

- Préparer des recettes faciles et nutritives : biscuits à l'avoine, gélatine-santé, salade de fruits, muffins aux bleuets, trempette au yogourt, punch aux fruits, coulis de fruits, etc.

- Faire du jardinage : faire pousser de la luzerne, des fines herbes, des haricots, etc.

N.B. Les activités d'impressions réalisées avec de la gouache et des morceaux de fruits ou de légumes, la confection de colliers ou la fabrication de maracas avec des pâtes alimentaires sèches ne de-vraient avoir lieu qu'à l'occasion seulement afin de sensibiliser les enfants à l'importance de ne pas gaspiller la nourriture.

« J'aime mettre la main à la pâte. Je suis
sûr que ces biscuits à l'avoine seront très
délicieux. »

L'heure des collations et des repas offre de nombreuses occa-
sions d'explorer les aliments avec les **cinq sens**. Par la **vue**, l'éducatrice
peut amener les enfants à observer et à décrire les aliments à l'aide d'un
vocabulaire propre aux éléments visuels de la nourriture : les couleurs
(rouge, vert, jaune, etc.), les nuances de couleurs (pâle, foncé, fade, vif,
etc.), les textures (cuit, cru, croustillant, solide, mou, liquide, purée, tendre,
etc.), les aspects (brillant, lisse, épais, limpide, etc.), les formes et les
volumes (gros, petit, boule, cube, carré, bâtonnet, rondelle, tranche,
cercle, ovale, épais, mince, ondulé, allongé, court, bombé, etc.).

En employant régulièrement les expressions « ça a l'air appétis-
sant », « ça donne le goût de manger » « ça te fait une belle assiette »,
etc. on attire l'attention des enfants sur ce qui se trouve sur la table.

D'autres suggestions s'ajoutent à la liste des idées mettant en
valeur les aliments. On peut faire écho aux remarques des enfants ayant

trait aux perceptions visuelles des aliments : les taches sur la pelure de
banane, les rayures sur l'écorce de la clémentine, les petites graines
dans le morceau de kiwi, les morceaux de fruits dissimulés dans le
yogourt. On peut présenter des fruits (oranges, pommes) ou des légumes (carottes, choux-fleurs) avec une touche créative, par exemple en
quartiers, en demi-tranches, en triangles, en lanières, en tranches hori-
zontales avec un centre en forme d'étoile pour les pommes, ou selon un
arrangement original (en bonhomme, en couronne, en visage, en maison), ou en disposition variée (autour d'une assiette, en brochette, etc.).
On peut, par exemple, utiliser des emporte-pièces en forme de cœur,
par exemple, tailler des sandwichs, former des biscuits ou des moules à
glaçons pour faire de la gélatine-santé, etc.

S'arrêter aux odeurs qui se dégagent lors de la préparation et
du service des aliments, prendre le temps de humer avant de manger, de
comparer les arômes et les senteurs, voilà des possibilités à exploiter
pour ce qui est de l'**odorat**. On peut ajouter des commentaires ou des
questions se rapportant aux perceptions olfactives : « Ça sent bon ! »
« Qu'est-ce que ça sent ? » « Le tranche de pain n'a pas la même odeur
que le cube de fromage ». « D'où vient cette odeur ? » « Sens-tu l'odeur
de l'oignon qui vient de la cuisine ? » « Hum ! Ça sent l'orange ! Qui en
a apportée une pour sa collation ? » Etc.

Pour stimuler le sens du **goût**, on peut poser des questions
régulièrement afin de sensibiliser les enfants à la saveur des aliments.
« Est-ce que c'est sucré, salé, piquant, amer, sûr, acide ? Trop salé ? Trop
sucré ? Est-ce que ça goûte brûlé ? Quels assaisonnements y a-t-il dans
ce mets ? De la menthe ? De l'ail ? Du thym ? De la cannelle ? » Etc.
Amener les enfants à détecter les sensations de chaud, de tiède et de
froid ajoute au développement des perceptions gustatives. Pour ce qui
est du **toucher**, on peut stimuler la perception des sensations tactiles
des enfants lorsqu'on manipule et qu'on mange les aliments : « Est-ce
dur ou mou ? Comment est le yogourt glacé dans ta bouche ? » Les

mots décrivant les consistances et les textures (moelleux, grumeleux, onctueux, crémeux, épais, caoutchouteux, piquant, fondu, fondant, sablé, lisse, doux, fibreux, dur, mou, etc.) servent à mettre en évidence d'autres sensations tactiles.

Même l'**ouïe** a sa place dans l'exploration sensorielle des aliments. Par exemple, en portant attention aux sons que font certains aliments lorsqu'on les manipule ou les mange : « Écoute les sons que fait ton craquelin lorsque tu en prends une bouchée. » Il est possible de commenter verbalement les perceptions auditives associées aux aliments : mijoter, frire, bouillonner, bouillir, mastiquer, siroter, broyer, croquer, couler, croustillant, croquant, pétillement, émiettement, etc.

c) *Matériel pour les jeux symboliques*

On reconnaît d'emblée l'importance et la popularité des jeux où les enfants de 2 à 8 ans sont appelés à faire semblant. Le coin maison peut être enrichi par des accessoires se rapportant à la cuisine : aliments en plastique, boîtes de conserve vides et sécuritaires, pots de plastique récupérés, vrais ustensiles comme des pinces à spaghetti, cuillères de bois, passoires, presse-ail, louches, moules à gâteaux, boîtes d'aliments vides (céréales, riz, pâtes alimentaires, œufs, préparation à muffins, etc.). Pour faire la joie des enfants, compléter le centre d'intérêts en y ajoutant des plateaux de service, des tabliers, des mitaines à four, des napperons, divers contenants en plastique, des livres de recettes avec illustrations.

Aménager un coin épicerie vraisemblable avec une étagère, un panier ou un chariot, une caisse enregistreuse jouet ou de fabrication artisanale, de faux billets de banque, des crayons et du papier pour faire la liste d'épicerie (ou faire semblant de la faire), des circulaires de marchés d'alimentation, des étiquettes pour afficher les prix, des sacs à emballer, etc. permet de jouer à l'épicier ou au client ; ce jeu devient rapidement une activité très prisée des jeunes lors des ateliers.

d) Visites éducatives

Se rendre chez le boulanger du quartier pour goûter au pain frais qui vient de sortir du four, faire une visite dans un verger ou une cabane à sucre, aller visiter une fruiterie, faire un tour au supermarché pour repérer les aliments-santé, visiter la cuisine d'un restaurant lors des périodes d'achalandage réduit, voilà de bons moyens de susciter l'intérêt en plus de favoriser de nombreux apprentissages chez les enfants. Par contre, il faut préparer minutieusement ces sorties éducatives pour assurer leur réussite.

e) Autres jeux

Jouer au restaurant

Il ne suffit pas d'annoncer ce jeu pour que les choses se mettent en place. L'éducatrice doit vraiment faire en sorte qu'elle et les enfants s'y intéressent vraiment ; le jeu peut consister à distribuer un dessin au début pour faire patienter les clients, passer sa commande au serveur ou à la serveuse, dire merci lorsqu'on est servi, parler calmement pour ne pas déranger les autres clients, payer l'addition à la fin, etc. La motivation réelle de l'éducatrice est garante du plaisir que tous éprouveront à vivre une telle expérience théâtrale.

Jeu du douanier

L'éducatrice vérifie la qualité et le contenu de la boîte à lunch des enfants en SGMS pour dépister, entre autres, la présence d'arachides ou de traces d'aliments allergènes.

Comme un aveugle

De temps en temps, manger ponctuellement les yeux fermés pour être plus attentif aux sensations perçues.

Un pique-nique

Faire un pique-nique dans le local en imaginant un environnement spécial : au bord de la mer, dans un champ de blé doré, à l'orée d'une forêt, sur une autre planète, en camping d'hiver, etc. Créer l'ambiance recherchée avec du matériel : dessins, affiches, photos, tissus, sons enregistrés, déguisements, etc.

Une débarbouillette aux mille facettes

Après l'avoir utilisée en fin de repas pour essuyer sa bouche, s'amuser à plier sa débarbouillette de diverses manières : en carré, en losange, en rouleau, etc.

Il est souhaitable de briser la routine à l'occasion. Par exemple, prendre la collation assis par terre en écoutant l'éducatrice raconter un souvenir d'enfance.

f) *Comptines et chansons*

Chanter ou rythmer un texte pour signaler ou agrémenter le début d'une collation ou d'un repas met beaucoup d'atmosphère dans ces moments importants de la journée.

1
Bon appétit

Air traditionnel : Frère Jacques

Bon appétit, bon appétit
Les amis, les amis
Mangez pas trop vite, mangez pas trop vite,
C'est si bon, c'est si bon.

2
Chanson du p'tit creux

Paroles : Nadine Boulianne
Air traditionnel : Y'a un rat sur mon toit

J'ai un p'tit creux dans mon bedon
Je l'entends qui glougloute
J'ai un p'tit creux dans mon bedon
Je l'entends glouglouter.
J'entends, j'entends, j'entends mon ventre qui chante.
J'entends, j'entends, j'entends mon ventre glouglouter.
J'ai faim ! (en parlant)

3
Attention, c'est la collation

(comptine)

Que va-t-on mettre de bon dans notre bedon ?
Des biscuits ?
Non
Des carottes ?
Non
Des bonbons ?
Non

Du fromage ? (nom de l'aliment qui sera mangé pour la collation)
Oui …
Et maintenant … mangeons.

4
Qu'est-ce qu'on mange ?

Air traditionnel : La peinture à l'huile

J'entends dans mon ventre
Un petit glou glou
Il me dit : « Qu'est-ce qu'on mange ? »
J'ai une faim de loup.
Je m'assois en silence avec mes amis.
Ça sent bon « Qu'est-ce qu'on mange ? »
J'ai une faim de loup.

5
Bona bona

(comptine)

Éducatrice	Enfants
Bona bona	Pétit
Pétit pétit	Bona
Merci à qui ?	À…(prénom de la cuisinière)
De la part de qui ?	Des amis
Qui sont …	Les plus beaux, c'est vrai.

6
Dînez !

Un nez
Deux nez
Trois nez
Quatre nez
Cinq nez
Six nez
Sept nez
Huit nez

Neuf nez
Dix nez (dînez).

7
Bonhomme, bonhomme

Air traditionnel : Bonhomme, bonhomme sais-tu jouer ?

Bonhomme, bonhomme sais-tu manger ? (bis)
Sais-tu manger de cette *pomme**-là ? (bis)
Miam, miam, miam** de cette pomme-là ? (bis)
Bonhomme ?
Bonhomme, bonhomme
Mange ta pomme
Pour ta collation.

8
Parce qu'on a faim

Air traditionnel : Violette à bicyclette

On n'est pas des p'tits castors
Donnez-nous d'la bouffe
Donnez-nous d'la bouffe
On n'est pas des p'tits castors
Donnez-nous d'la bouffe
Parce qu'on crie fort. (cris)
On n'est pas des p'tites grenouilles
Donnez-nous d'la bouffe
Donnez-nous d'la bouffe
On n'est pas des p'tites grenouilles
Donnez-nous d'la bouffe
Parce qu'on se grouille. (se trémousser sur sa chaise)
On n'est pas des p'tits lapins
Donnez-nous d'la bouffe
Donnez-nous d'la bouffe
On n'est pas des p'tits lapins

---

* peut être remplacé par un autre aliment
** peut être remplacé par autre onomatopée comme crac, crounch, croc, etc.

Donnez-nous d'la bouffe
Parce qu'on a faim. (frottement circulaire au ventre)

9
Les glouglous de mon ventre
(Se trouve sur le disque compact)

Paroles : Nicole Malenfant
Musique : Monique Rousseau

L'entendez-vous ce petit bruit
Ce petit bruit de rien du tout ?
L'entendez-vous ce petit bruit
Qui fait gligli, qui fait glouglou ?
Serait-ce un dindon
Qui glougloute dans mon bedon ?
Ou serait-ce donc
Un mouton glouglouglouton ?
Eh ! bien non…
Car c'est mon ventre affamé qui vient tout juste de parler
Et il me dit sans hésiter qu'il veut tout simplement manger.
Bon appétit à vous les petits glouglous…

10
Bon appétit à toi
(Se trouve sur le disque compact)

Paroles : Nicole Malenfant
Musique : Michel Bonin

Le ciel a besoin d'étoiles pour éclairer la nuit
La terre a besoin de soleil pour faire pousser les fruits
Mes yeux ont besoin du jour pour voir au loin là-bas
Mon cœur a besoin d'amour pour t'ouvrir grand les bras.
Mes poumons ont besoin d'air pur pour rire et puis chanter
Mon corps a besoin de nourriture pour vivre en santé.

Merci la vie de me donner tout ça
Merci pour ce repas
Merci à toi d'être là tout près de moi
Et bon appétit … à toi.

Chapitre 6

La sieste ou la relaxation

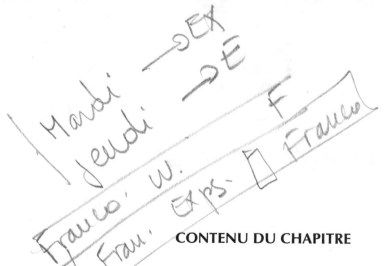

CONTENU DU CHAPITRE

Parmi les besoins de base des enfants figurent le sommeil et le repos. Les personnes qui s'occupent d'enfants en bas âge s'entendent pour reconnaître la nécessité pour eux de faire une sieste ou une relaxation au cours de la journée. En effet, après le repas du midi, soit vers 12 h 30 ou 13 h 00, les enfants montrent généralement des signes de fatigue, qui peuvent se manifester par une baisse d'attention, de l'apathie, de l'irritabilité, voire de l'agitation. Cette période correspond à un moment où la propension au sommeil est la plus grande et où se trouvent réduites les performances intellectuelles et physiques chez les personnes de tous âges. (Challamel et Thirion, p.86 et dossier Prosom, fiche 3, p. 3) Marquée par la fatigue, cette phase coïncide avec une baisse de vigilance généralisée qui se manifeste durant le jour entre 11 h 00 et 14 h 00 et durant la nuit entre 2 h 00 et 5 h 00, et que les spécialistes des rythmes biologiques ont pu valider de manière scientifique.

6.1   LE BESOIN DE SE RÉGÉNÉRER

Le besoin de repos en mi-journée provient d'une fatigue biologique normale qui n'est cependant pas l'apanage des jeunes enfants. Présent à tout âge, ce besoin se manifeste par des signes tant physiologiques que comportementaux, comme le ralentissement des réflexes, le relâchement du tonus musculaire, les bâillements, les soupirs, des picotements dans les yeux (le marchand de sable est bien réel), le rougissement des arcades sourcilières, une impression de froid, le regard furtif, l'intolérance au bruit, une perte ou une diminution de l'appétit, une réduction de la concentration, une baisse de motivation, une humeur irritable, de la nervosité, etc. Comme les journées en services éducatifs sont bien remplies par toutes sortes d'activités et de contraintes, la capacité d'adaptation dont les enfants doivent faire preuve entraîne une fatigue normale. On n'aurait qu'à suivre un enfant pendant une journée complète pour évaluer l'ampleur des exigences auxquelles il doit faire face. Il existe de nombreuses règles inhérentes à la vie de groupe, de multiples consignes à respecter concernant la sécurité, la discipline et la participation, du matériel à partager, des pairs à considérer, des déplacements à faire ; on doit aussi tenir compte du fonctionnement différent de celui de la vie familiale et auquel l'enfant doit rapidement s'adapter, du niveau de bruit souvent élevé, du nombre d'adultes à côtoyer (personnel qui se relaie pour le dîner ou la pause de l'éducatrice, pour l'accueil ou la fermeture, pour le temps passé au service de garde scolaire, etc.). Compte tenu de cette réalité que doivent vivre plusieurs enfants en services éducatifs, la sieste en mi-journée, avec ou sans sommeil, s'impose pour minimiser les effets cumulatifs de la fatigue et pour rééquilibrer la forme physique et psychique.

6.2   LE SOMMEIL DES ENFANTS

Comme chez les personnes en général, le besoin de sommeil chez les enfants diffère en fonction de l'âge, du tempérament, du rythme biologique, de l'énergie dépensée, de la santé, voire de l'hérédité. Aussi, le trait typique du petit ou gros dormeur, du lève-tôt ou du lève tard, est déjà décelable chez le jeune enfant.

Le sommeil se déroule en cycles distincts. Chez les enfants, la durée approximative de chaque cycle est de 90 minutes, qui se répète durant la nuit autant de fois que l'organisme en a besoin pour récupérer, pour compléter la maturation de fonctions biologiques et psychiques, et qui permettent à l'enfant de grandir. Chaque cycle de sommeil est composé de cinq stades (figure 6.1).

I	II	III	IV	V	phase intermédiaire
Phase de somnolence Endormissement	Sommeil lent léger	Sommeil lent profond (sécrétion de l'hormone de croissance)	Sommeil paradoxal (rêves)	Sommeil lent léger	Éveil ou début d'un autre cycle Reprise du sommeil léger

Figure 6.1 Les phases d'un cycle de sommeil (± 90 minutes)

Le sommeil et le repos font partie de la santé de l'enfant au même titre que l'alimentation et l'hygiène ; ils contribuent au maintien de son équilibre tant physiologique que psychologique en plus de participer au développement de ses fonctions mentales comme la mémorisation et la concentration. Selon les phases spécifiques du sommeil, le cerveau de l'enfant continue à assumer des fonctions essentielles comme la sécrétion de l'hormone de croissance qui, comme son nom l'indique, favorise la croissance en plus de participer à la réparation des tissus et des cellules usées, ou encore l'enregistrement et l'organisation des informations acquises au cours de la journée, la résolution des tensions accumulées le jour, etc. « Le sommeil, le bon sommeil, est indispensable à la fabrication du cerveau. » (Challamel et Thirion, p. 13) Force est de constater que le sommeil et le repos se trouvent directement impliqués dans la croissance et le développement général des enfants.

« Est-ce que cet enfant a assez dormi ? Faut-il qu'il se repose cet après-midi ? » demeurent des questions que se posent souvent les éducatrices ou les parents. **En réalité, les seuls indices vraiment révélateurs d'un sommeil suffisamment long et réparateur sont la**

bonne forme de l'enfant pendant la journée et un réveil où il est alerte et bien disposé. (Prosom, fiche 3, p.1)

Le besoin de sommeil des enfants pendant la journée en services éducatifs varie, comme on l'a vu, en fonction de l'âge, mais aussi de la durée du sommeil de nuit, de la dépense d'énergie physique durant la matinée et de la forme générale. Certains enfants, surtout à partir de quatre ans, cessent de dormir pendant la sieste de l'après-midi alors que d'autres en auront besoin jusqu'à six ans. (Challamel et Thirion, p. 86) Néanmoins, on peut estimer le besoin de sommeil des enfants de 2 et 3 ans à 14 heures par jour, réparties sur une nuit et une sieste en début d'après-midi. Quant aux plus âgés, ceux de 4 à 6 ans, leur besoin de dormir se situe à peu près à 12 heures par jour, également étalées sur une nuit et une sieste ou une relaxation, selon le cas. Vers 10 ans, 9 ou 10 heures de sommeil quotidien suffisent généralement. Précisons que ces données ne sont que des moyennes et ne constituent nullement des normes et des recommandations à appliquer comme telles. Enfin, ajoutons que le besoin de dormir chez les enfants diminue au fur et à mesure qu'ils avancent en âge pour se stabiliser à environ huit heures par jour à l'âge adulte.

A.   La sieste des enfants qui dorment

Si l'enfant dort durant la sieste de l'après-midi, il est recommandé de le laisser dormir au moins le temps d'un cycle de sommeil, soit 90 minutes, à défaut de quoi il vaut mieux le réveiller après 15 ou 20 minutes pour éviter d'avoir à le faire à un moment inopportun comme durant la phase paradoxale (phase des rêves). Contrairement aux idées préconçues, la sieste faite durant la journée ne diminue en rien le temps de sommeil nocturne, surtout si elle a lieu aussitôt après le repas du midi et qu'elle ne se prolonge pas au-delà d'un cycle, c'est-à-dire environ 90 minutes. (Prosom, fiche 3, p. 9) Supprimer le sommeil de l'après-midi chez un enfant qui en a réellement besoin, en croyant qu'il s'endormira plus tôt ou plus facilement le soir venu ou qu'il dormira plus tard le matin, entraîne l'effet contraire. **Dès lors qu'on habitue l'enfant à s'opposer à son besoin de dormir le jour, il est porté à agir de la même manière à l'heure du coucher, le soir.**

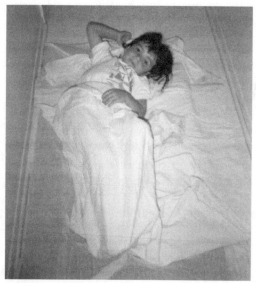

« Voici mon petit nid pour faire ma sieste. C'est moi qui ai choisi ma place aujourd'hui. »

B.   La sieste des enfants qui ne dorment pas

Même si l'on s'attend à ce que tous les enfants s'allongent au début de l'après-midi et ce, jusqu'à ce qu'ils soient en première année, il ne peut être question de les obliger à rester immobiles longtemps sur leur matelas. Après un temps de repos d'une durée raisonnable, les enfants qui ne dorment pas devraient être autorisés à s'occuper à des jeux tranquilles sous la supervision d'une éducatrice et, idéalement dans un autre local. Jusqu'à 3 $^1/_2$ ans ou 4 ans, la plupart des enfants dormiront une à deux heures pendant la sieste de l'après-midi ; les plus âgés se contenteront de moins et souvent ne dormiront pas du tout. Cependant, ils apprendront à rester tranquilles pendant une trentaine de minutes, attitude qui peut contribuer à développer leurs capacités d'attention, d'écoute et d'observation. (La santé des enfants, p. 75)

Un enfant qui ne s'endort pas durant la première demi-heure de la sieste n'a probablement pas besoin de sommeil, ce qui est souvent le cas des enfants de quatre ans et plus ; on ne devrait pas l'obliger à rester plus longtemps sur son matelas, surtout s'il semble y être inconfortable, et lui offrir plutôt d'autres moyens de prolonger son temps de repos. La période de relaxation des enfants qui ne dorment pas gagne à être bien planifiée car « le seul fait de s'étendre ne procure pas nécessairement une détente ». (Lauzon, p. 234) Certains exercices amusants de respiration et de gymnastique douce adaptés aux enfants peuvent les amener à se relaxer avec efficacité. Dans cette perspective, on trouvera dans le présent chapitre ainsi qu'au chapitre 12, des idées de jeux permettant de favoriser une sieste agréable.

Plusieurs services éducatifs préconisent une période de détente d'une durée d'une demi-heure à trois quarts d'heure entre 12 h 30 et 14 h 00, pendant laquelle l'enfant éveillé demeure tranquille sur son matelas. Cette période est suivie de jeux calmes le plus souvent solitaires – dessin, casse-tête, lecture – dans un coin du local réservé à cet effet ou dans une pièce avoisinante lorsqu'une éducatrice peut assurer une surveillance adéquate. Certains autres services font faire une courte sieste aux enfants plus vieux seulement trois jours par semaine, soit au début, au milieu et à la fin de la semaine. Considérant le fait que les enfants sont généralement plus fatigués les lundi et vendredi, certaines éducatrices font se reposer les plus vieux seulement lors de ces journées.

On ne peut commander le sommeil des enfants ni obliger leur cerveau à dormir, mais on peut favoriser le sommeil grâce à des conditions gagnantes comme la pénombre, le calme, la tendresse, la stabilité, des consignes données avec douceur et conviction, etc. Des ordres comme : « Couche-toi... Ferme tes yeux puis dors... Arrête de bouger... », des gestes qui cherchent à immobiliser l'enfant sur son matelas ou des massages brusques ou rapides n'aident certainement pas l'enfant à entrer dans un état de détente.

Il est essentiel de comprendre la nature du sommeil et du repos de l'enfant pour établir une organisation adéquate de la sieste et pour adopter des attitudes pédagogiques qui permettront d'atteindre les objectifs visés.

Comme la plupart des gens, les enfants d'âge scolaire auraient avantage à se relaxer en début d'après-midi avant la reprise des activités d'apprentissage formel. Leur concentration serait certainement améliorée s'ils pouvaient profiter des bienfaits d'exercices de respiration et d'étirement qui aideraient à diminuer les tensions accumulées durant la première partie de la journée. En début d'après-midi, on devrait à tout le moins proposer aux écoliers des activités ne demandant pas une attention soutenue, par exemple, une lecture à leur libre choix ou des révisions, en évitant le plus possible les acquisitions nouvelles et les grandes dépenses d'énergie. Les soucis de performance, les examens et la productivité n'ont pas leur place à cette heure de la journée.

6.3   LES DEMANDES DES PARENTS

En raison de la difficulté qu'ils éprouvent lors du coucher le soir, il n'est pas rare de voir des parents exaspérés demander à l'éducatrice de supprimer ou d'écourter la sieste de leur enfant. On a avantage à en discuter avec eux afin de trouver une solution qui respecte avant tout le besoin vital de repos de l'enfant concerné. Par conséquent, on peut proposer aux parents un compromis entre la suppression totale de la sieste et le *statu quo*. Par exemple, 30 minutes de repos sur le matelas suivies d'activités apaisantes pourraient satisfaire tout le monde tout en ne nuisant pas à l'enfant. Il arrive aussi que des parents demandent à l'éducatrice de faire dormir leur enfant à la sieste alors qu'il n'en a pas l'habitude, parce qu'il s'est couché tard la veille ou qu'il a passé une mauvaise nuit. Malheureusement, le sommeil ne se déplace ni se récupère aussi facilement. C'est la forme générale de l'enfant au cours de la journée qui doit dicter la nécessité d'une véritable sieste ou d'un repos en après-midi.

On doit user de beaucoup de discernement pour que les parents et l'ensemble du personnel concerné s'entendent clairement sur la durée de la sieste d'un enfant qui ne dort pas. Si l'éducatrice juge qu'il a besoin d'une sieste traditionnelle, elle devra le dire aux parents clairement et avec délicatesse en invoquant les motifs réels de son point de vue : « la sieste favorise la concentration et l'attention de l'enfant, régularise son humeur pour le reste de la journée, ce qui peut être très apprécié à l'heure du souper en famille, abaisse le taux de frustration dans le contexte de la vie en groupe, évite un surmenage qui complique souvent le coucher du soir, etc. ».

Les suggestions qui suivent fournissent des pistes de réflexion lorsque les éducatrices et les parents doivent prendre ensemble une décision éclairée sur l'attitude à adopter lors de la sieste d'un enfant dont le coucher ou le sommeil nocturne semblent difficiles.

Encadré 6.1   Attitudes à adopter avec les parents concernant le sommeil de leur enfant

- Soyez empathique avec le parent qui a de la difficulté à coucher son enfant le soir. La réalité quotidienne de plusieurs d'entre eux est très exigeante, comme en témoigne une journée-type d'une mère de famille monoparentale ayant deux enfants.

  Il est 6 h 00. Martine se lève. Elle prend sa douche à toute vitesse, prépare le déjeuner, réveille les enfants, fait le lunch pour elle et le plus vieux, fait ensuite les lits, donne la bouffe au chat, prend son déjeuner en rappelant aux enfants d'en faire autant, ramasse ce qui traîne, quitte la maison en s'assurant de ne rien oublier, va reconduire le plus âgé au service de garde scolaire, amène la cadette au CPE, se sent coupable de la laisser en pleurs, se dépêche pour se rendre au travail, affronte l'embouteillage de la circulation matinale, travaille sous pression une bonne partie de la journée. Ouf !... Pendant sa pause-café bien méritée, Martine prend un rendez-vous chez le dentiste pour les enfants. À 16 h 45, elle quitte son boulot en toute hâte, pense au souper et à tout ce qui l'attend à la maison pendant la demi-heure passée dans l'embouteillage, arrête chez le nettoyeur et à l'épicerie, reprend les enfants, prépare le souper tout en essayant d'écouter le récit de la journée des enfants, soupe en tentant de garder son calme malgré les disputes des enfants, ramasse et lave la vaisselle, aide le plus vieux à faire ses devoirs, fait prendre le bain de la petite tout en faisant une brassée de lavage, prépare les enfants à se coucher, perd patience auprès de sa cadette qui ne veut pas aller au lit, se sent coupable parce que sa fille pleure, tente d'ouvrir le courrier qui s'est empilé depuis trois jours, prend les messages laissés sur la boîte vocale, etc. Ouf ! Rendue à 20 h 30, la journée n'étant pas encore terminée, Martine, à bout de souffle, espère avoir quelques minutes à elle seule avant d'aller au lit... à la condition que sa petite de trois ans cesse de réclamer bisous, toutous, doudous, pipi et verre d'eau comme elle le fait depuis une demi-heure. Elle souhaite aussi qu'aucun imprévu ne se pointe à l'horizon, car elle sent qu'elle ne peut en supporter davantage. Elle pense aux cauchemars répétitifs de son plus vieux qui l'inquiètent depuis deux semaines. Il est 21 h 30. Martine repense à sa journée... Elle se sent dépassée et incompétente de ne pas arriver à tout faire comme elle le souhaiterait. Entre deux réflexions, elle se rappelle qu'elle ne doit pas oublier d'apporter des vêtements de rechange au CPE comme l'a demandé l'éducatrice de sa fille. Son plus vieux se réveille en pleurs. Il a encore fait un cauchemar. Elle prend le temps de le rassurer. Puis, elle se rappelle de ne pas oublier de remplir le formulaire de vaccination contre la méningite qu'il lui a rapporté de l'école. Ouf !...Martine se met au lit. Le sommeil tarde à venir tellement elle est fatiguée.

De toute évidence, cette femme vit un stress constant en raison des mille et une tâches inhérentes à ses responsabilités professionnelles et familiales. Juger ce parent qui a de la difficulté à endormir son enfant le soir ne ferait qu'accroître son sentiment d'incompétence, qui pourrait dégénérer en méfiance envers l'éducatrice. Si la mère se sent écoutée et comprise, elle sera davantage disposée à considérer le point de vue qu'on veut lui faire valoir pour le bien de son enfant. D'un autre côté, plusieurs parents voyant peu leur progéniture durant une journée, se sentent coupables d'être peu présents et hésitent à utiliser une attitude ferme et constante lorsqu'arrive l'heure du coucher des enfants. S'ils sentent qu'on comprend leur réalité, les parents apprécient qu'on les informe et acceptent mieux de collaborer. Lorsque l'éducatrice adopte des attitudes favorables, elle vient en aide aux parents.

- Rassurez les parents sur le fait qu'il est normal pour un enfant en bas âge de refuser d'aller au lit le temps venu. À deux ou trois ans, le bambin devient particulièrement curieux face à son environnement. Il est maintenant conscient que la vie continue même s'il dort, alors il ne veut rien manquer. C'est aussi l'âge des cauchemars qui débute et qui peut se prolonger jusque vers huit ans, de l'imagination débordante, des peurs (du loup, des voleurs, des fantômes, etc.) qui font que l'enfant refuse d'aller se coucher et à de se laisser aller au sommeil. Heureusement, dans la plupart des cas, ces problèmes de sommeil ne sont que passagers et mineurs. Si nécessaire, les parents peuvent se renseigner auprès de professionnels de la santé. Les troubles de sommeil, même s'ils sont légers dans la plupart des cas, représentent le tiers des consultations faites en pédiatrie.

- Essayez de trouver un compromis raisonnable avec les parents, une solution de rechange lorsqu'ils vous demandent de réveiller leur rejeton en cours de sieste. On peut leur proposer, par exemple de raccourcir la période de repos de leur enfant s'il ne dort pas après une demi-heure ou tout au plus trois quarts d'heure passés sur son matelas, ce qui arrive souvent chez les enfants de quatre et cinq ans. Des activités tranquilles, en solitaire, peuvent remplacer le reste de la sieste traditionnelle : regarder des livres, faire un casse-tête, dessiner, etc. Pour l'enfant d'âge préscolaire qui ne dort pas, le temps d'attente passé sur son matelas à ne rien faire semble interminable, ce qui peut l'amener à détester la sieste. Il est inconcevable d'obliger un enfant à demeurer ainsi pendant plus d'une demi-heure. On doit lui proposer une alternative qui considère ses besoins particuliers.

- Expliquez aux parents que le temps de relaxation prévu à l'horaire de l'enfant ne sert pas à vous dégager de votre tâche, mais bien à répondre au bien-être de l'enfant, ce qui devrait, évidemment, être le cas dans la réalité.

- Proposez de la documentation aux parents – livres, sites Internet, coordonnées d'associations, articles de revue affichés sur le babillard – portant sur le lien qui existe entre le repos de l'enfant et son bien-être. Les mécanismes qui régissent le sommeil sont souvent méconnus. Une meilleure connaissance du sujet permettra d'éviter les inquiétudes inutiles et le sentiment d'impuissance face aux difficultés rencontrées. En aidant l'enfant à acquérir de bonnes habitudes de sommeil dès son jeune âge, le parent peut lui éviter de vivre des problèmes d'insomnie plus tard dans sa vie.

- Sans toutefois chercher à jouer à l'experte en la matière, suggérez aux parents de modifier les habitudes de l'enfant et de la famille pendant la soirée afin de favoriser le calme nécessaire avant d'aller au lit. Proposez-leur d'installer, à la même heure et sur une base régulière, un rituel empreint de douceur et de complicité : consacrer un peu de temps à l'enfant en début de soirée, fermer le téléviseur et faire cesser les jeux vidéos une demi-heure avant le coucher, prévenir l'enfant du coucher dix minutes avant la mise au lit, tamiser la lumière ambiante, mettre une musique relaxante, faire sa toilette, lire une histoire apaisante qui plaît à l'enfant, baisser la voix, mettre soi-même son pyjama, etc. L'enfant vit le moment du coucher comme une séparation que le parent peut adoucir en utilisant des moyens qui sécurisent l'enfant : la poupée, le nounours, la veilleuse, la doudou ou le drap préféré sucé, la porte entrouverte, le jouet familier non dangereux, etc. Les médicaments ou les sirops pour dormir ne doivent être administrés que sur prescription médicale. Certaines tisanes tièdes ou chaudes, pas trop concentrées et légèrement sucrées avec du miel, peuvent favoriser le sommeil. La camomille, la fleur d'oranger, et le tilleul sont parmi les plus réputées. Par contre, la menthe est à déconseiller en raison de ses propriétés stimulantes. Grâce aux divers renseignements recueillis sur le sujet, il est fort à parier que le parent mieux renseigné trouve lui-même la solution au problème de son enfant qui ne veut pas aller au lit le soir ou qui ne s'endort que très tard.

Encadré 6.2   Suggestions de rituels préparatoires au coucher du soir à l'intention des parents

Loïc, 4 ans. Début du rituel à 19 h 25, fin à 20 h 00.

- Bain supervisé par papa.
- Pyjama.
- Brossage des dents supervisé par papa.
- Histoire apaisante au lit avec maman.
- Câlins de papa et maman.
- Bisous et « Bonne nuit. Fais de beaux rêves mon beau garçon. »

Simon, 8 ans. Début du rituel à 20 h 00, fin à 20 h 30.

- Douche prise seul (quoiqu'un bain est plus relaxant).
- Pyjama.
- Brossage des dents seul.
- Lecture apaisante faite seul au lit.
- Câlins de maman.
- Petites confidences (on se raconte un beau moment de la journée).
- Bisous et « Dors bien, Simon. Je t'aime. »

Laura, 2 ½ ans. Début du rituel à 19 h 00, fin à 19 h 30.

- Bain et jeux d'eau accompagnés de maman.
- Brossage des dents fait par maman.
- Petit massage avec une musique relaxante appréciée par l'enfant.
- Câlins et chanson favorite de l'enfant chantée par maman.
- Installation de l'animal en peluche dans les bras de Laura.
- Bisous et « Bonne nuit, mon ange. Fais de beaux rêves. »

N.B. Il est inutile de faire un long cérémonial de préparation à la mise au lit.

L'important est de miser sur la qualité des moments passés avec l'enfant. Le rituel sera efficace au plan de la signifiance, de la constance et de la fréquence s'il est répété et respecté.

6.4   L'ORGANISATION SPATIALE

Les enfants qui dorment toujours bien pendant la sieste auront avantage à être installés près des murs ou éloignés du centre du local pour qu'ils ne soient pas dérangés par ceux qui se lèveront en cours de sieste. Généralement, les enfants se sentent plus sécurisés s'ils prennent la même place d'une sieste à l'autre. L'éducatrice doit voir à assigner le meilleur emplacement possible pour chaque enfant afin de lui offrir des conditions favorables pour créer le calme en lui. Le plan des places qui sont attribuées aux enfants devrait être affiché au mur pour la commodité des remplaçantes. Il n'est pas rare de voir des enfants de 4 ou 5 ans demander des changements de place à la sieste. L'éducatrice peut faire des essais et juger de la pertinence du maintien ou non du *statu quo*. Il n'y a pas de règle absolue à appliquer, car chaque situation est unique et demande à être évaluée séparément.

6.5   LE MATÉRIEL ET L'ÉQUIPEMENT

Il ne suffit pas d'adopter de bonnes attitudes pour aider les enfants à avoir une sieste réparatrice; il faut aussi la faciliter en leur offrant un matériel adéquat, des matelas et des draps propres et confortables. En fait, il est primordial de leur fournir les meilleures conditions matérielles possible pour les aider à bien se relaxer. On doit utiliser un matelas douillet et en bon état recouvert d'une housse lavable, le tout pouvant se transporter et se ranger facilement. Chaque matelas doit être identifié par le prénom ou le symbole attribué à l'enfant qui en fait usage. Les matelas doivent être rangés sans housse et soumis à la désinfection entre chaque utilisation si on ne peut les ranger dans une armoire à compartiments individuels.

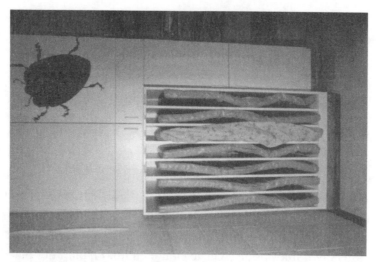

En plus d'assurer une meilleure hygiène, le rangement des matelas dans des casiers individuels facilite la tâche avant et après la sieste.

On demande aux parents de fournir une couverture ou un drap par enfant pour que celui-ci puisse se couvrir confortablement ; il est souhaitable d'avoir de la literie de rechange en cas de besoin. La literie doit être lavée une fois par semaine – c'est habituellement la responsabilité des parents de le faire – ou plus souvent si elle a été salie, et doit être rangée dans un casier individuel, un panier ou un sac hermétique pour ne pas qu'elle entre en contact direct avec celle des autres.

En maternelle où l'on ne dispose pas toujours de matelas pour la sieste, une grande serviette, même si ce n'est pas l'idéal, peut permettre à l'enfant de s'étendre au sol pendant une quinzaine de minutes.

Une chaise berçante confortable peut être utile à l'éducatrice pour bercer un bambin ayant de la difficulté à se calmer.

6.6   LA PRÉPARATION ET LE DÉROULEMENT

Entre le réveil des enfants, le matin, et le début de la sieste à 13 h 00, six ou sept heures se sont écoulées pendant lesquelles les enfants ont été sollicités de toutes parts. Bien avant la planification du rituel même de la sieste, il est important de penser à l'organisation et à l'horaire des activités de la première partie de la journée. L'encadré 6.3 offre quelques conseils à ce sujet.

Encadré 6.3   Quelques conseils pour organiser les activités de détente

- Durant la première partie de la journée, mettez en place un horaire fixe des activités avec des repères sécurisants pour les enfants. Soignez le climat affectif du groupe et des relations que vous avez avec chacun des enfants : confiance, humour, plaisir, tendresse, etc.
- Dans la matinée, prévoyez des jeux physiques qui intéressent les enfants et une période à l'extérieur. Les enfants ont besoin de dépenser leur énergie dans un espace sécuritaire et adapté à leur stade de développement.
- Proposez un espace de détente dans le local principal ; un coin ou un près d'un mur garni de coussins douillets où les enfants peuvent prendre une pause ou s'éloigner temporairement des autres, au besoin.
- Offrez des temps de pause aux enfants à intervalles réguliers, soit aux 60 à 90 minutes. Il peut s'agir de courtes activités de deux à dix minutes qui invitent les enfants à reposer leur cerveau après une période d'attention soutenue ; qu'il s'agisse de coucher sa tête dans ses bras sur la table ou de faire des jeux de respiration ou d'étirement, ces arrêts régénèrent tant le corps que l'esprit, déchargent la tension au fur et à mesure qu'elle arrive tout en prévenant l'accumulation de fatigue qui constituerait un obstacle majeur à la qualité de la sieste de l'après-midi.

- Planifiez une période de transition entre le dîner et la sieste en prévoyant des jeux libres calmes qui plaisent aux enfants. Après avoir passé près de 45 minutes assis à la table pour le repas du midi, les enfants ont besoin de se dégourdir un peu avant de s'immobiliser sur leur matelas. C'est ce que leur permettent, entre autres, les tâches reliées à l'hygiène personnelle : aller aux toilettes, se brosser les dents, se laver les mains, se déchausser. Toutefois, il vaut mieux ne pas étirer indûment cette période pour profiter des conditions optimales de récupération que sont l'assouvissement de la faim et de la soif et un niveau de fatigue suffisant.

- Installez une routine prévisible et stable pour la période de préparation à la sieste ; cela aide à créer un climat de confiance et de sécurité nécessaire pour que les enfants se laissent aller au repos. Les enfants doivent saisir clairement ce qu'on attend d'eux à ce temps de la journée : être calme, aller aux toilettes, aller chercher son animal en peluche, aider à installer son matelas, etc. Au besoin, il faut leur rappeler les consignes d'une voix posée et convaincante sans chercher à les culpabiliser. Une affiche attrayante placée à la vue des enfants peut les aider à se retrouver dans les tâches à faire durant la période de préparation à la sieste, à la condition qu'on leur rappelle de la regarder.

- Cela peut prendre jusqu'à 45 minutes pour aider les enfants à se préparer à la sieste et à s'endormir. Durant la première moitié de l'année, il est préférable de s'en tenir aux mêmes gestes pour préparer les enfants à faire une sieste régénératrice. Par la suite, de petites variations peuvent accompagner le début de la sieste en prenant soin de les inclure graduellement et en tenant compte de la réceptivité des enfants.

- Chez les enfants d'âge préscolaire, commencez le temps de repos sur le matelas au plus tôt vers 12 h 30 ou 13 h 00. Malheureusement, dans le but de faciliter le temps de pause de quelques éducatrices, certains CPE ou garderies choisissent de faire commencer la sieste à 12 h 00 voire à 11 h 30, sans tenir compte des signes d'endormissement des enfants.

- Éliminez les sources de stimulation sensorielle : éclairage, radio, télévision, circulation et déplacement, volume de voix, y compris celle de l'adulte, nombre élevé d'enfants dans une même pièce, bruits domestiques en milieu familial, etc.

- Placez sur la porte une note indiquant aux visiteurs de frapper au lieu de sonner ; baissez la sonnerie du téléphone, etc.

- Installez les matelas et la literie avec la participation des enfants ; veillez à respecter une certaine distance vitale entre chaque matelas, soit un minimum de deux pieds, mesure qui évite également la propagation des infections. Autant que possible, prévoyez le même endroit pour chaque enfant à chaque jour. Un endroit spécial, sous une table, par exemple, dans un coin favori des enfants peut être attribué à chaque enfant à tour de rôle. Il peut arriver que l'enfant d'une éducatrice en milieu familial préfère dormir dans sa propre chambre à coucher et non dans la pièce où se trouvent les autres enfants.

- En milieu familial, installez les tout-petits en lieu sûr en évitant les grands lits.

En CPE familial, un parc sécuritaire
peut faciliter la sieste d'un tout-petit.

- Aérez la pièce entre la période du dîner et du début de la sieste pour assurer une meilleure qualité de l'air ambiant ; évitez les courants d'air et les planchers froids ainsi que la ventilation dirigée directement sur les enfants.

- Respectez les habitudes de réconfort propres à chaque enfant au début de la sieste : se bercer, se balancer en rythme, se tortiller une mèche de cheveux, s'autostimuler (se masturber), jouer avec ses mains, se blottir contre son toutou personnel, en autant que ce soit sécuritaire et hygiénique et non dérangeant pour les autres enfants. Les objets transitionnels devront être faciles à laver et à ranger dans les casiers personnels. Faites en sorte que l'objet de réconfort de l'enfant – doudou ou animal en peluche – demeure le plus souvent possible au service éducatif ; sans lui, l'enfant aura peut-être beaucoup de difficultés à vraiment profiter de la sieste. On pourrait remettre à l'enfant son objet fétiche seulement lorsqu'il se trouve bien installé sur son matelas dans le but de l'inciter à se préparer dans un délai raisonnable.

- Pour favoriser le calme, suggérez aux enfants d'avoir recours à l'automassage comme se masser le visage, les mains ou les pieds, selon leur préférence. On recommande de montrer aux enfants des moyens de se détendre par eux-mêmes pour ne pas qu'ils deviennent dépendants des gestes de l'éducatrice ou d'un pair. Le massage du dos des enfants en début de sieste ne devrait être utilisé qu'occasionnellement et non comme un moyen de détente quotidien. Si vous massez le dos d'un enfant, restez à l'écoute de ses réactions verbales et non verbales, car la sensibilité et le besoin d'être touché à ce moment de la journée sont différents de l'un à l'autre. Certains enfants n'apprécient pas ce type de contact, les empêchant même de se laisser aller au sommeil. Il vaut mieux aider l'enfant à apprendre à se détendre par lui-même que de le conditionner à une habitude d'endormissement exigeant une intervention directe de l'adulte. Mais si vous jugez nécessaire d'endormir les bambins en les caressant, évitez de le faire en position fléchie ; assoyez-vous plutôt confortablement avec le dos en appui ou demandez la collaboration des plus vieux de cinq ans.

- Contribuez à l'ambiance générale de relaxation en posant soi-même des gestes délicats, en prenant une voix douce, en chantant une berceuse, etc. Les voix autoritaires ou culpabilisantes, les bavardages entre éducatrices n'ont pas leur raison d'être en services éducatifs, encore bien moins à l'heure de la sieste.

- Tournez sur le côté les enfants qui dorment toujours sur le ventre, les pieds tournés vers l'extérieur ou l'intérieur pour éviter des problèmes orthopédiques ultérieurs.

- Assurez une surveillance directe et constante des enfants pendant tout le temps de la sieste. Voyez à respecter le ratio en vigueur dans les règlements gouvernementaux au cas où une situation d'urgence exigerait l'intervention expresse des éducatrices.

Adoptez des mesures sécuritaires rigoureuses en tout temps lors de la sieste, pendant la préparation, l'installation des enfants, le repos, le lever et le rangement du matériel. On doit apporter une attention particulière afin de prévenir les chutes dues aux chaussettes glissantes, de contrer le risque d'étouffement provoqué par des bijoux portés par les enfants, des boutons décoratifs qui se trouvent sur les vêtements ou des objets transitionnels des enfants.

- Confiez le rituel de la sieste à une éducatrice connue des enfants pour satisfaire leur besoin de sécurité affective.

- Si possible, étendez-vous vous-même sur un matelas libre pour faire un petit repos tout en continuant à veiller sur le groupe d'enfants. Avec 10 à 11 heures de travail par jour, les éducatrices en milieu familial, par exemple, ont besoin de s'arrêter un peu pendant la sieste des enfants dans une chaise confortable tout en supervisant le repos des enfants.

- Profitez de la sieste pour remplir les carnets de bord des enfants tout en assurant une surveillance adéquate.

- En collaboration avec les membres de l'équipe et les parents, planifiez et appliquez un plan d'intervention éclairé pour l'enfant qui présente un comportement dérangeant : autostimulation excessive, crise, surexcitation, etc.

Il est important de noter et de communiquer aux parents les problèmes particuliers qui surviennent durant la sieste de leur enfant : nervosité, changement dans les habitudes de sommeil ou de repos, pleurs inhabituels, etc. Les parents ainsi informés pourront aider l'éducatrice à comprendre ce qui se passe et assurer un suivi à la maison.

6.7   LE LEVER

Après une sieste, les enfants ont besoin de temps pour retrouver leurs « esprits » avant de poursuivre des activités libres, de préférence calmes. La meilleure façon de s'éveiller est de le faire spontanément,

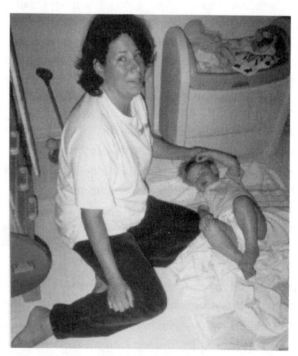

« Je suis encore tout endormi. Heureusement que mon éducatrice me laisse me réveiller à mon rythme. »

c'est-à-dire entre deux cycles, alors que le sommeil redevient léger. L'idéal est de laisser les enfants se lever par eux-mêmes et à leur propre rythme dans les limites du gros bon sens, il va sans dire. Certains auront besoin d'un peu d'aide pour passer d'un état de conscience à un autre, retrouver leurs effets personnels et remiser leur matelas au bon endroit. Si on doit réveiller un enfant pour une raison valable, il vaut mieux le faire progressivement en employant une voix douce et des gestes calmes ; on peut lui offrir diverses possibilités – se lever tout seul, accepter de l'aide, commencer par telle tâche, etc. – dans le but de susciter sa collaboration.

Le réveil graduel donne l'occasion à l'éducatrice d'accorder de l'attention et de l'aide à chaque enfant. À moins d'une situation particulière, il n'est pas souhaitable de laisser un enfant dormir dépassé 16 h 00, ce qui pourrait alors perturber son sommeil de nuit.

6.8   AUTRES FACTEURS À CONSIDÉRER

Divers éléments extrinsèques ou intrinsèques à l'enfant viennent influencer la durée et la qualité de sa sieste. L'encadré 6.4 en fournit des exemples ; prenons le temps de les étudier d'un peu plus près.

Encadré 6.4   Éléments pouvant influencer la qualité de la sieste

- Les mauvaises habitudes d'endormissement comme le besoin de se faire frotter le dos, la nécessité d'avoir un silence complet, etc.
- Les saisons qui agissent sur le métabolisme et indirectement sur les besoins de dormir ou de se reposer (manque d'ensoleillement, changement de température, chaleur ou froid). Par exemple, la chaleur et l'ensoleillement de l'été diminuent le besoin de sommeil tant chez l'enfant que chez l'adulte. (Challamel et Thirion, p. 190)
- Les conditions environnementales qui prédisposent ou nuisent au repos comme la température ambiante, la qualité de l'air, le confort (matelas trop petit, plancher froid, absence de couverture, etc.), le bruit et l'espace vital.

- Certains bourrages ou décorations posés sur les vêtements des enfants peuvent nuire à leur confort ; même chose avec les habits trop serrés. Aviser les parents pour qu'ils choisissent des vêtements confortables pour la sieste.

- Le tempérament et la programmation génétique propres à chaque personne : tendance à la combativité, petit dormeur ou gros dormeur, couche-tard ou couche-tôt, lève-tôt ou lève-tard, etc.

- L'expérience personnelle où le lit ou le matelas est associé à un lieu de punition ou d'abandon, où la pénombre effraie l'enfant.

- Un contexte particulier comme la période d'adaptation dans un nouveau service de garde ou à la maternelle, la fréquentation irrégulière qui rend plus difficile l'acquisition de la routine de la sieste, la présence d'une remplaçante inconnue, les malaises physiques de l'enfant comme le nez bouché, une situation de vie anxiogène telle le divorce des parents, un séjour prévu à l'hôpital, etc.

- L'ingestion de trop de gras ou de sucre qui sont réputés stimuler et surcharger l'organisme et rendent la digestion plus difficile. À l'inverse, un appétit inassouvi crée un inconfort pouvant nuire au sommeil ou à la détente.

- L'absence ou l'insuffisance de temps de récupération pendant la journée qui entrave le rythme naturel de sommeil. Contrairement à ce qu'on serait porté à croire, le surmenage et l'excès de fatigue compliquent l'apaisement chez l'enfant à l'heure du repos officiel. En ce sens-là, il est recommandé de proposer une activité calme aux enfants à peu près à toutes les 90 minutes.

- La prise de certains médicaments, prescrits ou non, pris en services éducatifs ou non, peut parfois entraîner de l'agitation (antibiotiques, broncodilatateur, décongestionnant, sirop contre la toux, etc.). C'est un sujet que les parents devraient aborder avec le médecin traitant. Il est important que les éducatrices soient informées des effets secondaires possibles des médicaments.

Il est important de se montrer empathique envers les enfants qui ont des difficultés à faire le vide, à se laisser aller au sommeil ou à la détente. On n'a qu'à penser à ses propres difficultés de relaxation pour devenir plus compréhensif par rapport aux réticences que rencontrent certains enfants à se laisser aller à la sieste.

6.9 JEUX ET CHANSONS POUR FACILITER ET AGRÉMENTER LA SIESTE

Une fois passée la période d'adaptation des premiers mois, de nouveaux procédés peuvent venir se greffer à la routine habituelle de la sieste, question de renouveler l'intérêt des enfants et de briser la monotonie qui a pu s'installer. Puisqu'il faut que les conditions indispensables à un repos régénérateur soient présentes dès le début de la période de la sieste ou de la relaxation, il est important d'y réfléchir pour que les moyens utilisés soient réellement bénéfiques pour tous. L'encadré 6.5 en présente quelques-uns.

Encadré 6.5   Moyens pour faciliter et agrémenter la sieste

- Recourir à des livres destinés aux enfants qui proposent des récits ludiques ou informatifs propices au dodo. Certaines histoires proposent même des idées pour aider les enfants à se réconcilier avec la sieste.

- Sur le plafond du local où se déroule la sieste, fixer des étoiles brillantes et personnalisées pour veiller sur chaque enfant pendant le repos. L'étoile peut être fabriquée et décorée par l'enfant lui-même.

- Si un enfant a de la difficulté à rester tranquille pendant l'histoire précédant la sieste, lui laisser le choix : « Tu écoutes l'histoire avec nous ou tu regardes un livre calmement sur ton matelas. »

- Avec un ballon, donner un petit massage dans le dos des enfants étendus calmement sur leur matelas. L'effet devrait être apaisant et non stimulant. Certains enfants n'aiment pas être touchés de cette manière. L'éducatrice doit demeurer attentive à leurs réactions et en tenir compte.

- Murmurer des mélodies en évitant de chanter les paroles. Se laisser aller à improviser au gré de son imagination.

- Faire jouer une musique apaisante en sourdine. Si vous optez pour un fond musical créé à partir d'une bande sonore, choisissez des musiques sans paroles, car la musique chantée a tendance à stimuler le cerveau au lieu de l'apaiser. Évitez les ambiances musicales nostalgiques ou mélancoliques. Mettez le volume à faible niveau et cessez la musique après vingt ou trente minutes environ pour ne pas fatiguer l'oreille, ce qui peut être le cas même lorsque les enfants sont endormis. Le silence est préférable. De plus, il n'est pas souhaitable d'écouter la musique de la radio sur laquelle il est difficile d'avoir le contrôle ; préférez plutôt des disques de murmures chantés, de sons de la nature comme des bruits de ruisseau ou de vagues calmes, des gazouillis réguliers d'oiseaux ou des sons de criquets.

- Accorder aux enfants qui sont étendus calmement sur leur matelas la faveur de recevoir une petite caresse de la part d'une marionnette fétiche. C'est un moyen qui peut inciter les autres à se calmer.

- Avec une petite lampe de poche, circuler doucement parmi les enfants en illuminant une partie du corps que chaque enfant doit « faire dormir ».

- Improviser une histoire pour amener les enfants à transformer leur matelas en train imaginaire qui les fait voyager dans des lieux à la fois fascinants et rassurants.

- Au lever, inviter les enfants à retrouver dans une boîte le soulier qui leur manque pour faire la paire. Faire une chasse aux trésors plus élaborée de temps en temps.

- Utiliser des chansons pour agrémenter le lever.

    N.B. Une musique apaisante intitulée *Dentelle de lune* se retrouve sur le disque compact.

Quelques idées de chansons pour agrémenter le lever.

1
Un petit son doux
(Se trouve sur le disque compact)

Paroles : Nicole Malenfant
Musique : Monique Rousseau

Qu'est-ce qui fait X X X X X X ?
Est-ce le tonnerre ou la trompette ?
Qu'est-ce qui fait X X X X X X ?
Le robinet, l'oiseau ou la sonnette ?

Non...
C'est un petit son doux qui dit : la sieste est finie
C'est un petit son doux qui dit : debout les amis.

2
Es-tu prêt à te lever ?
Paroles : éducatrices en CPE
Air traditionnel : Le petit prince ou Lundi matin

Bonjour... (prénom de l'enfant)
As-tu fait une belle sieste ?
Bonjour... (prénom de l'enfant)
Es-tu prêt à te lever ?
T'es-tu bien reposé ?
Es-tu bien réveillé ?
Bonjour... (prénom), as-tu fait une belle sieste ?

Chapitre 7

L'habillage et le déshabillage

CONTENU DU CHAPITRE

Mettre son manteau, lacer ses chaussures, déboutonner sa veste, différencier l'endroit et l'envers de son chandail, enfiler ses gants sont des tâches simples que l'adulte exécute de manière automatique. Pour un enfant de deux ans, ces gestes de la vie courante représentent un défi de taille qu'il doit surmonter par un apprentissage systématique demandant des efforts et beaucoup de répétition. Ce n'est que vers l'âge de six ou sept ans que l'enfant est en mesure d'exercer avec une certaine aisance, l'art de l'habillage et du déshabillage dans un temps relativement court.

Dans les activités journalières en services éducatifs, nombreuses sont les occasions qui exigent de mettre ou d'enlever des vêtements : à l'arrivée et au départ, avant et après les temps de jeux à l'extérieur, lors de la préparation à la sieste ou du lever où l'on doit enlever et remettre ses chaussures. Ces activités demandent beaucoup de temps et de concentration, surtout pour les plus jeunes. Pour enfiler son pantalon, mettre ses bas, boutonner son chandail, monter la fermeture éclair de son manteau, mettre le bon soulier dans le bon pied, boucler le cordon de son chapeau, enfiler son tablier, l'enfant doit faire appel à des habiletés spécifiques qui exigent un entraînement continu en vue de développer la dextérité et l'autonomie.

Comme pour les autres activités de base, on doit penser à la santé, à la sécurité et au bien-être des enfants pendant la supervision de l'habillage et du déshabillage ; plusieurs conditions doivent être réunies pour en faire une routine agréable à vivre.

7.1   L'ÉQUIPEMENT ET L'AMÉNAGEMENT

Comme dans d'autres situations, les lieux et le matériel utilisés influencent largement le déroulement de l'activité d'habillage et de déshabillage. Notamment, l'emplacement, la dimension et l'organisation du vestiaire jouent un rôle important dans la structure de cette routine ; on sait, par exemple, qu'un vestiaire situé près du local principal et à proximité de la sortie donnant sur la cour extérieure diminue de beaucoup les attentes et les déplacements, sources fréquentes d'agitation chez les enfants. Si le vestiaire se trouve dans une aire achalandée, l'espace disponible doit au moins permettre aux enfants de se vêtir et se dévêtir sans être constamment bousculés par les passants ; le cas échéant, les éducatrices optent pour un habillage plus tranquille dans le local malgré les inconvénients que cela apporte : transporter les vêtements, se déplacer, etc. Un vestiaire assez grand pour recevoir un groupe d'enfants et leurs parents accommode le besoin d'espace vital nécessaire pour effectuer calmement les tâches demandées : enfiler ses bottes, mettre son manteau, etc. De plus, un vestibule qui sépare le vestiaire de l'extérieur a l'avantage de protéger les enfants des écarts de température par temps froid.

Des cases individuelles accessibles aux enfants et suffisamment grandes pour faciliter le séchage des vêtements humides, des bancs ou des chaises pour mettre ou ôter ses souliers ou ses bottes, une table pour déposer les poupons sur laquelle les parents peuvent les vêtir ou les dévêtir pendant que l'aîné met ou enlève ses vêtements d'extérieur, un revêtement de sol antidérapant facile à entretenir quotidiennement, un plancher le plus souvent sec et propre, sont autant de conditions matérielles qui ajoutent à la qualité d'un vestiaire.

Contrairement à la majorité des enseignantes du préscolaire, les éducatrices en SGMS ont le privilège de rencontrer les parents lorsque ceux-ci viennent les conduire et les chercher. De là, toute l'importance de les laisser circuler dans les divers locaux utilisés par le SGMS. Les parents devraient pouvoir avoir accès facilement à des couvre-bottes ou des pantoufles leur permettant de marcher dans le service éducatif sans salir les planchers par temps de pluie ou de neige ; plusieurs services éducatifs exigent que les parents se conforment à cette pratique et prennent des mesures nécessaires afin qu'elle soit respectée.

Chaque enfant a besoin d'un crochet à lui pour suspendre son manteau, son pantalon de neige et son foulard, d'un espace suffisamment grand pour mettre ses bottes, ses chaussures et son sac à dos, d'une tablette pour déposer son chapeau ou sa casquette, ses mitaines et son cache-cou. Le casier représente souvent le seul endroit où l'enfant retrouve ses effets personnels ; il devrait pouvoir le personnaliser à sa guise avec une photo ou un dessin. On conseille de laisser à l'enfant d'âge scolaire la responsabilité de garder son casier propre et ordonné. En SGMS, on recommande l'utilisation du même casier que celui servant à la vie scolaire ou l'accès à un autre espace de rangement situé à proximité des locaux du SGMS.

Les effets personnels de l'enfant devraient être clairement identifiés par une étiquette résistante ; les parents auront probablement besoin de quelques rappels pour ne pas oublier de bien identifier les vêtements de leur enfant. On peut rassembler dans un endroit déterminé (une boîte, une tablette, etc.) les articles vestimentaires qui se perdent inévitablement en cours d'année afin que les enfants et les parents puissent les retrouver facilement. Pendant les mois froids, il vaut mieux que les souliers des enfants soient laissés au service éducatif au lieu d'être transportés chaque jour, ce qui risque d'occasionner plusieurs oublis.

7.2 LA DURÉE

Le temps accordé à la routine de l'habillage et du déshabillage influe beaucoup sur son bon fonctionnement. S'il est trop court, les enfants se sentiront bousculés, tendus ou incompétents alors que s'il est trop long, les enfants deviendront probablement impatients à force d'attendre. Évidemment, les débutants auront besoin d'aide et de pratique et cela exigera plus de temps que pour les habitués. **En fait, qu'ils soient novices ou initiés, l'idéal serait que les enfants n'aient pas trop à attendre ni à se dépêcher lors de cette activité.**

Aviser gentiment les enfants de ce qu'on attend d'eux pendant l'habillage les incite à collaborer et évite les pertes de temps. « Monte ton pantalon de neige, Anthony, et je vais t'aider à le boutonner. » « Alexia, je m'attends à ce que tu mettes ton manteau dans le bon casier, ce midi. » Il est souhaitable de susciter la motivation des enfants en leur rappelant l'activité à venir. « Quand tu auras terminé de t'habiller Tommy, on pourra aller sortir les tricycles du cabanon. Je vais avoir besoin de ton aide. » Les enfants oublient parfois pourquoi ils ont à s'habiller. Un rappel peut leur être nécessaire pour qu'ils acceptent de collaborer.

7.3   À L'ARRIVÉE ET AU DÉPART ET LORS DES SORTIES ET DES ENTRÉES

À l'arrivée et au départ du service éducatif, il vaut mieux demander la collaboration des parents pour aider les bambins à se déshabiller et à s'habiller afin de permettre à l'éducatrice de demeurer disponible pour les autres enfants et leurs parents. Le départ constitue un moment propice pour établir des échanges entre le personnel et les parents. Cependant, il convient de prendre une entente claire et précise avec les parents pour qu'ils sachent ce qu'on attend d'eux et à partir de quel moment ils doivent prendre la relève auprès de leur enfant. Rien de pire que la confusion ou les malentendus pour compliquer cette activité de fin de journée, la fatigue des enfants, des éducatrices et celle des parents concourant à davantage de tensions.

Pour les enfants de cinq ans en CPE ou en garderie ou pour ceux qui fréquentent la maternelle ou le service de garde en milieu scolaire, la routine de l'habillage ou du déshabillage est généralement facile. Leurs habiletés motrices et leur besoin toujours grandissant d'autonomie favorisent cette étape importante même si le soutien de l'éducatrice demeure indispensable pour les encourager et les guider, au besoin. Par temps froid où l'habillage exige plus de temps, les enfants de 9 à 12 ans peuvent aider les plus jeunes à se vêtir. Il faut cependant leur préciser que leur rôle consiste non pas à habiller l'enfant, mais plutôt à le soutenir dans son apprentissage.

Quand le plancher du vestiaire du service éducatif est mouillé, par temps de pluie ou de neige, il est préférable que les enfants mettent leurs souliers dans le vestiaire pour éviter qu'ils ne mouillent leurs chaussettes pendant le déplacement vers le local.

Boire de l'eau, aller aux toilettes peut se faire parallèlement à l'activité de l'habillage et du déshabillage si les installations requises se trouvent à proximité. Cette mesure minimise l'achalandage du vestiaire. De plus, lorsqu'ils sont habillés, les enfants devraient idéalement pouvoir sortir en petits groupes avec une éducatrice.

Pour faciliter le déplacement lors des sorties à l'extérieur, on peut confier à un enfant la responsabilité d'apporter le matériel nécessaire : ballon, cordes à danser, pelles, craies, etc. À la vue des objets de jeu, les enfants ont hâte d'aller jouer dehors et s'empressent de s'habiller.

7.4 DES FACTEURS FAVORISANT LA TÂCHE

L'habillage et le déshabillage peuvent se dérouler de manière très différente d'un enfant à l'autre, d'un groupe à l'autre, d'une saison à l'autre, d'un contexte à l'autre dépendant de facteurs qui ne sont pas toujours simples à prévenir ou à contrôler. Néanmoins, il existe des conditions qui facilitent le déroulement de la tâche.

A. Des vêtements adaptés

Avec des vêtements sécuritaires, sans cordon ni ceinture, des cols ou des cache-cou au lieu de foulards, des bottes avec attaches en velcro, des vêtements ni trop amples ni trop serrés, il est plus facile d'effectuer rapidement l'habillage et le déshabillage. Chaque saison exige des vêtements spécifiques pour permettre le confort des enfants : un chapeau pour se protéger du froid, l'hiver, un chandail léger pour éviter la transpiration, l'été, des bottes imperméables par temps de pluie, etc.

L'éducatrice doit donner l'exemple en s'habillant en fonction de la température et de l'activité. Il est difficile de demander aux enfants de mettre leur chapeau si on ne le fait pas soi-même. Les enfants sont davantage influencés par nos comportements que par nos directives. De plus, une éducatrice chaudement vêtue par temps froid n'aura probablement pas le réflexe de faire rentrer les enfants hâtivement parce qu'elle a froid.

Les vêtements d'une seule pièce comme les salopettes sont difficiles à enfiler pour les petits. Des pantalons à taille élastique, des fermetures éclair munies d'anneaux ou de petites tiges, des chaussettes sans talon, des chaussures avec velcro simplifient les gestes inhérents à l'habillage et au déshabillage. Il peut être très utile d'en informer les parents ; la plupart d'entre eux accepteront de collaborer en procurant à leur enfant des vêtements adéquats.

B.   Des tâches adaptées

Le déshabillage étant plus facile à accomplir que l'habillage, l'éducatrice peut inviter les débutants à centrer leurs énergies sur cette habileté. « Le déshabillage marque la première étape vers l'autonomie en matière d'habillage. » (Martin, p. 155) En période d'apprentissage à la propreté, certains enfants prennent plaisir à se dévêtir pour aller sur le pot. Ils auront besoin de quelques conseils pour se limiter à abaisser leur pantalon.

L'éducatrice peut favoriser l'apprentissage de l'habillage chez les tout-petits en décrivant à voix haute les vêtements à mettre et les gestes à poser. Elle peut même en faire une sorte de jeu de rythmes et de vocalises qui crée de l'attrait pour l'activité.

Les enfants peuvent avoir besoin d'un petit coup de main pour certains aspects de l'habillage.

La routine de l'habillage et du déshabillage peut se dérouler de façon très différente d'un enfant à l'autre selon l'expérience qu'il en a et selon l'âge ; plusieurs n'ont pas l'habitude de cette routine car les parents la font pour eux. À deux ans, l'enfant peut retirer ses chaussures si les lacets sont détachés, mais ne peut les attacher lui-même, alors qu'à six ans, il pourra se débrouiller seul. Sauf exception, les enfants d'âge scolaire assument eux-mêmes la tâche de l'habillage et du déshabillage. Quant aux bambins, l'éducatrice doit les aider en suscitant le plus possible leur coopération : entrer un bras dans une manche et laisser l'enfant tendre le sien, monter un bout de la fermeture éclair et inciter l'enfant à faire le reste, le stimuler à détacher les boutons-pression, etc. L'habileté vestimentaire se développant parallèlement aux autres expériences motrices, le bambin améliorera ses performances à force de répétition et d'encouragement.

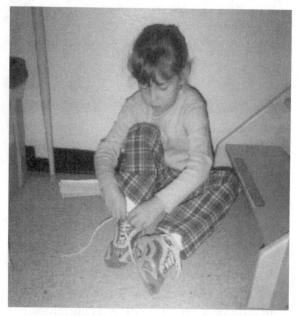

Lacer ses souliers est un apprentissage qui correspond aux capacités de l'enfant de 5 et 6 ans.

**Tableau 7.1   Profil des habiletés motrices de l'habillage
et du déshabillage chez l'enfant**

	Chaussures	Vêtements	Suggestions
2 ans	Peut mettre son pied dans le soulier qu'on lui présente. Peut enlever ses souliers s'ils sont délacés ou détachés. Peut retirer seul ses bottes.	Peut trouver la manche pour enfiler son bras, etc. Peut monter et descendre sa culotte. Peut enlever quelques vêtements mais avec de l'aide. Peut monter une partie de la fermeture éclair.	Donner régulièrement l'occasion de faire des jeux de déguisement qui permettent d'exercer les habiletés propres à l'habillage et au déshabillage : faire glisser des fermetures éclair, enfiler des manches, etc.
3 ans Les gestes de la main se raffinent. Le besoin d'autonomie se manifeste davantage.	Peut faire l'erreur de mettre ses souliers dans le mauvais pied. Peut mettre ses bottes seul. Est capable de détacher ses lacets.	Peut enlever des vêtements mais a besoin d'aide pour mettre les chandails et les chemises. Peut déboutonner les boutons sur le côté et à l'avant. Peut se tromper en mettant ses vêtements à l'envers.	Faire des jeux : entrer le bras dans un tunnel (manche), etc. Mettre ses mitaines avant d'enfiler son manteau. Offrir des jeux qui exercent le boutonnage et le déboutonnage.
4 ans	Est capable de se chausser avec des souliers à fermeture à velcro.	Distingue le sens des vêtements et les met correctement. Peut s'habiller seul si c'est facile.	
5 ans		S'habille et se déshabille avec soin. Peut monter une fermeture éclair au complet.	Encourager les enfants à s'entraider, ce qui suppose l'accord des deux parties.
6 ans et plus	Est capable d'attacher ses lacets. Distingue le soulier droit du gauche.	S'habille avec plus de rapidité.	

7.5   DES IDÉES DE JEUX ET DES CHANSONS

- Par temps de neige, avant de rentrer de l'extérieur, se secouer pour enlever la neige collée aux habits de neige en faisant une danse « fofolle ».

- Jouer à « Jean dit » : « Jean dit de mettre tes bottes. Il dit d'enfiler tes mitaines, etc. »

- Faire un jeu de couleurs ou de motifs pour annoncer les vêtements à mettre ou à enlever : « Mets un vêtement qui a du bleu. Mets un vêtement qui a des dessins. Etc. »

- Offrir un privilège aux enfants qui ont terminé de s'habiller ou de se déshabiller, par exemple, en apposant un autocollant sur une main ou en faisant un dessin à l'aide d'un tampon encreur. Ce moyen ne devrait cependant pas pénaliser les plus lents ; chaque enfant devrait pouvoir obtenir le privilège lorsqu'il a terminé sa tâche.

- Afficher au mur des dessins représentant les vêtements à mettre lors d'un habillage élaboré comme pendant l'hiver : chandail, pantalons à neige, bottes, chapeau, foulard, manteau, mitaines.

- Nommer les enfants qui sont en train de s'habiller. « Je vois Nadia qui met son manteau. Je vois aussi William qui est prêt à sortir. » Etc.

- Chanter une chanson qui rappelle l'ordre et le nom des vêtements à mettre.

  - Etc.

1
Le bonhomme, le joli bonhomme
(sur l'air de Alouette, gentille alouette)

Le bonhomme, le joli bonhomme
Le bonhomme que j'habillerai.
Je lui mettrai une salopette (bis)
Une salopette (bis)
Joli bonhomme (bis)

Continuer la chanson en désignant d'autres vêtements :
des bottes, un manteau, un cache-cou, un chapeau,
des mitaines, etc.

2 *Chanson*
J'ai de beaux vêtements
(sur l'air de J'ai un beau château)

J'ai de beaux vêtements
Matantirelirelire
J'ai de beaux vêtements
Matantirelirelo.

J'ai une casquette
Matantirelirelire
J'ai un beau chapeau
Matantirelirelo.

Et j'ai un manteau
Etc.

Chapitre 8

Le rangement et le nettoyage

CONTENU DU CHAPITRE

Les éducatrices en conviendront : le rangement et le nettoyage ne figurent certes pas au palmarès des activités préférées des enfants. Pourtant, c'est l'activité de transition qui revient le plus fréquemment et qui monopolise le plus de temps dans une journée en services éducatifs ; elle mérite donc qu'on lui accorde toute l'attention nécessaire pour en faire une période charnière pleinement satisfaisante. Certaines éducatrices appréhendent la tâche du rangement et du nettoyage. Elles voient souvent dans ces moments des causes de désorganisation et d'agitation du groupe d'enfants, qui viennent briser l'harmonie installée durant la période de jeux précédente. Pour cette raison, il est nécessaire de comprendre les enjeux liés au rangement et au nettoyage afin d'en faire des activités profitables tant pour les enfants que pour les éducatrices.

L'un des secrets d'une bonne organisation d'un service éducatif réside dans l'efficacité du rangement. Souvent, il faut du temps, de la réflexion et plusieurs tentatives de la part de l'éducatrice pour arriver à trouver la façon la plus appropriée de placer et de ranger le matériel, qu'il soit d'usage courant ou occasionnel ainsi que pour aménager l'environnement.

Il est de toute première importance de prévoir d'abord un système efficace pour ranger et trouver le matériel rapidement tout en encourageant l'autonomie des enfants selon leur niveau de développement. Ensuite, on doit faire preuve de souplesse pour minimiser le stress inhérent au rangement et au nettoyage. Certaines attitudes peuvent nuire

Une étagère basse exposant le matériel de façon claire et
ordonnée aide l'enfant à retrouver le jeu désiré.

au déroulement harmonieux de cette tâche : demander aux enfants de
se dépêcher pour qu'on respecte l'horaire d'activités, dépenser beaucoup d'énergie et de temps pour faire des interventions disciplinaires,
s'impatienter devant les difficultés rencontrées, laisser voir aux enfants
qu'il vaut mieux faire vite pour passer à quelque chose de plus important, etc. Par ailleurs, on peut favoriser l'enchaînement en douceur de
cette activité en fonctionnant selon un **horaire flexible** et prévoir quelques minutes supplémentaires pour le rangement et le nettoyage. Pour
faciliter le déroulement de cette importante transition en services éducatifs, on peut présenter la tâche aux enfants sous forme de jeu et leur
permettre, par la même occasion, de faire des apprentissages valorisants.

Après avoir cerné les besoins, l'éducatrice utilisera sa créativité
pour concevoir un plan d'intervention personnalisé afin d'organiser le
rangement de manière efficace et sécuritaire. En milieu familial, par
exemple, l'éducatrice doit souvent faire preuve d'ingéniosité pour ranger
le matériel de sorte qu'il n'envahisse pas la vie familiale le soir et les

fins de semaine : mettre des boîtes de rangement derrière le sofa, empiler des coussins sur une penderie, prévoir des contenants faciles à transporter, aménager un vestiaire ailleurs que dans le garde-robe de l'entrée, etc. Dans les services de garde en milieu scolaire, où parfois un seul local est mis à la disposition des usagers, le manque d'espaces de rangement peut devenir un problème important pour tout le monde. Pour toutes ces raisons, l'éducatrice doit penser à des stratégies pouvant alléger les nombreuses périodes de rangement et de nettoyage qui ponctuent le quotidien.

8.1   UN SYSTÈME PRATIQUE DE RANGEMENT

La réussite des activités de rangement ou de nettoyage dépend inévitablement de l'environnement dans lequel elles se déroulent et du type de matériel utilisé ; une aire de jeu de petite superficie, un espace de rangement peu accessible pour les jeux extérieurs, un mobilier difficile à entretenir ne sont que quelques-uns des obstacles qui entravent un bon fonctionnement. Puisque la qualité du service éducatif dépend en grande partie de la bonne organisation des activités de rangement, l'éducatrice doit identifier les conditions qui permettent de bien les organiser.

A.   L'environnement et l'équipement

Il est essentiel que l'aménagement des lieux favorise l'ordre : casiers et crochets pour les vêtements et les effets personnels de chaque enfant (nous reviendrons sur ce point dans le chapitre sur l'habillage), placards à tablettes amovibles, armoires basses placées contre le mur ou utilisées comme cloisons et séparateurs, modules sur roulettes – prévoir des roulettes à barrure sécuritaire pour immobiliser le module, au besoin – faciles à déplacer d'un local à l'autre, tiroirs de plastique robustes et empilables, meubles amovibles avec casiers et tiroirs de rangement, présentoir pour mettre les livres et les revues éducatives à

Un présentoir de livres permet de les
repérer facilement.

la vue des enfants, pochettes de plastique transparent pour y insérer des
figurines, ruban de velcro au mur pour accrocher des marionnettes,
endroit pour faire sécher et exposer les œuvres des enfants, place pour
mettre temporairement les productions non terminées, bac accessible
pour récupérer le papier, etc. On doit prévoir un éclairage adéquat pour
identifier rapidement le matériel recherché.

L'éducatrice en milieu familial ou en milieu scolaire qui a affaire à divers groupes d'âge doit disposer les jeux en fonction des niveaux de développement des enfants. Par exemple, un jeu compliqué
destiné aux enfants d'âge scolaire ne devrait pas se retrouver sur la
même tablette ou dans la même armoire que ceux réservés aux enfants
d'âge préscolaire.

En milieu scolaire, les éducatrices sont nombreuses et le matériel varié et abondant ; les dépôts de rangement doivent donc demeurer constamment en ordre. Pour éviter le transport fréquent et épuisant du matériel et en raison de l'utilisation diversifiée des locaux dans une école, il est conseillé de prévoir un espace de rangement dans le local même, quand cela est possible.

Si l'éducatrice utilise un coffre à jouets, on recommande de retirer le couvercle à pentures où les enfants risquent de se pincer les doigts. On devrait choisir des boîtes ou des coffres peu profonds ; en effet, il sera alors inutile de les vider complètement lorsqu'on y cherchera un objet. Les vieilles boîtes de savon à lessive dont le dessus a été retiré sont idéales pour remiser les revues et les catalogues qui serviront au découpage et au collage. Quant aux caissons de plastique quadrillés (panier à linge, caisse de lait, etc.), ils permettent aux enfants de voir rapidement leur contenu. Une mise en garde s'impose cependant dans l'utilisation de tels caissons : les orifices du quadrillage doivent être

Des bacs larges, peu profonds et non remplis à ras bord permettent à l'enfant de repérer plus facilement les pièces de jeu.

assez grands pour que les enfants ne puissent s'y coincer les doigts et assez petits pour qu'ils ne puissent y glisser la main. L'aménagement et l'équipement d'un service éducatif doivent permettre une sécurité irréprochable en tous points. Le bien-être physique des enfants doit être la priorité de l'éducatrice.

Encadré 8.1   Éléments de base à considérer pour le rangement

- Objets de jeu sécuritaires et faciles à manipuler par les enfants.
- Accès facile au matériel sans avoir à trop se pencher ou à s'étirer.
- Étagères robustes, basses, ouvertes et clairement étiquetées.
- Tablettes et crochets accessibles aux enfants.
- Chaises faciles à déplacer par les enfants.
- Armoires et tiroirs simples à ouvrir et dont le contenu est clairement identifié par des symboles faciles à décoder.
- Contenants de plastique transparents, sans orifices, faciles à repérer, à manipuler, à ouvrir et à transporter.
- Contenants, casiers et équipement de rangement faciles à nettoyer (eh oui ! Il faut nettoyer de temps en temps).
- Matériel dangereux, fragile ou coûteux mis hors de la portée des enfants et utilisé sous la supervision étroite de l'adulte.
- Logiciels, disques compacts et cédéroms protégés et rangés à l'abri de la poussière.

Un système de rangement bien organisé ajoutera à la durabilité du matériel ; de plus, cela permettra aux enfants de prendre des initiatives pour organiser leurs propres jeux. Par exemple, en étant capables de reconnaître aisément le jeu de table recherché, en prenant facilement un tricycle ou en repérant seuls les feuilles pour faire leur dessin, les enfants répondent à leurs besoins tout en accroissant leur autonomie. En apportant son aide, l'éducatrice doit voir à ce que les enfants rangent correctement le matériel utilisé ; en les encourageant à trouver, à déplacer,

L'ordre et la logique relèvent d'une importance
capitale dans le repérage des jouets.

à utiliser et à remettre le matériel à sa place dans un environnement
adéquat, elle favorise chez eux le sentiment de compétence et de
responsabilisation indispensable à la construction de l'estime personnelle.

> Un environnement ordonné de manière logique encourage les en-
> fants à ranger, aide l'éducatrice à se sentir plus en contrôle du groupe
> et contribue à faire du local un milieu de vie sécuritaire et agréable
> pour tous.

Évidemment, rassembler les objets semblables au même endroit
— les blocs dans le coin blocs, les livres dans le coin lecture, le matériel
d'arts plastiques ensemble — s'avère logique en matière de rangement.
Par contre, dans un contexte de pédagogie démocratique où la

polyvalence du matériel est souhaitable – la pâte à modeler peut servir autant dans le coin arts plastiques que dans le coin cuisine –, il peut être avantageux de mettre ensemble du matériel de nature différente. En effet, en voyant sur une même tablette des objets ayant des fonctions communes comme des perles, des bouts de paille, des bouts de laine, les enfants sont stimulés à fabriquer des colliers et des bracelets. Cependant, si ce matériel se trouve à divers endroits dans le local ou, pire encore, s'il demeure hors de leur portée ou de leur champ de vision, les enfants sont moins enclins à créer des associations d'idées pour de nouveaux jeux. Pensons à des imagiers sur le thème du multiculturalisme qu'on placerait volontairement à proximité des disques de chansons ethniques : la disposition de ce matériel pourra inciter les enfants à écouter la musique du seul fait qu'elle se trouve accompagnée d'éléments visuels. Il suffit parfois d'un simple changement apporté à l'organisation spatiale du matériel pour piquer la curiosité et stimuler la créativité des enfants.

En ayant à sa vue et à sa portée les accessoires servant aux jeux de rôles, l'enfant est davantage porté à s'en servir.

L'activité de rangement fournit une occasion idéale de sensibiliser les enfants au respect des objets et de l'équipement qui composent leur environnement. On doit éviter à tout prix d'empiler du matériel sur les tablettes et de mélanger les objets dans des boîtes, par exemple, les accessoires de déguisement, car les enfants auront de la difficulté à les reconnaître et deviendront, par conséquent, moins intéressés à s'en servir. D'autre part, les problèmes d'encombrement sur les tables ou au sol sont souvent occasionnés par la présence d'objets qui n'ont pas à faire partie du paysage quotidien du service éducatif : pots de colle, balais, cerceaux, etc. Il vaut mieux ranger ce matériel à sa place et le sortir en temps opportun.

B. La participation des enfants

Pour l'enfant, ranger et nettoyer signifient souvent faire cesser le plaisir qu'il a à jouer, ce qui peut être très frustrant. Intéresser les enfants aux activités de rangement et de nettoyage représente un défi important pour l'éducatrice. Elle peut en faire une occasion pour sensibiliser les enfants aux avantages de l'ordre et de la propreté des lieux. La période de rangement doit leur permettre de développer une attitude responsable face au matériel selon leur stade de développement. Par exemple, l'éducatrice peut encourager les enfants à lui signaler toute perte ou bris de matériel. Elle peut aussi leur faire voir les inconvénients du désordre (la difficulté de retrouver les objets de jeu, la perte de pièces d'un casse-tête qui empêche de le faire au complet, l'endommagement des livres si on les laisse traîner, le risque de trébucher en laissant des objets au sol) ou de la malpropreté (les débris de nourriture laissés au sol qui favorisent la formation de bactéries nuisibles à la santé). À l'occasion, l'éducatrice peut présenter une histoire intéressante pour sensibiliser les enfants en ce sens.

Il faut se rappeler que c'est petit à petit que la motivation pour le rangement s'installe dans les habitudes de vie des enfants. Évidemment, l'exemple donné par l'adulte joue un rôle capital dans leur apprentissage. Il doit être cohérent et convaincant pour les enfants.

Les règles d'utilisation du matériel de même que les conséquences face au non-respect de celles-ci doivent être comprises des enfants. En SGMS et en maternelle, elles peuvent être établies et appliquées en collaboration avec les enfants.

C.   Le rangement à l'extérieur

Le rangement à l'extérieur devrait avoir le mérite d'être aussi stratégique que celui prévu pour l'intérieur. Parce qu'il doit être replacé dans un cabanon ou rentré à l'intérieur à la fin de chaque journée, le matériel utilisé pour les jeux extérieurs doit être prévu en conséquence : un équipement mobile, un cabanon pour protéger le matériel des intempéries et du vol en plus d'avoir un accès facile et fonctionnel, un recouvrement résistant pour le carré de sable afin de réduire son entretien, des chariots à roulettes dont les enfants pourront se servir pour déplacer et replacer les objets de jeu, etc. Ces conditions ne pourront que diminuer la tâche déjà grande de l'éducatrice lors des sorties à l'extérieur et agrémenter le travail de rangement dans son ensemble.

La question du rangement à l'extérieur et de l'entretien de la cour offre une belle occasion d'éveiller les enfants à la protection de l'environnement et à l'écologie. Prendre soin d'un arbre, mettre les déchets à la poubelle, ramasser les feuilles mortes pour ensuite les envoyer à la récupération ne sont que quelques-unes des actions qui permettent de sensibiliser les enfants à prendre soin de leur environnement.

La sécurité dans les aires de jeux extérieures doit prévaloir en tout temps. L'éducatrice et son équipe auront avantage à consulter *Le Guide des aires de jeu 98* publié par la Direction de la santé publique de la Montérégie.

D.   L'étiquetage

Pour optimiser l'efficacité du système de classement, l'identification visuelle des objets (contenants, cassettes, boîtes, etc.) et des emplacements (coin scientifique, tablettes pour les jeux de table, etc.) s'impose. Un bon étiquetage est attrayant, explicite, sécuritaire et durable. Il peut être fait simplement à l'aide de photos, de dessins, d'images de dépliant ou de circulaire, de tracés du contour de l'objet ou de symboles, tous des moyens qui aident les enfants à trouver et à remettre le matériel à sa place. Pour les jeunes lecteurs, un simple mot écrit sur un contenant peut faire l'affaire ; pour les petits, un objet collé sur la boîte de rangement, par exemple un crayon feutre apposé sur la boîte de crayons feutre, s'avère la méthode la plus simple de classification et de repérage. Dans le cas où les enfants d'âge préscolaire manifestent un intérêt pour les lettres et les mots, l'éducatrice peut nourrir leur curiosité en inscrivant le nom de l'objet à côté de l'image correspondante.

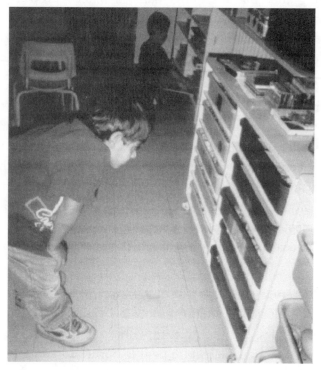

Chaque tiroir de rangement doit être bien identifié par une image explicite.

Puisque la perte de pièces de jeu semble être un problème courant en services éducatifs, on doit penser à une façon efficace d'effectuer leur rapatriement. Mettre un point de même couleur à l'endos de chacun des morceaux d'un casse-tête, par exemple, est un moyen efficace envisagé comme solution. Ce système aide certainement les enfants à replacer dans la bonne boîte les pièces qui vont ensemble. Pour un casse-tête à encastrement auquel il manque un morceau, un X tracé à l'endroit de la pièce perdue évite d'avoir à la chercher inutilement.

8.2   LE NETTOYAGE

Si l'organisation systématique est une caractéristique majeure d'un service éducatif sain et harmonieux, la propreté des locaux y joue aussi une grande place. En effet, sans chercher à avoir un environnement aseptisé, l'éducatrice doit accorder autant d'importance à la propreté qu'au rangement. Ici encore, on peut solliciter la participation des enfants de diverses manières.

Quel enfant n'aime pas avoir la responsabilité de passer un linge sur la table après le dîner ou de nettoyer les pinceaux dans l'évier ce qui devient vite un passionnant jeu d'eau ou de balayer le plancher après une activité de découpage ou bien de laver la vaisselle après une activité culinaire ? Les enfants se sentent valorisés d'accomplir des tâches d'adulte surtout quand en plus, l'éducatrice prend la peine de les remercier et de faire remarquer l'importance de leur geste. « Ces tâches, satisfaisantes en elles-mêmes, prennent encore plus de valeur aux yeux de l'enfant lorsque l'éducateur souligne leur utilité pour tout le groupe. » (Hendrick, p. 295)

En services éducatifs, de nombreux travaux nécessitent la collaboration de plusieurs enfants, ce qui a l'avantage de renforcer leurs habiletés sociales. Par exemple, un enfant ramasse les retailles au sol avec un balai tandis qu'un autre tient le porte-ordures, un jeune lave la vaisselle du coin maison pendant que son compagnon l'essuie, etc.

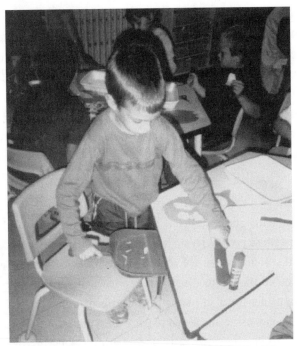

Un petit balai et un porte-ordures facilitent le
ramassage des bouts de papier.

Rien ne remplace le savon, l'eau et un bon linge pour nettoyer
les surfaces sales et enlever les microbes dans l'environnement du service éducatif. Toutefois, certains objets ou surfaces exigent une désinfection spéciale après cette première étape de nettoyage. Les règlements
concernant les centres de la petite enfance énoncent des principes clairs
sur la désinfection ; les personnes concernées doivent les appliquer ri-
goureusement (articles 72 et 77.1 du *Règlement sur les centres de la petite
enfance*). Évidemment, les enfants ne peuvent participer à cette partie du
processus de nettoyage à cause de la nocivité des produits chimiques
utilisés. Mais comme on l'a vu précédemment, les enfants ont l'occasion de participer à d'autres types de nettoyage. Pensons aux activités
de modelage dont les matériaux laissent souvent des résidus sur les

tables et le plancher. Avant de retirer leur tablier, à la fin de l'activité, les enfants peuvent remettre le plus gros de la pâte à modeler ou de l'argile dans leur contenant et puis enlever les particules restantes sur leurs mains et sur la table à l'aide d'un papier brun ou d'un outil à modelage avant de jeter le tout à la poubelle. Cette méthode comporte l'avantage d'éviter l'obstruction des renvois d'eau occasionnée par la présence de pâte à modeler dans l'évier. Un nettoyage de la table avec de l'eau savonneuse et un linge complétera la tâche. Un lavage des mains sera également nécessaire avant de passer à l'activité suivante.

Comme le modelage, la peinture tactile, aussi appelée peinture aux doigts, suscite généralement l'enthousiasme chez les enfants. Alors pourquoi les en priver! Qu'on utilise un produit commercial, une recette maison, un mélange de fécule de maïs et d'eau ou encore de la crème à raser, le matériau choisi peut être utilisé directement avec les mains, sur la table, pour la plus grande joie des enfants. Une fois l'activité terminée, on effectue le nettoyage des mains et des surfaces sales de la même façon que pour la pâte à modeler, c'est-à-dire en enlevant d'abord le surplus à l'aide d'un papier essuie-tout ou d'un papier brun. En plus d'annoncer clairement aux enfants la fin de l'activité, cette étape réduit la durée du lavage des mains et du nettoyage dans son ensemble, tout en ménageant la tuyauterie de l'évier. L'éducatrice peut alors procéder au nettoyage final de la table pendant que les enfants se lavent les mains sous le robinet ou dans un seau d'eau si les lavabos se trouvent loin du local.

Plusieurs fois par jour, l'éducatrice a à laver les tables, soit avant et après la collation ou après une activité salissante. Elle utilise alors un nettoyant qu'elle applique le plus souvent avec un vaporisateur qu'elle actionne au-dessus des surfaces à nettoyer.

Afin d'éviter la dispersion dans l'air du nettoyant, qui finit par retomber en fines gouttelettes sur les enfants et sur les surfaces qu'ils touchent régulièrement, il est recommandé de le vaporiser directement sur le linge de nettoyage. C'est la façon la plus sûre de préserver la santé des enfants en leur évitant l'inhalation et le contact avec les particules invisibles du produit chimique. C'est une habitude à prendre qui s'ajoutera à l'ensemble des gestes témoignant du professionnalisme des éducatrices.

8.3   LES ATTITUDES DE L'ÉDUCATRICE

Il est important de tout mettre en œuvre pour favoriser le déroulement harmonieux des activités de rangement et de nettoyage. Outre les mesures à prendre pour assurer l'efficacité du système de rangement et de l'organisation spatiale, on a vu qu'il fallait accompagner les enfants dans l'apprentissage des habiletés requises pour qu'ils puissent participer aux nombreuses activités de transition. Par surcroît, les interventions directes de l'éducatrice, ses gestes, ses paroles, etc. jouent un rôle déterminant dans la satisfaction procurée par les activités de rangement et de nettoyage.

A.   Planifier la présentation du matériel de jeu

On peut croire qu'un grand nombre de jouets étalés au sol ou sur une table accroît l'intérêt des enfants pour le jeu ; pourtant, il n'en est rien. Devant un choix trop vaste et une présentation désordonnée des objets de jeu, les enfants se sentent souvent envahis ; ils peuvent aussi avoir de la difficulté à repérer le matériel et à organiser leurs jeux. Plus que la quantité, il faut miser sur la variété du matériel et sur sa pertinence avec l'intérêt et les capacités des enfants. Il importe de leur donner l'occasion de faire des choix en mettant les jouets à leur disposition d'une façon attrayante. Pour encourager les enfants à jouer, il ne sert à rien de sortir tous les jeux chaque jour.

Puisque les enfants apprécient la nouveauté, une rotation régulière des objets de jeu permet d'offrir une diversité qu'ils apprécient beaucoup. Par ailleurs, un échange de jeux entre groupes ou un emprunt fait à une ludothèque apporte de la variété dans les activités des enfants en plus de réduire les frais d'achat et d'éviter l'encombrement de l'espace souvent restreint des services éducatifs.

B.   Avoir des attentes réalistes

Le rangement et le nettoyage demeurent des tâches imposées aux enfants par les adultes. Une fois arrivé le temps de nettoyer ou de ranger, les enfants manifestent davantage l'envie de poursuivre leur jeu que de s'adonner de bon gré au rangement ; l'éducatrice ne peut s'attendre à un enthousiasme spontané et débordant des enfants, encore moins si cette tâche la rebute elle-même. Il est normal qu'ils n'aiment ni ranger ni nettoyer, car ils ne comprennent pas l'utilité de cette activité, compréhension qui requiert notamment une maturation intellectuelle qui se fait par étapes. Puisqu'ils ont une conscience accrue de la notion du temps et une perception plus précise de la sensation de faim exprimée par leur corps, les enfants de 4 à 7 ans, par exemple, se dépêcheront de ranger et à de se laver les mains pour se mettre à table afin de pouvoir enfin manger.

C'est avec de la persévérance et du tact que l'éducatrice arrivera, au fil des expériences, à faire saisir aux enfants la raison d'être des activités de rangement et de nettoyage.

Puisque l'affirmation de soi marque généralement le développement sain des enfants, il est préférable de leur présenter l'activité de rangement de manière non dogmatique pour éviter des confrontations inutiles. Avec des enfants qui se trouvent dans une phase d'opposition face à l'adulte, il vaut mieux user de stratégie leur donnant, par exemple, le choix entre deux objets à ranger, en leur proposant de relever un défi personnel, en considérant leur résistance tout en les amenant avec doigté à accomplir ce qu'on demande. Les enfants de deux ans sont naturellement des « déménageurs » ; pour les aider, l'éducatrice peut leur accorder une attention particulière et animer, par exemple, un jeu qui les amènera à ranger de la bonne façon et non seulement de déplacer les objets d'un endroit à un autre. Si l'éducatrice a des attentes raisonnables, son attitude aidera à créer une atmosphère de détente pendant la période de transition du rangement et du nettoyage, même si ces activités demeurent impopulaires chez la plupart des enfants.

Avoir des attentes réalistes quant aux capacités et à la motivation de ranger des enfants signifie également qu'il faut tenir compte des fluctuations d'énergie au cours d'une journée, des périodes critiques dans la vie d'un enfant, du processus d'adaptation d'un nouvel enfant, de l'obstination propre aux petits de deux ans, du besoin d'argumenter des huit ans, des jours précédant les longs congés, ou encore des journées où tout le monde semble agité ou maussade.

> On reconnaît volontiers que la grande capacité d'adaptation de l'éducatrice constitue l'une des compétences indispensables dans l'exercice de sa profession.

Bien qu'il soit préférable de ne pas répéter les consignes trop souvent, il faut savoir qu'elles sont indispensables et nécessaires dans l'apprentissage des règles de vie en services éducatifs ; ce sont plutôt les rappels autoritaires assortis de longues explications, les récriminations, les comparaisons ou les menaces qui sont inutiles. Pour réactiver efficacement dans le cerveau de l'enfant ce qu'il doit faire lorsque vient le temps de ranger, il vaut mieux recourir à des méthodes qui lui procurent des sensations agréables et adaptées à son niveau de développement. Il est reconnu que l'enfant apprend par le plaisir. Il revient donc à l'éducatrice de faire en sorte que les activités de rangement et de nettoyage prennent le plus souvent possible l'allure d'un jeu au lieu d'une corvée.

Encadré 8.2   Moyens pour amener les enfants à participer aux activités de rangement et de nettoyage

- Installer le matériel à la portée de l'enfant.

- Tenir compte de la taille et des capacités des enfants dans le partage des tâches.

- Pour les bambins, mettre en place des activités brèves qui aboutissent à un court rangement que les enfants réussiront facilement et dont ils seront fiers.

- Amener les enfants de 4 ans et plus à trouver des solutions à leurs problèmes : désintéressement, inattention, dissipation, etc.

- Surprendre le groupe par une mise en situation amusante : « Le coin de menuiserie a besoin d'aide, qui peut aller l'aider ? »

- Distribuer des responsabilités aux enfants qui leur donnent l'impression d'être compétents.

- Encourager un enfant à ranger en l'interpellant par son prénom.

- Faire fabriquer par les enfants une affiche qui rappelle les procédés de nettoyage à appliquer après une activité salissante.

Une activité qui prend cinq minutes à mettre en place ne devrait pas nécessiter un rangement de plus de cinq minutes ; ainsi, il devient moins frustrant pour l'éducatrice de voir les enfants ne s'intéresser à l'activité que quelques minutes. Ce conseil vaut principalement pour les bambins réputés préférer les activités de courte durée.

Pour prévenir le désintéressement habituel d'un enfant face au rangement, l'éducatrice peut s'installer près de lui en début d'activité et le stimuler. « Par quoi vas-tu commencer, Anthony, pour remettre les déguisements à leur place ? » « Quel jeu aimerais-tu qu'on fasse pour ranger les blocs ? Les compter ou faire le jeu du photographe ? » « Regarde sur ce tiroir, Alexandre. Tu peux voir dessus ce que tu dois mettre dedans. » Les enfants ayant des difficultés d'attention et qui ont l'habitude de se perdre dans leur monde imaginaire ont besoin d'un petit coup de pouce pour en sortir et ranger leurs effets personnels ou les

En plus d'être appréciée des enfants, la peinture à l'eau sur le mur extérieur ne requiert pas de nettoyage.

objets de jeu. L'éducatrice doit s'armer de patience pour aider ces enfants à organiser le rangement de façon séquentielle : premièrement, deuxièmement, troisièmement, etc. Cette approche nécessite de l'énergie et du temps, mais elle porte fruit à plus ou moins long terme.

Pour demeurer réaliste, il faut également essayer de comprendre le point de vue de l'enfant, se mettre à sa place selon son stade de développement, son tempérament, son contexte de vie familiale, etc. Cette attitude aidera à prévenir les difficultés susceptibles de survenir chez quelques enfants lors du rangement ou du nettoyage.

C.   Favoriser divers apprentissages

Malgré leur impopularité, les activités de rangement et de nettoyage constituent des apprentissages de grande valeur pour le développement des enfants. D'une part, sur le plan socioaffectif, ceux-ci
peuvent apprendre à soigner leur environnement, à respecter le matériel, à se responsabiliser et à s'entraider, surtout si l'éducatrice fait régulièrement et tacitement la promotion de ces activités. « Qui est gentil
d'aller aider Roxane à remettre les perles dans leur boîte ? » « Merci,
Christophe, de donner un coup de main à Fabiola dans le coin des
blocs. » « Gwen, je vois que tu prends bien soin des crayons en les
replaçant dans leur boîte. » « Qu'as-tu oublié de ranger, Jean-Pascal ? »
D'autre part, trier, classifier les objets, dénombrer, retrouver leur place
respective, s'orienter dans l'espace, décoder un pictogramme sur une
étiquette, se veulent des exercices propices au développement intellectuel. En effet, il n'y a pas que les activités formelles de logique comme
l'éveil scientifique qui permettent de faire croître chez les enfants le
sens de l'observation et de spatialisation, l'habileté de sériation et de
déduction ainsi que la capacité de résolution de problèmes. En leur
demandant de ranger les jouets par pairage (les boîtes identifiées par
des pictogrammes « soleil » sur la tablette indiquée par le même symbole), par fonction (les accessoires de déguisement ensemble), par couleur (les contenants bleus dans le coin maison) ou par dimension (petits
blocs, gros blocs, etc.), l'éducatrice favorise les capacités de classification et de mémorisation relevant de leur potentiel intellectuel. Sur le
plan psychomoteur, on retrouve des habiletés de dextérité manuelle
comme laver adéquatement les pinceaux, refermer une boîte, remettre
les bouchons sur les tampons encreurs et les ranger ensuite dans leur
boîte, plier sa housse de matelas et la remettre dans son casier, etc. Sur
le plan du langage verbal, l'identification juste des objets, l'utilisation
de nouveaux mots de vocabulaire, les échanges verbaux entre les enfants ou avec l'éducatrice, les jeux de rôles pour agrémenter la tâche
ainsi que les chansons fredonnées s'ajoutent aux apprentissages langagiers

générés par les expériences de rangement et de nettoyage. De son côté, l'aspect affectif est touché en partie par la valorisation obtenue de ses réussites.

Il ne faut pas craindre les répétitions avec les enfants de 2 et 3 ans. En refaisant la même expérience, en reprenant le même procédé, les enfants de cet âge prennent de l'assurance, ce qui facilite la période de rangement subséquente. De toute façon, si les enfants se lassent de refaire les mêmes jeux de rangement, ils finiront bien par le signaler clairement à l'éducatrice.

Il faut savoir profiter de diverses occasions pour mettre le rangement en valeur. Outre la fin des périodes conventionnelles de jeu, il est souhaitable d'encourager le rangement et le nettoyage associé aux tâches routinières (empiler les verres vides après la collation, replacer les matelas dans l'armoire, passer le balai sur le patio avant de s'asseoir pour prendre la collation à l'extérieur, etc.) sans oublier les périodes de jeux au parc ou les événements spéciaux.

> Les activités de rangement offrent des occasions propices pour favoriser le développement global des enfants. Il revient à l'éducatrice de tirer parti de ces occasions au maximum.

D. Prévenir les enfants

Lorsqu'on leur annonce à l'avance que le moment du rangement ou du nettoyage approche, les enfants sont davantage enclins à réagir favorablement. Si l'éducatrice les prévient quelques minutes avant la fin d'une activité, ils se prépareront le plus naturellement possible pour passer à la suivante et, par conséquent, au rangement. En plus de la traditionnelle consigne verbale « C'est le temps de ranger », que l'enfant finit par ne plus entendre, un signal visuel (clignotement des lumières, un signe de la main, etc.) ou sonore (une chanson, un son de triangle, une musique agréable, etc.) convient bien pour faire l'annonce du rangement. On peut aviser les plus vieux qui savent lire l'heure en leur disant que le rangement et le nettoyage commenceront lorsque la grande aiguille de l'horloge sera rendue à tel chiffre. Lorsque le nettoyage et le rangement se font au fur et à mesure que l'activité se termine, l'éducatrice peut rappeler la consigne à l'enfant qui a oublié : « Que dois-tu faire, Luis, lorsque tu sors de table ? Oui, c'est ça… Tu dois vider et aller porter ton assiette sur le chariot. »

E.   Gérer le temps

Si l'éducatrice se sent pressée par le temps, les enfants seront davantage stressés en abordant le rangement et le nettoyage. Il convient donc de prévoir assez de temps pour effectuer calmement cette tâche, d'où l'importance de faire preuve de souplesse. Une bonne gestion du temps est garante d'un bon déroulement des activités. Dans certains services éducatifs, il est regrettable de constater la pression que doivent subir les enfants, soumis à un horaire qui semble prévu pour répondre avant tout aux besoins des éducatrices et des contraintes de gestion : accélérer la préparation à la sieste pour faciliter le temps de pause des éducatrices, précipiter le rangement des jeux à l'extérieur pour pouvoir satisfaire l'éducatrice qui prend le relais, empêcher la tenue d'une activité salissante parce qu'elle nécessite un nettoyage plus long, etc. En SGMS, l'utilisation de divers locaux exigent une gestion de temps plus rigoureuse. Par exemple, il revient à l'éducatrice la responsabilité de libérer un local à telle heure parce qu'un autre groupe l'utilise. Elle doit prévoir la période de rangement en conséquence.

En matière d'organisation temporelle, les besoins réels des enfants devraient demeurer la priorité.

F.   Faire du renforcement positif

Une remarque constructive : « Je félicite ceux qui rangent rapidement les jeux », un sourire ou un regard approbateur suffisent souvent pour que l'enfant comprenne que nous approuvons son comportement. Nul besoin de recourir systématiquement à un débordement de louanges pour féliciter les enfants de participer au rangement ou au nettoyage. « Bravo ! Tu es bon… Tu es très gentil… C'est beau… Super… Tu es une championne extraordinaire… Etc. » Il est préférable de garder ces compliments pour des situations qui les justifient vraiment pour bien montrer à l'enfant la démarcation entre ses différents niveaux de dépassement.

> Souvent, il suffit de commenter les actions des enfants pour les voir prendre part à l'activité. « Je vois, Andrew, que tu sais très bien laver les pinceaux. » « C'est bien, les Libellules, vous mettez vos bottes au bon endroit. » « Que c'est agréable de jouer à une table bien nettoyée ! » Etc.

Avec un peu d'observation, l'éducatrice peut arriver à décrire de manière personnalisée les comportements souhaités : « Tu te rappelles comment ranger les livres sur le présentoir ! Tu as vraiment une bonne mémoire, Filipe. »

Il est préférable d'encourager les enfants à se dépasser eux-mêmes, à battre leur propre record au lieu de les soumettre à une comparaison avec leurs pairs : « Je gage que tu vas ranger tes jouets plus vite qu'hier. » « Je suis sûre que tu pourras replacer les poupées au bon endroit cette fois-ci. » « Jessie, je sais que tu es capable de lire les étiquettes sur les tablettes pour remettre les livres à leur place. »

Si un enfant éprouve une difficulté quelconque à ranger — désintéressement, maladresse, distraction ou enfant qui ne se sent pas concerné par le rangement de certains jeux, etc. —, l'éducatrice peut se placer près de lui et le soutenir de la façon qui semble le plus profitable possible, lui donner une tâche facile, mais tenir à ce qu'elle soit accomplie. « Il manque deux morceaux au casse-tête. Regarde sous la table pour voir s'ils sont là. » « Montre-moi que tu sais comment remettre ces blocs dans le bon contenant. » « Je te mets en charge de nettoyer cette partie du plancher. Merci d'avance ! » « Comment peux-tu ranger les petites autos pour qu'on les retrouve facilement ? » Etc.

G.   Faire vivre les conséquences naturelles

Quand un enfant fait un dégât – renverse un verre de lait, joue avec l'eau du robinet à la salle de toilette, échappe de la pâte à modeler sur le plancher, se salit le visage avec de la peinture, etc. –, il est préférable de le faire participer au nettoyage au lieu de le faire à sa place ou de le gronder. L'apprentissage par ses erreurs en montre davantage aux enfants que les réprimandes verbales et l'humiliation qui en découlent souvent. La discipline vue sous l'angle de la pédagogie démocratique met l'emphase sur la réparation des erreurs au détriment de la punition. La conséquence naturelle d'un comportement peut aussi être positive. Par exemple, ranger un jouet à la bonne place permet à l'enfant de le retrouver rapidement et de jouer avec celui-ci plus longtemps.

H.   Être soi-même active

Participer soi-même au rangement offre aux enfants un exemple concret qui les incite à emboîter le pas. De plus, en apportant son aide, l'éducatrice leur inculque l'esprit de coopération. « Veux-tu que je t'aide à nettoyer la table ? » Même si les enfants semblent réticents à ranger après qu'on leur ait demandé, il n'est pas rare de les voir participer en voyant les gestes concrets de l'adulte. D'autant plus que le rangement fait en parallèle devient le moment tout indiqué de parler avec les enfants du jeu qu'ils viennent de faire, du plaisir qu'ils ont eu à jouer, du conflit qu'ils sont arrivés à résoudre ou du partage qu'ils ont réussi pendant la période précédente d'activités.

I.   Favoriser le rangement progressif

À certaines occasions, il est bon d'amener les enfants à ramasser au fur et à mesure qu'ils terminent leur activité de jeu et avant d'en commencer une autre afin d'alléger la période de rangement finale. En d'autres moments, le rangement gagne à être effectué plus tard, par exemple, dans le cas d'un casse-tête entamé que d'autres enfants aimeraient poursuivre. L'éducatrice doit évaluer la situation et amener les enfants concernés à prendre la décision qui semble la meilleure. Lorsqu'un enfant doit quitter le service éducatif plus tôt, on peut prendre une entente avec lui. Par exemple, l'enfant range ses jeux avant son départ, mais dans le cas où il joue avec un compagnon, il vérifie auprès de celui-ci s'il veut encore jouer avec le jeu et, si ce n'est pas le cas, il participe alors au rangement. Évidemment, dans pareille situation, on tient compte de l'âge des enfants et du contexte.

8.4   DES JEUX POUR S'AMUSER À RANGER OU À NETTOYER

Après une activité, les enfants manifestent souvent un besoin de changement qui les porte à courir dans le local, à se chamailler entre eux, à s'émoustiller. Il est alors essentiel de leur présenter le moment du rangement en utilisant une approche qui invite au plaisir de manière à ce qu'il se déroule le mieux possible. Répéter la consigne plusieurs fois par jour : « C'est le temps de ranger. Allez, il faut ramasser ! » finit par blaser les enfants. Même qu'après un certain temps, qui vient souvent plus vite qu'on ne le souhaiterait, les enfants finissent par ne plus entendre le message devenu usé et inefficace. Avec un peu d'imagination et de stratégie, l'éducatrice peut avoir recours à une panoplie de moyens qui encourageront naturellement les enfants à participer. Il est bon de varier en cours d'année les moyens choisis.

A.   À chacun son boulot

L'éducatrice distribue un rôle précis à chaque enfant pour le rangement des jouets. « Marianne, tu ranges les crayons, Félix, toi, tu mets les feuilles dans le bac à récupération, etc. » Parfois, la pige au hasard facilite l'attribution des tâches ; mais en répartissant le travail de rangement avec tact, cela permet parfois de contrer les réticences ou le refus de certains enfants à y prendre part. Pour ramasser du papier qui traîne au sol, on peut aussi dire : « Nous allons tous mettre quatre morceaux dans le bac à récupération. » C'est un moyen rapide, efficace et équitable.

B.   Vive l'imagination !

Qu'il est amusant de créer des rôles et des personnages imaginaires ! Par exemple, se transformer en astronaute dans l'espace qui dépose lentement les blocs dans la boîte, devenir livreur de matériel d'artiste pour replacer les crayons et le papier sur leur tablette, être des personnes qui magasinent des jouets à ranger, etc. L'éducatrice peut s'inspirer des intérêts manifestés par les enfants au cours de leurs jeux pour présenter un petit scénario et intégrer des personnages qui agrémenteront le rangement ou le nettoyage. Si des enfants font semblant d'être des robots dans le coin construction, l'éducatrice peut les inviter à continuer leur rôle pour la période du rangement. « Les robots se préparent maintenant à replacer leur jouet à leur place. Etc. »

Il peut être intéressant d'effectuer le rangement en s'imaginant porter des lunettes de scientifique ou bien une lorgnette de pirate qui voit tout ce qui traîne ou encore, en enfilant ses gants de magicien capables de remettre le matériel au bon endroit ou de laver la table. En jouant au détective ou au photographe, l'éducatrice a un prétexte lui permettant de vérifier si les objets retournent bel et bien à leur emplacement respectif. Au fil des expériences, ce rôle d'inspecteur peut être joué par un enfant.

C. Un brin de complicité

L'éducatrice propose un jeu où elle encourage directement les enfants : « Je ferme les yeux. Dis-le moi quand tu as fini de ranger tes jouets et je compterai combien tu en as mis sur la tablette. » ou encore « Je t'applaudirai lorsque tu auras terminé de ramasser tes blocs. » Pour l'enfant, jouer à ranger présente un intérêt qu'il ne faut pas négliger d'exploiter ; en laissant place à un peu de complicité, on remplace avantageusement les trop nombreuses consignes verbales, sans parler des interventions disciplinaires qui finissent par prendre le dessus lorsque les limites de l'éducatrice font surface.

D. L'époussetage

Ce jeu consiste à proposer aux enfants de passer un linge humide sur la tablette avant de ranger le jouet dessus. Les plus petits adorent imiter les gestes des adultes ; cela leur plaira de faire du ménage de cette façon et leur permettra de les initier au rangement.

E. Le dénombrement

Il s'agit ici de compter tout haut le nombre de jouets ramassés par les enfants. À partir de trois ans les enfants se montrent habituellement intéressés : « Un jouet, deux jouets, trois jouets… Tu ramasses beaucoup de jouets, Jason. » Les enfants d'âge scolaire aiment faire l'apprentissage de mots de langue étrangère. Ils peuvent apprendre à compter en anglais, en espagnol, en italien, etc. Les enfants issus de différents groupes ethniques peuvent montrer à leurs compagnons des chiffres de leur langue maternelle.

F. L'aspirateur magique

Les enfants font semblant de passer l'aspirateur qui gobe les retailles tombées au sol après une activité de découpage, par exemple.

Ils peuvent faire le jeu en imitant le bruit de la machine qui aspire les papiers, qui dévore tout ce qui traîne sur son passage. Les enfants peuvent avoir un réel plaisir à s'adonner à ce genre de simulation. Un vrai balai aide à rassembler les jouets éparpillés. On pourrait l'appeler le balai magique.

G. Que veux-tu ranger ?

Inviter les enfants à faire des choix : « Que veux-tu ranger, Lee Ann ? » « Michaël, veux-tu ranger les marionnettes ou les crayons ? Tu as le choix. C'est à toi de décider. » Les enfants apprécient pouvoir choisir même lorsque les choix sont très limités.

H. Place à la musique

Il peut être intéressant d'agrémenter la séance de rangement en faisant entendre des musiques variées aux enfants, qui aiment généralement les musiques entraînantes et rythmées. Le répertoire musical offert sur le marché est des plus intéressants : *reel*, musique africaine, rap, tango, valse, musique militaire, gospel, blues, etc. On invite les enfants à ranger en suivant le tempo lent ou rapide des extraits musicaux entendus. Basé sur le principe de la chaise musicale ou de la statue, le déroulement du rangement peut être entrecoupé d'interruptions musicales. Cependant, pour éviter une stimulation excessive des enfants, il est sage de terminer l'activité par une musique calme.

I. Des jeux parallèles de fin de rangement

Pour les enfants qui ont fini de ranger, on peut organiser un jeu parallèle de courte durée, facile à présenter et à interrompre : devinettes, mimes, chansons, jeux d'observation, etc. « Quels objets de couleur jaune avons-nous dans notre local ? » « Comment s'appelle la saison où les feuilles tombent au sol ? « Repassons la chanson qu'on a apprise ce matin avant d'aller en ateliers. » Etc.

J.　Un défi pour toi

Des petits défis d'habiletés sont lancés aux enfants : « Qui peut ranger trois jouets ? » « Qui a des bras capables de remettre ce camion à sa place ? Qui peut aller porter son matelas en faisant le moins de bruits possible ? Etc. » Quel enfant n'est pas intéressé à se dépasser ou à faire valoir ainsi ses capacités ?

K.　Minutage

- À l'occasion, on peut stimuler les enfants à ranger rapidement avant que la minuterie ou le chronomètre réglé à cinq minutes ne sonne, que le sable du sablier ne soit complètement rendu au fond ou que la grande aiguille de l'horloge n'arrive en haut.

- Pour ranger le plus vite possible, proposer un jeu de vitesse, une sorte de top chrono : 5, 4, 3, 2, 1, c'est parti…

- Faire jouer ou chanter une chanson connue des enfants et leur demander de ranger avant qu'elle ne finisse.

  N.B.　Il est sage de ne pas abuser de ce type de jeu pour éviter de générer un stress supplémentaire chez les enfants.

L.　Rangement à relais

Après s'être placés en ligne, les enfants effectuent le rangement en se passant le matériel de l'un à l'autre jusqu'à sa destination finale, un peu comme s'il s'agissait d'un travail à la chaîne dans une usine.

M.　Une démonstration vaut mille explications

On peut recourir aux compétences d'un enfant pour montrer aux autres comment bien ranger tel jouet ou remettre tel matériel comme il faut, à sa place. Les enfants manifestent souvent un intérêt accru pour exécuter une tâche lorsqu'un de leurs pairs joue le rôle de meneur.

N. Des jouets qui parlent

L'éducatrice fait parler les jouets qui se disent heureux de retourner à leur place habituelle. « Merci Jessica de bien me ranger. Je peux mieux me reposer lorsque tu me remets comme ça à ma place. » « Je suis contente que tu me montres aux autres en m'accrochant sur la corde », dit l'œuvre d'art de Félix.

O. Déplacement original

Les enfants marchent de manière originale pour transporter des jouets à ranger. Sur une jambe, à pas de tortue, comme un pingouin, en tenant l'objet avec une seule main, etc. L'éducatrice peut demander des idées aux enfants pour varier le jeu d'une fois à l'autre.

P. Le jeu de « Jean dit »

Un classique ! Le jeu de Jean dit est repris ici pour intéresser les enfants au rangement ou au nettoyage ; ils exécutent la tâche demandée seulement s'ils entendent Jean dit dans l'énoncé : « Jean dit de ranger les papiers dans leur contenant. » Etc.

8.5   CHANSONS

Rien de mieux que des comptines ou des chansons pour annoncer ou agrémenter les activités de rangement et de nettoyage ; ce moyen a généralement la faveur des enfants même si, étonnamment, ils ne sont pas portés à chanter en même temps qu'ils rangent. C'est d'ailleurs l'un des aspects dont nous reparlerons au chapitre 13, qui porte sur l'utilisation des comptines et des chansons dans les activités de routine et de transition.

1
Y'a pas qu'moi qui range bien

Air traditionnel : Y'a un rat sur mon toit

Y'a pas qu'moi qui range* bien
Je vois... (prénom d'un enfant)
Y'a pas qu'moi qui range bien
Je vois... (prénom d'un enfant) ranger.
Je vois, je vois,
Je vois (prénom) qui range.
Je vois, je vois
Je vois (prénom) ranger.

2
Le temps de ramasser

Air traditionnel : Marie avait un mouton

C'est le temps de ramasser, ramasser, ramasser (ou de nettoyer)
C'est le temps de ramasser, on a bien joué.

3
On a bien joué

Air traditionnel : Frère Jacques

On a bien joué (bis)
Les amis. (bis)
(ou les enfants)
Tout est en désordre (bis)
Faut ranger. (bis)

4
Il faut ranger

Air traditionnel : Meunier, tu dors

Lentement
Il faut ranger, le local, le local
Il faut ranger les jouets à leur place.
Rapidement
On fait vite, on fait vite
On fait vite, vite, vite. (bis)

---

* Variante : remplacer range par nettoie dans le cas de nettoyage.

5
Copains, copines, nous rangeons

Air traditionnel : Ah ! vous dirais-je maman

À la garderie (à la maternelle, au service de garde)
Comme à la maison
Copains, copines nous rangeons
Quand les jeux sont terminés
Et que l'on a bien joué.
À la garderie (à la maternelle, au service de garde)
Comme à la maison
Copains, copines nous rangeons.

6
C'est le temps de ranger

(Se trouve sur le disque compact)

Paroles : Nicole Malenfant
Musique : Monique Rousseau

Il y a un temps pour chaque chose
Manger, jouer, se reposer.
Puisqu'on change d'activités
Voici le temps de ranger. (On peut remplacer ranger par nettoyer)

C'est le temps, le temps de ranger
C'est le temps de bien ranger.
Je vois des enfants qui rangent
Je les vois qui rangent bien.

Chapitre 9

Les rassemblements

CONTENU DU CHAPITRE

Un bon service éducatif arrive à accomplir le miracle de mettre en place plusieurs éléments importants — horaire, aménagement, programme éducatif, qualité des interventions, organisation des activités de transition et de routine, etc. — pour arriver à faire d'une journée une expérience aussi fructueuse pour les enfants que pour les personnes qui s'en occupent. Dans le déroulement des activités en services éducatifs, il y a des moments où les enfants sont appelés à se réunir en grand groupe entre deux périodes d'activités. Ce sont les périodes où se trouvent réunis l'éducatrice et les enfants du groupe.

9.1 LE DÉROULEMENT GÉNÉRAL DES RASSEMBLEMENTS

Les rassemblements constituent des occasions propices pour faire un retour sur les activités précédentes, pour planifier celles à venir, pour distribuer des tâches, pour revenir sur des consignes, pour transmettre des informations, pour partager des expériences vécues, pour faire des choses ensemble (chanter, danser, mimer une histoire, faire des jeux coopératifs, etc.). Généralement de courte durée, les périodes de rassemblement se passent en quatre temps principaux : le début ou le déclencheur, le cœur de l'activité, la fin et le rangement, s'il y a lieu, et le déplacement vers l'activité suivante.

Il importe que le début du rassemblement soit simple et agréable. Dans une approche démocratique où les enfants sont gardés actifs et non passifs, ces moments sont tout indiqués pour renforcer le sentiment

Un rassemblement peut débuter par un petit
jeu de concentration.

d'appartenance à un groupe, ce qui aide les nouveaux enfants à s'intégrer. Mettre en branle l'activité sans attendre la venue de tous les enfants peut suffire à inciter les retardataires à se joindre à l'ensemble du
groupe. Il vaut mieux agir en distribuant le matériel, entamer la causerie aussitôt que les enfants arrivent au lieu de rencontre. Un rappel
verbal peut motiver les plus lents à venir retrouver leurs pairs. « Viens
Morgan, il y a une place pour toi dans le cercle. » Cependant, certains
éprouvent un plaisir à regarder le groupe à distance pendant qu'ils terminent leur collation, par exemple. L'éducatrice a alors à juger de la
pertinence de ses interventions, selon la situation et l'âge des enfants ;
parfois, il est préférable de laisser les enfants s'intégrer au groupe à leur
propre rythme en les laissant terminer l'activité précédente.

Préparer le matériel avant de réunir les enfants – mettre le disque compact dans le lecteur, placer tout près le matériel nécessaire (paroles d'une chanson, livre d'histoire, etc.) – s'avère indispensable pour faciliter le rassemblement. Si l'éducatrice a à distribuer du matériel aux enfants, elle doit le faire sans délai car, dans le cas contraire, les enfants seront portés à s'éparpiller.

Pour clore un rassemblement, on peut transformer la dernière activité en transition vers l'activité suivante. « On fait une dernière fois la chanson puis ensuite, on va se diriger vers le vestiaire pour s'habiller. » Dans ce cas-ci, l'éducatrice peut même improviser quelques paroles nouvelles à la fin de la chanson pour décrire l'activité suivante. « Je vais au vestiaire pour m'habiller, pas capable de m'habiller, etc. »

9.2   FAIRE PARTICIPER LES ENFANTS

L'une des clés du succès des rassemblements réside dans la flexibilité dont l'éducatrice fait preuve face aux imprévus et pour incorporer les suggestions spontanées des enfants. Par exemple, Fatima joue avec le velcro de ses chaussures alors qu'elle est assise au sol avec le reste du groupe, ce qui entraîne d'autres enfants dans cette exploration. Même si la tentation est forte de faire cesser ces bruits dérangeants, l'éducatrice soucieuse d'appliquer la pédagogie démocratique tentera de reprendre cette situation pour la transformer en courte activité visant à produire des sons à partir de ses souliers : des sons doux, frottés, grattés, etc. Cette idée risque d'enchanter les enfants tout en leur permettant de canaliser leur attention. Par la suite, les enfants seront probablement plus disponibles pour écouter l'histoire que l'éducatrice avait prévu leur raconter.

9.3   FAVORISER LES RASSEMBLEMENTS

En respectant les différences propres à l'âge des enfants, il existe plusieurs moyens d'attirer leur attention pour les inviter agréablement

à se réunir à un endroit spécifique : un son attrayant produit avec une
flûte à coulisse ou un tintement de triangle, un signal de ralliement (*ho
hé* lancé par l'éducatrice, *hé ho* fait en écho par les enfants), une comptine (*Chapeau pointu, nez crochu, menton fourchu, bouches cousues*), un signal
visuel comme un bras agité en l'air, une chanson connue réservée au
rassemblement, une marionnette à animer, une intonation différente,
l'utilisation d'un laissez-passer ou d'un mot de passe pour assister à la
rencontre, etc. Où encore un appel fantaisiste : « Il était une fois des
enfants qui venaient s'asseoir tout près de moi pour écouter mon histoire. Ils venaient tout juste de ranger leurs jeux. Il y avait un, deux,
trois, quatre, … enfants assis à côté de moi. » On peut utiliser plusieurs
autres stratégies pour vivre harmonieusement l'activité de rassemblement : raconter une courte histoire, fredonner un air favori, proposer
des devinettes, faire des mimes, faire des jeux de repérage sonore, donner le privilège de faire un petit dessin sur une feuille avec le crayon
magique de l'éducatrice, etc. Idéalement, l'éducatrice devrait se placer à

Une histoire, rien de mieux pour inviter les enfants
à se rassembler.

la hauteur des enfants tout en prenant garde de ne pas se blesser le dos. On recommande de varier les procédés lorsque les enfants montrent une baisse d'intérêt.

9.4   LE LIEU DES RASSEMBLEMENTS

Le lieu du rassemblement devrait être suffisamment spacieux pour que les enfants jouissent d'un minimum d'espace pour s'asseoir confortablement ou pour bouger librement. Pour certaines activités, comme les causeries, il faut prendre place autour d'une table ou s'asseoir en cercle, sur un tapis au sol ; pour d'autres, on a besoin d'un espace ouvert où les enfants peuvent se déplacer facilement, par exemple, pour faire des jeux psychomoteurs. Pendant la saison estivale, les rassemblements peuvent se dérouler à l'extérieur, à l'ombre d'un arbre, par exemple. Mais si le rassemblement exige une attention soutenue, il vaut mieux réunir les enfants loin de stimuli dérangeants : voisins du quartier, camions qui passent, envols d'oiseaux, etc.

Pour délimiter clairement l'espace du rassemblement au sol et pour éviter les disputes qui surviennent pour une place en particulier, l'éducatrice peut inviter les enfants à s'asseoir à un endroit spécifique où sont collées des images suggérant une place pour chaque enfant. Les symboles choisis peuvent être les mêmes que ceux servant déjà à identifier les casiers et les matelas des enfants. Il s'agit d'un moyen parmi tant d'autres qui ne doit pas être utilisé de façon rigide. Dans une perspective démocratique, l'éducatrice encourage plutôt les enfants à résoudre le problème de choix d'une place : s'asseoir à tour de rôle à côté de l'éducatrice, s'asseoir près d'un ami à certaines conditions, etc.

Il y a des rassemblements qui ne nécessitent pas une position assise au sol. Les enfants peuvent alors se coucher, s'asseoir où ils veulent autour de la table, etc.

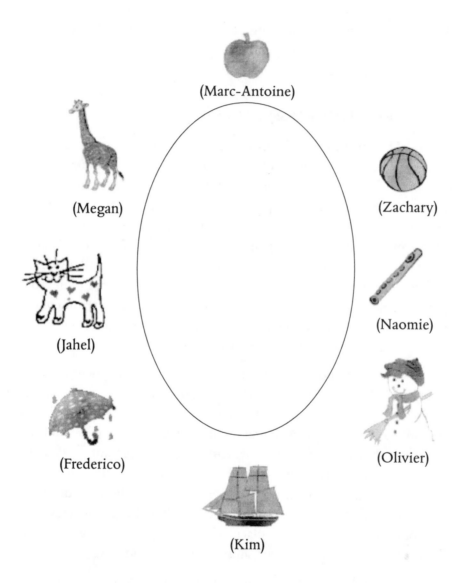

Figure 9.1 Organisation d'un rassemblement d'enfants au sol à l'aide d'images autocollantes

9.5 COMPTINES ET CHANSONS

- **Pour appeler les enfants à se rassembler**

1
La chanson du rassemblement
(se trouve sur le disque compact)

Paroles : Nicole Malenfant
Musique : Monique Rousseau

C'est une chanson que l'on chante ensemble
Une mélodie qui nous rassemble (bis).
Des mots, des mots, des mots qui nous disent
Des mots qui nous disent de s'asseoir ici.

2
Je t'emmène
(comptine)
origine inconnue

Beding, bedang
Je vais en Espagne
Bading, badoung,
Je vais à Beyrouth
Beding, bedaine
Je t'emmène. (en pointant un ou quelques enfants)

3
L'hélicoptère
(comptine)
origine inconnue
adaptation : Nicole Malenfant

Un hélicoptère
Se pose sur terre
Tourne ses grands bras
Un, deux, trois... on s'asseoit.

4
Dans mon autobus
(comptine)
par Nicole Malenfant

Pout, pout, pout
Dans mon autobus
Je vais inviter une petite puce…
(désignation d'un enfant par son prénom, une
couleur de vêtement, etc.)

Reprendre du début jusqu'au rassemblement
complet des enfants.

5
Les petites souris
(comptine)
par Nicole Malenfant

Huit (ou un autre nombre) petites souris
S'apprêtaient à… (annonce de l'activité à faire)
« Mes souris, mes souris… venez ici, »
disait leur maman.
« Un »… elles ne viennent pas ! (bras croisés sur soi)
« Deux »… elles n'entendent pas ! (mains sur les oreilles)
« Trois »… elles lissent leur moustache ! (faire semblant
de lisser ses moustaches)
« Quatre »… elles grignotent des pistaches. (faire
semblant de grignoter)
« Cinq »…enfin les voilà ! (se diriger vers l'endroit désigné)
« Prêtes à… »… (identification de l'action attendue).

6
Ma belle ronde
(comptine)
de Josée Bénard, éducatrice

Tourne, tourne, ma belle ronde (rassemblés debout en cercle, les enfants tournent en rond)
Saute, saute ma belle ronde (les enfants sautent sur place)
Et assis-toi, ma belle ronde. (les enfants s'assoient au sol)

- **Des chansons pour le plaisir de faire des choses ensemble**

Les rassemblements sont des occasions rêvées pour ressortir des comptines et des chansons* du répertoire familier : folklore, succès de l'heure convenant aux enfants, chansons de son enfance. **Le disque compact** contient quelques chansons en lien avec les rassemblements : **La bambina, Rap pour tout le corps, Les couleurs du bonheur, Les petits poissons,** etc.

---

* Par exemple, *100 comptines* et *Chansons drôles, chansons folles* de Henriette Major et *Danse, mon cœur danse* de France Bourque-Moreau sont des productions qui présentent une compilation intéressante de ritournelles, de comptines, de chansons de toutes sortes de France et du Québec.

Chapitre 10

Les déplacements

CONTENU DU CHAPITRE

Se rendre au vestiaire ou au parc, aller aux toilettes qui se trouvent à l'extérieur de la pièce, se diriger vers le gymnase, passer d'un étage à l'autre, changer d'aires de jeux font partie des nombreux déplacements rattachés à la vie en services éducatifs. Malheureusement, ces activités de transition sont souvent perçues comme un mal nécessaire qu'on souhaite vivre le plus rapidement possible afin de passer à l'activité principale, surtout si les contraintes sont trop nombreuses : nombre élevé d'enfants, achalandage des aires de circulation, aménagement inapproprié des lieux, horaire rigide, fatigue accumulée aux heures où se fait la circulation, mode de fonctionnement désuet, etc.

Il est important de s'arrêter et de réfléchir afin de rendre l'organisation de ces moments de vie plus efficace, et par le fait même, de rendre ces importantes activités plus agréables. Ce sera l'objet du présent chapitre.

10.1   ÉVITER LES ATTENTES

Faire placer les enfants en file indienne, répéter les mêmes consignes, faire de la discipline, attendre qu'ils se calment, cela exige généralement une attente assez longue de la part des enfants et une attention soutenue de celle des éducatrices. Bruits et bousculades s'ensuivent, obligeant un constant rappel à l'ordre. On privilégiera des trajets courts et, si possible, en petits groupes. En groupes multiples, la répartition des tâches entre éducatrices facilite les déplacements. Par exemple, une éducatrice peut se charger de superviser l'habillage au vestiaire pendant que ses collègues sortent graduellement dehors avec les enfants qui sont prêts. Par petits groupes, les enfants vont aux toilettes situées au bout du couloir sous la supervision d'une éducatrice pendant qu'une autre demeure dans le local.

Idéalement, chaque local doit avoir à proximité une porte donnant sur la cour extérieure mais, malheureusement, cette mesure demeure encore l'exception. De plus, l'aménagement spatial de certains services éducatifs complique les déplacements : la cour extérieure se trouve éloignée du local, les toilettes sont au bout du corridor, le SGMS est situé dans un autre bâtiment, etc. Beaucoup de demandes restent encore à faire auprès des instances concernées pour assurer le respect réel des besoins des enfants.

Il est toujours préférable d'avertir les enfants du déplacement à venir en l'annonçant clairement quelques minutes avant. « Après le lavage des mains, on se rendra à la salle verte prendre notre collation. »

Le déplacement des enfants de maternelle vers le local du SGMS au milieu de l'après-midi, crée souvent des difficultés. Les enfants doivent transporter leur sac à dos et leurs vêtements au vestiaire du service de garde à une heure où ils sont très fatigués de leur longue journée. Ils deviennent par le fait même plus intolérants face aux autres, sont portés à pleurer davantage, à réclamer leurs parents (en début d'année), ce qui nécessite des interventions plus fréquentes de la part de l'éducatrice. Il y a lieu de croire qu'une discussion entre l'éducatrice du service de garde et l'enseignante de maternelle peut mener à des solutions réalistes pour aider les enfants à traverser plus paisiblement cette période de la journée. On peut également soulever le problème lors d'une réunion du conseil d'établissement, qui a le mandat premier d'améliorer la qualité de vie des enfants à l'école. « Qui ne risque rien n'a rien, » comme le dit si bien le proverbe. La première condition pour changer les choses, c'est d'abord d'y croire et ensuite de persévérer.

10.2   RÉDUIRE LES DÉPLACEMENTS MASSIFS

Pour minimiser le nombre de déplacements massifs, l'éducatrice peut amener les enfants plus âgés à faire preuve d'autonomie en leur permettant, par exemple, de se rendre seuls aux toilettes lorsque celles-ci sont situées dans le couloir. Les règles de fonctionnement doivent alors être bien comprises des enfants et être révisées régulièrement selon l'évolution de la situation : aller aux toilettes un à la fois, ne pas flâner, avertir l'éducatrice lorsqu'on quitte le local, etc.

10.3   VEILLER À LA SÉCURITÉ DES ENFANTS

Une vigilance accrue s'impose lors des déplacements dans les escaliers, surtout en ce qui concerne les jeunes enfants. Tout en ayant une vue d'ensemble du groupe, l'éducatrice doit montrer aux petits à bien tenir la rampe, leur demander de se placer l'un derrière l'autre en gardant une certaine distance entre eux et en regardant en avant. Celle-ci doit évaluer s'il est préférable qu'elle se place à la tête ou à la queue de la file d'enfants pour assurer la meilleure surveillance possible.

En SGMS, il n'est pas toujours facile d'empêcher les enfants de courir tellement ils ont hâte de se rendre dans la cour d'école. La circulation à l'intérieur et à l'extérieur faite à toute vapeur risque d'engendrer des chutes, des collisions ou des bousculades ; il existe plusieurs manières de faire face à la situation : nommer des enfants pour veiller au ralentissement du débit, faire des jeux qui amènent à se déplacer lentement, sensibiliser les enfants à la prudence et les engager dans la résolution de problèmes, leur montrer à circuler en gardant la droite, interdire de courir dans l'escalier, partager le contrôle entre les éducatrices et les enfants, établir une cohérence logique entre les règles

L'éducatrice doit superviser les déplacements pour qu'ils
soient le plus facile possible pour tous.

appliquées par les enseignantes pendant le temps de classe et celles en
vigueur en SGMS.

Durant les heures d'école, les déplacements dans les corridors
se font la plupart du temps en rang et dans le calme. Cependant, il
arrive que dans certains établissements les consignes mises en place
frôlent le style régimentaire : silence absolu, mains derrière le dos, deux
lignes droites impeccables, interdiction de s'adresser à son voisin, application de sanctions en cas de dérogation, etc. Qu'arrive-t-il si le SGMS
se voit obliger d'appliquer le même système de fonctionnement que
celui imposé par les enseignantes alors qu'à 15 h 00, les enfants ont un

besoin criant de faire une certaine coupure avec l'école ? Que faire en pareille situation ? Une discussion éclairée entre les parties concernées, une liste de recommandations, la formation d'un comité provisoire, une proposition d'une période d'essai, une demande d'assouplissement des règles de l'école adressée au conseil d'établissement, voilà quelques avenues à explorer pour tenter de répondre avant tout aux besoins réels des enfants.

Les sorties au parc ou dans le quartier peuvent constituer des activités agréables, voire relaxantes pour les enfants. Cependant, par souci de sécurité, elles devraient toujours s'effectuer en présence d'au moins deux adultes. Dans le cas contraire, on devrait disposer d'un téléphone cellulaire pour demander de l'aide en cas d'urgence ; toutefois, si c'est l'éducatrice d'un groupe de bambins qui subit un malaise ou une blessure importante, ce moyen sera probablement insuffisant. Il est plus sage de bien réfléchir pour ne pas se retrouver dans cette situation regrettable.

Les éducatrices devraient avoir facilement accès à une trousse de premiers soins dont toutes connaissent l'emplacement et être rangée hors de la portée des enfants ; elle sera également utile lors des sorties effectuées à l'extérieur du service éducatif. Par souci de sécurité optimale, son contenu doit être vérifié régulièrement. Dans tous les endroits où une exposition à du sang est susceptible de se produire – à l'extérieur, dans chacune des aires de jeu, lors des sorties, etc. – des gants jetables doivent être disponibles. Au besoin, l'éducatrice doit en apporter dans ses poches de vêtements.

10.4   PETITS JEUX

De petites animations peuvent représenter une solution partielle aux problèmes occasionnés par les activités de déplacement.

Encadré 10.1   Idées d'animation pour les déplacements

- Se déplacer les uns derrière les autres de différentes manières : à la queue leu leu, en rang d'oignons, en train, seul ou deux par deux. Trouver une caractéristique au déplacement linéaire fait de façon fantaisiste en s'inspirant des propositions des enfants : comme un mille-pattes, en file indienne, comme une chenille géante, en parade de soldats de bois, etc.

- Exécuter des déplacements en marchant de manière inusitée : sur la pointe des pieds, sur les talons, avec les bras croisés sur soi, comme un chat aux aguets, etc. À l'occasion, lors de jours de pluie ou par temps froid où il est impossible d'aller jouer dehors, on peut ajouter du piquant aux déplacements en marchant de manière cocasse. Par exemple, accrocher des sonnailles (grelots enfilés à des cure-pipes) à une cheville et tenter de se déplacer sans faire de bruits. En arrivant à destination, les enfants ont la possibilité de faire sonner les grelots en dansant sur une musique entraînante. On peut proposer des situations stimulantes selon le stade de développement des enfants.

- Se déplacer en imaginant transporter un bébé endormi dans ses bras, en imitant des petites souris, en mettant des souliers magiques qui ne font pas de bruit, en jouant à l'agent secret qui veut passer inaperçu, etc.

- Désigner un roi ou une reine pour ouvrir et fermer le rang, les autres enfants jouant alors le rôle alors de princes et de princesses ; utiliser une comptine (voir le chapitre 13) pour procéder à l'attribution des rôles principaux.

- Faire transporter les objets de jeu par les enfants aimant être occupés et se sentir utiles.

- Lorsqu'il y a problème, établir la règle suivante quand ils prennent le rang librement : celui qui sort du rang perd sa place. Qui va à la chasse perd sa place !

- Pour se mettre en rang rapidement, faire piger à chaque enfant un numéro ou une lettre correspondant à la place qu'il doit prendre.

- Pour ralentir la marche, on peut se déplacer en frôlant les murs dans les endroits qui se prêtent à ce jeu.

- Jouer aux feux de circulation : rouge ou arrêt ; vert, on avance normalement et jaune, on marche lentement.

- Utiliser un mot de passe ou un geste pour être autorisé à quitter le rang une fois arrivé à destination.

Les déplacements effectués lors des sorties à l'extérieur du service éducatif commandent des mesures de sécurité supplémentaires : présence stricte d'au moins deux adultes, accès en tout temps à une trousse portative de premiers soins complète et mise à jour, avec épipen pour les enfants allergiques, transport routier sécuritaire respectant scrupuleusement les lois officielles en vigueur, numéros de téléphone des parents, etc. Ce genre de déplacement requiert une préparation rigoureuse qui doit se faire en partenariat avec les membres de la direction et les parents.

10.5   CHANSONS

1
Quand trois poules s'en vont au champ
Chanson traditionnelle

Quand trois poules s'en vont au champ
La première va par devant
La deuxième suit la première.

Quand trois poules s'en vont au champ
La première va par devant

La deuxième suit la première
La troisième a un drôle d'air.

Etc.
(ajouter d'autres phrases improvisées dont le dernier mot rime avec le son ère).

2
La marche des fourmis

Chanson traditionnelle adaptée

Les fourmis marchent une par une, hourra, hourra (bis)
Les fourmis marchent une par une en transportant
  un sac de prunes
Hourra, hourra, hourra, hourra, hourra.

Les fourmis marchent deux par deux, hourra, hourra (bis)
Les fourmis marchent deux par deux en transportant
  une douzaine d'œufs.
Hourra, hourra, hourra, hourra, hourra.

3
Je me prépare pour aller dehors

Paroles : Suzanne Poulin et Nicole Malenfant
Musique : Un bon chocolat chaud (chanson popularisée
par Carmen Campagne)

Je vais au casier
Pour me préparer
Chut, chut, chut
Sans trop parler.
J'ai hâte d'aller dehors
Pour m'amuser
Chut, chut, chut
Sans m'énerver.
J'veux jouer et respirer
C'est bon pour ma santé.

Et je prends mon rang
Très calmement
Chut, chut, chut
En chuchotant.
J'ai hâte d'aller dehors
Pour m'amuser.
Je dois d'abord m'habiller
Maintenant je peux sortir
Doucement et sans courir.

4
Mademoiselle la coccinelle
(comptine)
origine inconnue

Coccinelle
Envole-toi ma toute belle
Ouvre tes ailes
mademoiselle
la coccinelle.
Bravo !

À la file indienne, les enfants se déplacent. Ils éloignent leurs bras de chaque côté de leur corps pour imiter l'ouverture des ailes de la coccinelle par des mouvements lents.

5
Tchou, tchou le petit train
(se trouve sur le disque compact)

Paroles : Nicole Malenfant
Musique : Monique Rousseau

Tchou, tchou le petit train
Jusqu'où va ton chemin ?
Est-ce ici ou est-ce là
Que tu t'arrêteras ?

Oui ou non (selon le cas)
Etc.

6
Souliers sans bruit
Adaptation d'une comptine
d'origine inconnue

Souliers du... (jour de la semaine)
Souliers vernis
Souliers jolis
Souliers minis
Souliers sans bruit.

Chapitre 11

L'accueil et le départ

CONTENU DU CHAPITRE

Nous sommes tous influencés d'une façon ou d'une autre par les premiers moments que nous passons en compagnie de quelqu'un ou d'un groupe. Plus on est jeune, plus on est sensible aux gestes, aux tons de voix, aux mots et aux attitudes des personnes qui nous accueillent.

Les activités de transition que sont l'accueil et le départ sont souvent déstabilisantes pour les enfants qui ont à changer d'éducatrice, à passer d'un lieu à l'autre, à s'adapter à d'autres règles de fonctionnement, à composer avec d'autres enfants qui n'ont pas forcément le même âge, etc. En effet, en CPE, l'accueil des enfants a généralement lieu le matin et le départ, en fin d'après-midi. Par contre, en SGMS, on retrouve trois accueils et autant de départs pour les enfants fréquentant le service à temps plein, soit le matin, le midi et après l'école ; au préscolaire, il y a deux accueils, le matin et au retour du dîner et deux départs, en fin de matinée et au milieu de l'après-midi. C'est à se demander si les adultes pourraient relever le défi de s'adapter à autant de personnes et de contextes différents en si peu de temps tout en préservant leur équilibre physique et psychologique.

Stressés par le boulot qui les attend, le souper à préparer, préoccupés par les responsabilités de toutes sortes, par les demandes des éducatrices, certains parents oublient malheureusement l'essentiel lors de l'accueil et du départ : leur enfant. À une époque où la vitesse triomphe, prendre le temps d'accompagner son enfant au service éducatif n'est pas toujours évident pour les parents. Certains évoquent des raisons aussi légitimes les unes que les autres pour expliquer leur

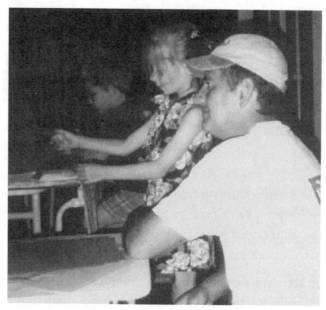

En ayant accès au local où se trouve son enfant en fin
de journée, le parent a l'occasion de s'intéresser à ce
qu'il fait au SGMS.

empressement à déposer ou à reprendre leur enfant au service éducatif :
« Je n'ai pas le temps ; je suis pressé ; je vais être en retard, mon patron
attend après moi ; ma journée n'est pas finie ; j'ai plein de choses à faire
à la maison ; je suis débordé ; etc. » Il est regrettable de constater que des
parents soient aussi expéditifs dans leur manière de venir reconduire ou
chercher leurs enfants. De leur côté, les professionnels des services éducatifs n'ont pas la tâche facile pour faire passer le bien-être de l'enfant
avant tout, tentés qu'ils sont de céder aux pressions de quelques parents.
Pourtant, en services éducatifs, il faut prendre le temps d'accompagner et
d'accueillir les enfants qu'on soit parents ou éducatrices.

11.1   UN ACCUEIL CHALEUREUX ET PERSONNALISÉ

La façon dont l'enfant est accueilli au service éducatif est cruciale.
Le bonjour amical de Gisèle, le sourire forcé de Stéphane, le « comment

ça va mon beau Bruno ? », l'air bête de Geneviève, l'indifférence de
Sylvie ou le regard bienveillant de Luc donnent le coup d'envoi à la
journée de l'enfant. L'éducatrice doit recevoir adéquatement les enfants, quelle que soit son humeur ; elle doit adopter une attitude professionnelle empreinte de chaleur, de constance et de disponibilité : il en
va du bien-être de l'enfant.

> Pour recevoir adéquatement les enfants, l'éducatrice leur sourit, leur
> parle avec un ton de voix agréable, les salue par leur prénom, se
> montre disponible et contente de les voir.

Il est important que l'enfant ait la possibilité de faire des choix
en arrivant au service éducatif : se diriger vers des jeux qui l'intéressent,
regarder les autres faire, bavarder avec des compagnons, échanger avec
l'éducatrice, vaquer à des petites tâches, terminer une réalisation commencée la veille, etc. Faut-il rappeler l'importance de limiter au maximum le temps passé devant le téléviseur, que ce soit pour regarder une
émission ou une vidéocassette : l'enfant le fait généralement beaucoup
à la maison. Une autre marque de respect envers l'enfant qui arrive
consiste à accueillir son parent. (Martin, p. 56). L'éducatrice doit faire
en sorte que le service éducatif soit un lieu accueillant pour le parent et
qu'il s'y sente le bienvenu. L'éducatrice a le devoir de remercier le parent d'avoir apporté les vêtements de rechange qu'elle lui a demandés,
de faire un suivi sur un travail de collaboration, de donner régulièrement des commentaires positifs sur l'enfant et de décrire honnêtement
l'essentiel de ce que vit l'enfant. Elle aura souvent à demander des informations sur l'état de l'enfant : « Comment a été sa nuit ? » « Sa fièvre
a-t-elle baissé ? » Etc. Parfois, il faudra fixer un rendez-vous télépho-
nique ou une rencontre pour échanger sur une situation problématique
particulière. Au terme d'une journée épuisante et en présence des autres
parents et enfants, les conditions propices à un échange fructueux sont
absentes.

Malheureusement, les prérequis pour créer un échange régulier avec les parents semblent peu favorables dans certains services éducatifs où les parents se voient forcés de déposer et de prendre leur enfant dans le vestibule sans avoir la possibilité de pénétrer dans le local où l'enfant a passé quelques heures de sa journée. On voit des enfants qui sont dirigés au bon endroit au moyen d'un système de communication à distance et à quitter au moment opportun, ce qui empêche toute possibilité de contact avec les parents en plus d'entraver la communication entre l'éducatrice et les enfants du groupe. L'émetteur-récepteur portatif semble être un moyen pour répondre davantage à des besoins d'adultes – la requête des enseignantes et des membres de direction d'école de ne pas faire circuler les parents dans l'école, la rapidité du départ pour le parent, etc. – qu'à ceux des enfants. Il s'agit d'une pratique qui va nettement à l'encontre des principes d'humanisation propres à la pédagogie démocratique. Toutefois, ce moyen – un téléphone cellulaire peut aussi faire l'affaire – peut être utile à l'occasion, par exemple, lorsque les enfants se trouvent dans un parc situé loin de l'école. Un tableau d'affichage avec une écriture et des pictogrammes attrayants placé à l'entrée de l'école ou du SGMS a l'avantage d'indiquer aux parents où aller chercher leur enfant. Le nom du groupe, le jour de la semaine, l'heure ou la période, l'activité et le lieu apparaissent clairement sur l'affiche.

> Lorsqu'on est vraiment soucieux du respect et de la dignité des enfants et des parents, on se préoccupe peu d'économie de temps ou d'efficacité à atteindre à tout prix dans les activités d'accueil et de départ.

Si l'éducatrice veut travailler pour l'enfant, elle devra investir temps et énergie pour créer un contact positif avec les parents, même si la tâche paraît difficile avec certains d'entre eux. En effet, elle doit être déterminée et préparée pour aller aux devants d'un parent intimidé ou qui semble moins intéressé, voire antipathique. Persévérance, conviction et constance sont des qualités indispensables pour tisser des relations constructives avec les parents plus difficiles à approcher. Il ne faut surtout pas attendre d'avoir un problème avec un enfant pour commencer à parler à son parent. C'est avec le temps et les occasions que se construit la confiance mutuelle si importante pour le bien-être de l'enfant.

Dans l'intention légitime de sécuriser les parents en leur montrant que leur enfant se sent bien au service éducatif, l'éducatrice peut être portée à prendre trop de place en leur présence. Une telle attitude peut les rendre mal à l'aise ou même jaloux, ce qui est à éviter. Il faut savoir reconnaître le rôle premier des parents en ne cherchant pas à occuper la première place auprès des enfants. L'attitude idéale à adopter consiste plutôt à établir un « trialogue » qui cherche à favoriser une communication à trois, soit entre l'éducatrice, l'enfant et son parent.

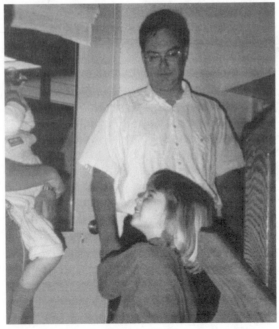

L'accueil du matin offre une belle occasion de communiquer à trois : l'enfant, le parent et l'éducatrice.

(Martin, p. 86) Les activités d'accueil et de départ en début et fin de journée constituent des occasions idéales pour « trialoguer ». Par exemple, lorsqu'il est question de l'enfant devant le parent, l'éducatrice l'inclut dans la conversation, ce qui est une façon de témoigner du respect à son égard. « Maxime, je suis en train de dire à ton père que tu sais maintenant comment t'y prendre pour résoudre les conflits. Es-tu fier de toi ? » « Clodie, nous allons travailler ensemble, toi, ta maman et moi pour que tu fasses pipi dans les toilettes. Es-tu d'accord ? » « As-tu dit à ton papa, Alex, que nous avons commencé à faire un jardin aujourd'hui ? Tu pourras lui montrer tantôt en t'en allant. » Etc.

L'éducatrice a le devoir d'être discrète en ne parlant pas d'un autre enfant que celui du parent pas plus qu'elle ne parlera d'un parent à un autre parent. (Martin, p. 87) De plus, l'éthique professionnelle l'oblige à préserver la confidentialité des informations qui lui sont confiées et à ne les divulguer qu'à qui de droit et au besoin.

L'aménagement des lieux doit favoriser l'accueil : babillard réservé aux parents, chaise pour enlever les bottes et espace pour les déposer ou accessibilité à des protège-bottes pour pouvoir circuler dans le service éducatif sans salir les planchers, banderole de bienvenue en plusieurs langues dans les milieux multiethniques, etc. Le tableau d'affichage, attrayant et non surchargé, présente des renseignements généraux sur la prochaine sortie, le menu, la programmation des activités, des affiches publicitaires pour promouvoir la santé, la sécurité et l'éducation des enfants – utilisation adéquate du siège d'auto, coordonnées d'organismes venant en aide aux familles ayant des problèmes particuliers, etc. –, des articles à lire que les parents peuvent prendre à leur guise, des photos et des dessins de leur enfant qu'on renouvelle périodiquement, etc.

11.2   DIRE BONJOUR ET SOURIRE

Le sourire est l'une des fonctions propres à l'être humain. C'est aussi l'une des premières attitudes faciales que le bébé décode et à laquelle il est très réceptif. Le développement socioaffectif de l'enfant se fait au contact des autres personnes qui se montrent chaleureuses. Le sourire et le ton de voix agréable constituent un capital non négligeable pour la santé émotive des enfants, comme en témoignait un jour un enfant de sept ans qui confiait à son éducatrice que son sourire matinal mettait du soleil dans sa journée.

Mettre en action les 17 muscles qui prennent part au sourire s'avère une gymnastique très bénéfique, à faire le plus souvent possible en présence des enfants et des parents.

Les parents doivent avoir accès à divers renseignements à l'entrée du service éducatif.

11.3   APPELER L'ENFANT PAR SON PRÉNOM

On doit appeler l'enfant par le prénom que lui ont choisi ses parents, en n'utilisant ni diminutif ni transformation : « Bonjour, Sarah-Lee. » Lorsqu'on se pose des questions sur la prononciation (comment se disent les deux *e* de Sarah-Lee) ou sur l'utilisation entière du prénom (peut-on l'appeler seulement Sarah ?), demander aux parents comment ils veulent qu'on appelle leur enfant et s'assurer de bien prononcer le prénom en question. Il est important aussi de vérifier que le prénom de l'enfant ne soit pas une source de moquerie ou de rejet de la part des pairs. Dans pareille situation, l'éducatrice doit en parler aux parents pour trouver une solution bénéfique pour l'enfant. Enfin, il faut éviter d'utiliser des mots trop affectueux tels « mon amour », « mon p'tit coeur » ainsi que des surnoms comme « mon p'tit tannant », « la p'tite bavarde », etc.

11.4   LA STABILITÉ DU PERSONNEL

Il est nécessaire que le service éducatif ait un personnel stable sur qui l'enfant peut compter et qu'il reconnaît à son arrivée. Ce principe vaut davantage dans le cas d'enfants très jeunes ou qui viennent tout juste de faire leur entrée au service éducatif, qui fréquenteront le service à temps partiel ou encore pour ceux dont la langue maternelle diffère de celle en vigueur dans le milieu. Idéalement, il est préférable que l'éducatrice principale assiste soit à l'accueil, soit au départ. Passant plusieurs heures par jour avec les enfants, c'est elle qui est le mieux placée pour échanger avec les parents au sujet de leur enfant. On recommande également que la coordonnatrice ou la responsable soit présente pour assurer un suivi avec les parents. Ceux-ci pourront la consulter au besoin pour obtenir des renseignements sur des sujets qui relèvent de sa tâche : paiement, renouvellement de l'inscription, etc.

11.5 FACILITER L'ACCUEIL DU JEUNE ENFANT ET LE DÉPART DU PARENT EN DÉBUT DE JOURNÉE

Quand on est petit, avoir à quitter un être cher peut s'avérer difficile. Il est normal qu'un enfant réagisse en pleurant, en retenant son parent, en maugréant ou en refusant d'aller vers l'éducatrice. L'habitude, l'attitude des parents, l'état de santé de l'enfant, le retour de vacances ou d'un long congé, le tempérament de l'enfant, une situation familiale difficile, le changement de personnel à l'accueil sont toutes des raisons susceptibles d'expliquer l'anxiété liée à la séparation.

Quoique les enfants puissent être vulnérables à tout âge, ceux de huit mois à trois ans sont particulièrement touchés par la séparation en début de journée d'avec leur parent. Pensons aussi aux sentiments vécus par les enfants de deux ans qui se trouvent dans leur période d'affirmation et du «non» ainsi qu'à ceux qui font leur entrée à la

Un rituel aide l'enfant à laisser son parent partir le matin : un bisou, un mot doux, etc.

maternelle sans être passés par un CPE ou une garderie. Pour aider un enfant à laisser partir son parent et à s'intégrer aux autres, il existe différentes stratégies : mettre à sa portée des jeux qu'il aime et des repères qui le sécurisent, lui offrir des objets qu'il affectionne tout particulièrement, lui annoncer ce qu'il pourra faire dans la matinée, lui rappeler un moment de complicité vécu la veille, lui permettre d'avoir et d'utiliser un objet transitionnel pour un laps de temps, installer un rituel avec le parent tel lui faire la bise, venir le reconduire à la porte et lui faire signe de la main.

Pendant les premières semaines d'adaptation au service éducatif, les enfants peuvent réagir fortement au départ du parent. Beaucoup de parents trouvent ces moments pénibles et pour cause, ne sachant comment réagir. On peut voir des parents qui partent rapidement sans dire bonjour à leur enfant, d'autres qui s'éternisent en gardant leur enfant collé sur eux, des parents qui exigent de leur enfant d'arrêter de pleurer ou qui content des mensonges tels « Je vais revenir très vite. » Ces attitudes néfastes traduisent la plupart du temps plus de maladresse et de désarroi que de mauvaise volonté. Grâce à son objectivité et à son expérience, l'éducatrice peut aider le parent et son enfant à s'intégrer harmonieusement et à faire la transition nécessaire entre la maison et le service éducatif.

Tout en veillant à ne pas créer de dépendance excessive, par exemple, garder l'enfant dans ses bras ou de tenir sa main continuellement, l'éducatrice doit maintenir un contact visuel et verbal avec l'enfant affligé par le départ de son parent. Il est important qu'elle reconnaisse les sentiments de peine, de peur ou de colère qui habitent l'enfant : « Je sais que tu es fâché que papa s'en aille parce que tu aurais aimé être encore en vacances avec lui. » « Je vois que c'est difficile de t'adapter à plein de choses en même temps : la maternelle, le service de garde, le dîner à l'école, etc. Je suis là pour t'aider et te protéger en attendant que tes parents viennent te chercher. » Orienter l'enfant vers des jeux en jouant avec lui peut contribuer à faire baisser la tension et l'amener graduellement à s'intéresser à ce qui se passe au service éducatif. L'enfant peut avoir besoin d'une période de trois à six semaines pour s'adapter. La fréquentation régulière, les attitudes positives des parents et des éducatrices favorisent l'adaptation de l'enfant au service éducatif.

11.6   LA PRISE DES PRÉSENCES

Tel que stipulée dans la réglementation, la tenue d'une fiche d'assiduité pour chaque enfant est obligatoire. C'est généralement lors de l'arrivée de l'enfant que se prennent les présences, tâche qui peut revenir deux à trois fois par jour selon le type de service éducatif. Les dates et heures de présence de même que les jours de fréquentation prévus et réels de l'enfant doivent être consignés. En SGMS, vu le nombre élevé d'enfants, on observe moins de perte de temps lorsque cette tâche est effectuée au fur et à mesure qu'arrivent les enfants, au lieu de la faire en les rassemblant tous, ce qui exige l'attention de leur part et risque de les fatiguer. Un crayon attaché au document évite aussi les pertes de temps. L'utilisation de quelques astuces peut agrémenter la prise des présences ; par exemple, en arrivant au SGMS le matin, les enfants peuvent aller apposer un tampon encreur à côté de leur nom sur la liste ou dessiner un visage représentant leur humeur.

Il revient à la directrice du CPE, à la responsable du SGMS ou à la directrice de l'école de mettre à jour quotidiennement les fiches d'assiduité.

11.7   FACILITER LE DÉPART DE L'ENFANT AVEC SON PARENT

Pour faciliter le départ, il est préférable que les effets personnels de l'enfant soient prêts. S'il y a lieu, remettre directement au parent les feuilles de renseignements ; lorsqu'on lui remet les documents en mains propres, le parent se sent davantage concerné et cela l'encouragera à en prendre connaissance au lieu de les oublier au fond du sac à dos de l'enfant. De plus, ce moyen offre une occasion d'échanger avec les parents qui causent peu.

La transition du départ demande de la constance dans la façon de procéder. L'éducatrice s'efforce ne pas faire pression sur les enfants, mais les amène à ranger, à se préparer pour partir. Elle installe un rituel comme se faire une accolade et se dire au revoir. Il faut être bien préparé à aider certains enfants à quitter le service éducatif, par exemple, un enfant qui refuse d'interrompre ses activités alors que son parent lui répète de se préparer, un enfant qui parle longuement avec un compagnon ou qui insiste pour trouver un objet perdu. Ce problème se présente aussi lorsqu'un parent s'entretient longuement avec l'éducatrice sur un sujet divers et accapare son attention, ce qui nuit à son travail. Heureusement, il existe des moyens pratiques pour composer avec ce genre de situation.

Encadré 11.1   Moyens pour faciliter les départs difficiles

- Clarifier les rôles respectifs de l'enfant, du parent, de l'éducatrice en prenant, par exemple, une entente avec le parent pour qu'il s'occupe de son enfant à partir du moment où il franchit la porte du service éducatif.

- Présenter gentiment ses excuses auprès du parent « bavard » et puis retourner à ses tâches habituelles. « Je regrette de ne pouvoir vous parler plus longtemps, je dois retourner auprès des enfants. »

- Faire coïncider l'heure du départ avec une période de jeux à l'extérieur. Ainsi, les enfants déjà vêtus sont prêts à partir à l'arrivée du parent.

- Diriger subtilement l'enfant (et son parent) vers le vestiaire en lui rappelant de rapporter ses dessins qui se trouvent dans son casier.

- Parler à l'enfant de ce qu'il fera une fois rendu chez lui et l'inviter à partir. Lui rappeler le moment où il reviendra au service éducatif. « Bonne soirée, Louisa. À demain. »

- Rappeler à l'enfant un fait de la journée et lui proposer de le raconter à son parent sur le chemin du retour.

- Installer un rituel de départ en demandant au parent de prendre d'abord connaissance du cahier de bord de son enfant qui se trouve dans son casier, avant de se présenter au local. Ainsi, l'échange avec l'éducatrice sera plus fructueux, le parent pourra poser des questions en lien direct avec les commentaires écrits plutôt que d'aborder des sujets moins pertinents. De plus, cette procédure assure à l'éducatrice que l'information écrite s'est bel et bien rendue à destination.

- Dans le cas d'un enfant bavard ou qui lambine, utiliser une minuterie qui l'avertit, après cinq minutes de jeux ou de bavardage, qu'il est l'heure de partir.

Lorsqu'à l'occasion on doit rendre service à un parent qui, par exemple, demande qu'on fasse souper son enfant parce qu'il a un cours à six heures, il est important de prendre une entente claire : situation exceptionnelle ou régulière, heure du repos, etc. ; pour s'assurer la collaboration de tous, rien ne vaut une entente écrite.

11.8   LES PARENTS RETARDATAIRES

Dans le cas de parents qui arrivent en retard après la fermeture du service éducatif, on doit établir et appliquer des mesures visant à contrer les abus et à limiter les discussions. Dans plusieurs CPE et SGMS, on exige une amende pour les minutes de retard des parents. C'est à chaque service de garde de mettre en place un règlement approprié et de voir à le faire respecter ; il peut faire partie du document d'information habituellement remis aux parents au moment de l'inscription de l'enfant. On peut aussi rafraîchir la mémoire des parents en affichant un rappel sur le babillard.

Il faut également tenir compte de l'enfant et de comment il se sent lorsque tous les enfants sont partis sauf lui. L'éducatrice doit le rassurer et continuer à veiller sur lui tout en le mettant au courant de ce qui se passe.

11.9   PETITS JEUX

Créer une atmosphère qui permettra à tous de vivre un accueil chaleureux et un départ agréable, c'est là la meilleure manière de bien vivre ces moments de transition. Quelques jeux peuvent contribuer à la réussite de ces moments.

- Demander à l'enfant de pointer sur un tableau d'images le sentiment qui décrit le mieux son humeur lors de son arrivée.

- En SGMS, demander à des enfants plus âgés de prendre les présences à l'arrivée des enfants.

- Accueillir les enfants d'âge préscolaire et scolaire avec un bonjour en langue étrangère : *good morning* (anglais), *bon giorno* (italien), *buenos dias* (espagnol), *kaliméra* (grec), *goten morgen* (allemand), etc.

- Inventer un bonjour spécial qui consiste à imaginer une manière originale de se saluer à laquelle on joindra un geste évocateur. (5 ans et plus).

- Etc.

Chapitre 12

Les attentes inévitables

CONTENU DU CHAPITRE

Dans les services éducatifs où on utilise une approche démocratique, on doit aborder les périodes d'attente de la même manière qu'on aborde les autres activités de la journée, c'est-à-dire voir à ce que ces moments de transition se déroulent de façon harmonieuse afin que les enfants participent et ne se sentent ni pressés ni ennuyés. Pour y arriver, l'éducatrice doit veiller à la bonne organisation du temps et de l'environnement en concertation avec les membres de son équipe. Malheureusement, il existe encore des services éducatifs où les enfants doivent subir plusieurs fois par jour de **longues attentes en grand groupe, parfois debout, en silence, sans trop bouger et surtout sans déranger**. À quatre ans, attendre calmement son tour en ligne droite pour passer aux toilettes ou pour se brosser les dents, à sept ans, attendre docilement que l'éducatrice ait terminé de prendre les présences des 60 enfants inscrits aux activités de fin d'après-midi, cela génère nécessairement des tensions dans le groupe ; une approche adéquate pourrait faire diminuer ces tensions. Il peut s'avérer difficile de changer des habitudes bien ancrées, mais c'est une démarche qui en vaut certainement la peine.

12.1   CONTRER LES ATTENTES ÉVITABLES

« Il est formateur que les enfants apprennent à attendre dès leur jeune âge. » Voilà une remarque souvent répétée par certaines personnes qui s'occupent des enfants, préoccupées qu'elles sont de les initier tôt

aux dures réalités de la vie. En effet, il est normal d'avoir à attendre
même quand on est petit, mais il faut savoir que la perception du temps
qu'ont les enfants est très différente de celle des adultes. Les attentes
fréquentes, prolongées et disproportionnées par rapport à leur stade de
développement peuvent nuire à leur sentiment de confiance et de sécurité. De toute façon, la vie sociale et familiale et, plus tard, le cadre
scolaire se chargent de faire vivre de nombreux délais aux enfants. En
compagnie de leurs proches, les enfants ont maintes occasions d'exercer leur patience au cours de la journée : pendant les trajets en auto, en
attendant de passer à la caisse à l'épicerie, chez le médecin, au restaurant, lors de la préparation des repas ou pendant que maman parle au
téléphone, etc. Mais l'attente en petits groupes, dans un contexte personnalisé comme celui de la famille, ne requiert pas le même contrôle
de la part des enfants que l'attente en grand groupe, plus impersonnel,
comme au service éducatif. De plus, quand on a deux ans, attendre
deux minutes comme le demandent souvent les adultes, ne signifie pas
la même chose qu'à huit ans. L'attente peut sembler interminable surtout pour un tout-petit ou pour celui qui vit une perturbation émotionnelle. Un jour, un enfant de quatre ans demandant l'aide de son éducatrice se fait dire par celle-ci d'attendre cinq minutes ; l'enfant lui demande
alors s'il s'agit de cinq minutes d'enfants ou de cinq minutes d'adultes.
La perception du temps comporte indéniablement une dimension personnelle et subjective. (Lauzon, p. 125) « C'est donc bien long... ou
encore, ça a passé vite... Je suis tanné d'attendre » sont des exemples
qui illustrent le rôle de la subjectivité dans l'appréciation du temps ;
cela vaut également pour les adultes. Par conséquent, les services éducatifs ne devraient pas abuser des limites des enfants quant à leur capacité d'attendre. Les éducatrices devraient réduire les attentes au minimum, car plus elles sont longues, plus elles sont néfastes sur le
déroulement des activités et sur la dynamique de groupe.

Il ne faut pas oublier que les enfants d'âge scolaire qui passent cinq heures par jour en classe, le plus souvent immobiles derrière leur pupitre, à se faire rappeler constamment par leur enseignante de rester tranquilles à leur place et d'écouter, sont déjà saturés par de telles demandes quand ils arrivent au service de garde. Les éducatrices en SGMS devraient passer une journée en classe avec les enfants pour réaliser à quel point leur journée peut être épuisante.

Au SGMS, les enfants devraient avoir la possibilité de bouger, de dépenser leur énergie, d'utiliser leurs capacités motrices, omniprésentes à cet âge, sans être obligés d'attendre de façon statique que l'éducatrice prenne les présences ou que les autres aient terminé leur collation pour aller jouer dehors en se déplaçant silencieusement, en rang, tout le monde ensemble. L'envie de bouger des enfants n'a rien à voir avec une quelconque hyperactivité. Elle est normale et, la plupart du temps, indicatrice d'une bonne santé.

Si, de façon régulière, huit, dix ou vingt enfants doivent attendre en file indienne pour se laver les mains, patienter au vestiaire avec leur gros habit de neige sur le dos avant d'aller jouer dehors, attendre encore pour obtenir l'aide de l'éducatrice pendant que celle-ci converse dans le corridor avec une collègue et si ces situations se répètent et se prolongent, une analyse sérieuse de la planification, de l'organisation et des interventions s'impose en vue d'améliorer la situation. Cependant, il se peut qu'en dépit d'une bonne organisation, les enfants aient quand même à attendre à l'occasion, ce qui n'est pas catastrophique en soi ; par exemple, attendre pour dîner parce que le traiteur tarde à arriver, attendre lors d'un déplacement en raison d'un incident qui vient de survenir, etc. Dans pareilles situations, il faut veiller à ne pas fatiguer les enfants. Pour préserver leur énergie durant ces moments statiques et pour éviter aussi qu'ils ne se désorganisent, il vaut mieux les faire asseoir soit au sol le long d'un mur, soit sur des chaises ou sur un banc, en gardant, si possible, une distance minimale entre chaque enfant.

En services éducatifs, savoir s'adapter est une habileté fort appréciée lorsque se produisent des imprévus. En ce sens, l'attitude de l'éducatrice joue un rôle déterminant dans la qualité et la valeur pédagogique des activités d'attente.

12.2   ORGANISER LES ATTENTES INÉVITABLES

En pédagogie démocratique, lorsque nous parlons d'attentes nous nous référons essentiellement aux attentes inévitables, lorsque les délais sont réduits au minimum autant en nombre qu'en durée. Attendre pour prendre l'autobus avant de partir en sortie éducative, attendre un autre groupe pour aller rendre visite au pâtissier du quartier, attendre l'arrivée d'un invité surprise, cela peut se produire et ce n'est pas dramatique. Ces expériences peuvent même devenir significatives si, évidemment, le délai demeure raisonnable et si l'éducatrice arrive à se débrouiller pour occuper adéquatement les enfants. Elle peut en profi-

Les moments d'attente sont parfois inévitables lors des sorties à l'extérieur du service éducatif.

ter pour reprendre un chant appris la veille, faire un peu d'exercices physiques que propose un enfant, demander à Jérémie de présenter des devinettes comme il sait si bien le faire, etc. Voilà quelques moyens servant à agrémenter des moments inévitables d'attente qui sont normaux dans la vie en services éducatifs.

Pour diminuer le nombre et la durée des attentes, les enfants devraient bénéficier d'un environnement et d'un fonctionnement bien organisés leur permettant d'agir individuellement et avec un minimum d'autonomie. En voici quelques exemples :

—   la proximité des toilettes, ce qui permet aux enfants d'y aller seul ;

—   le partage des tâches, faisant en sorte que l'une des éducatrices s'occupe des enfants qui se rendent aux toilettes situées dans le corridor pendant qu'une deuxième reste avec les autres ;

—   le choix de prendre ou non une collation l'après-midi sans avoir à attendre systématiquement à la table que les autres aient terminé pour passer à une autre activité ;

—   la possibilité de faire des jeux tranquilles au réveil de la sieste sans être contraint d'attendre que tout le monde soit levé. Ce sont là autant de façons de faire qui permettent d'éviter les moments d'attente. La réduction du temps d'attente et sa fréquence dépendent aussi en grande partie de la participation des enfants, que l'éducatrice verra à favoriser selon leur stade de développement.

Selon les principes de pédagogie démocratique, les quelques rares moments d'attente en services éducatifs doivent être dynamiques. Les enfants doivent pouvoir communiquer, s'exprimer, découvrir et agir sur leur environnement en y prenant part activement ; ils doivent pouvoir aussi échanger entre eux, s'entraider pour ramasser les jouets, se desservir, aider à habiller les plus jeunes, aller aux toilettes lorsque le besoin se fait sentir et non parce que c'est l'heure d'y aller, quitter le

vestiaire sous la supervision d'une autre éducatrice lorsqu'ils sont habillés, etc. Ils peuvent faire des choix conjointement avec les éducatrices et non à répondre illico à ses exigences personnelles.

Les stratégies à envisager pour diminuer le désagrément occasionné par les moments d'attente occasionnels ne doivent pas être axées
uniquement sur des méthodes de contrôle verbales comme on les entend trop souvent : « Arrêtez de parler. Restez assis à votre place, je vais
tous vous servir les uns après les autres. Je n'ai que deux bras pour tout
faire… Attendez votre tour pour laver vos mains, il n'y a qu'un seul
lavabo. Ça fait trois fois que je vous demande de ne pas avancer. Patien-
tez les enfants, j'ai bientôt fini de ranger les matelas. Je m'en viens pour
sortir les jeux. Etc. » La plupart du temps les consignes verbales finissent
par ne plus être entendues par les enfants. De plus, lorsqu'une éducatrice tient ainsi à garder le contrôle absolu sur son groupe d'enfants en
voulant faire les tâches à **son** goût et à **son** rythme, elle place les enfants dans un état de dépendance nuisible à leur développement et se
met dans des situations susceptibles de créer des tensions dans le déroulement des activités. En attendant qu'elle ait terminé de déposer
seule le matériel d'arts plastiques sur la table, de servir seule la collation
des enfants, de ranger seule les accessoires de menuiserie qui traînent
au sol, les enfants tentent de s'occuper de leur côté. Et c'est souvent
avec ce qu'ils ont à leur portée, en l'occurrence leurs pairs, que les
enfants mis en attente se distraient. Ils parlent, conversent, reprennent
un jeu de mains, tentent de calmer le plus jeune qui gigote sans cesse,
etc. Mais après une minute ou deux, la patience et l'imagination ayant
atteint leurs limites, les effets négatifs de l'attente surgissent : pleurs,
bousculades, taquineries, coups, etc. L'éducatrice doit alors utiliser des
interventions disciplinaires pour ramener les enfants à l'ordre pendant
qu'elle tentera de terminer ses tâches. Sa frustration, les efforts déployés
pour rétablir le contrôle et la fatigue des enfants finiront par miner le
climat du groupe. Et, découragée, elle se demandera pourquoi les enfants sont si insupportables ce jour-là.

Tableau 12.1 Interventions pédagogiques dans les activités d'attente

À favoriser	À éviter
Les enfants attendent rarement.	Les enfants attendent souvent.
Les enfants n'attendent pas longtemps.	Les enfants attendent longtemps.
Les enfants n'attendent pas en ligne.	Les enfants attendent en ligne.
Les enfants peuvent agir, chuchoter, etc.	Les enfants ne peuvent agir ; ils doivent faire silence, etc.
L'éducatrice fait cesser graduellement les activités des enfants et procède à l'activité suivante par petits groupes.	L'éducatrice fait cesser en même temps toutes les activités des enfants et les fait rassembler en grand groupe.
Peu d'enfants se retrouvent au même endroit en même temps.	Beaucoup d'enfants se retrouvent au même endroit en même temps.
Deux éducatrices fonctionnent en équipe et se partagent les tâches.	Une seule éducatrice fait tout toute seule.
L'éducatrice met l'accent sur trois à cinq consignes à la fois.	L'éducatrice présente plusieurs consignes en même temps.
L'éducatrice accepte l'imperfection tout en gardant le contrôle du groupe.	L'éducatrice cherche la perfection de peur de perdre le contrôle du groupe d'enfants.
L'éducatrice a recours à diverses stratégies.	L'éducatrice utilise toujours les mêmes stratégies.
L'éducatrice propose des moyens visuels ou sonores et non seulement des consignes verbales.	L'éducatrice donne surtout des directives verbales.
En situation difficile, l'éducatrice demeure calme tout en restant ferme et convaincante.	En situation difficile, l'éducatrice crie après les enfants, les menace, etc.
L'éducatrice prend des décisions en collaboration avec les enfants.	L'éducatrice décide pour les enfants.
L'éducatrice donne des responsabilités aux enfants.	L'éducatrice accomplit les tâches seule.
L'éducatrice donne des responsabilités aux enfants qui correspondant à leurs capacités réelles.	L'éducatrice donne des responsabilités aux enfants qui sont soit trop difficiles, soit trop simples à exécuter.
L'éducatrice remet en question ses façons de faire et s'ajuste au besoin.	L'éducatrice agit par habitude et par automatisme sans chercher à comprendre ce qui se passe.

12.3   AGRÉMENTER LES ATTENTES

Pour rendre agréables les incontournables temps d'attente, on peut recourir à divers procédés. Ce sont souvent des petits « plus » qui font la différence entre des moments pénibles et des attentes supportables. Par exemple, en SGMS où des déplacements ont lieu souvent en grand groupe dans les corridors, ce qui occasionne des délais, les murs peuvent être garnis d'affiches attrayantes, de photos et de réalisations d'enfants.

En plus d'ajouter des éléments à l'environnement des enfants, l'éducatrice peut recourir à d'autres moyens que nous proposons plus loin. Pour faire échec à la passivité et à l'ennui pendant ces transitions, il suffit d'un peu d'imagination et de préparation. N'oublions pas que les moments d'attente peuvent constituer des occasions idéales pour créer le calme et l'attention chez les enfants ; l'éducatrice en profitera pour évaluer le but et la manière de procéder en fonction des besoins à combler. Même si de nombreux livres et certains sites Internet recèlent d'idées sur le sujet, nous avons cru bon proposer quelques activités qui sont compatibles avec la pédagogie démocratique : créativité, plaisir, apprentissage par le jeu, coopération, etc. En tout temps, l'éducatrice veillera à prendre en considération les réactions et les propositions des enfants et à les intégrer à l'activité en cours. De plus, on recommande de fournir si nécessaire du matériel en quantité suffisante pour éviter les frustrations et les attentes inutiles. On peut rassembler dans des boîtes attrayantes et faciles à manipuler le matériel utile à la réalisation de certains jeux d'attente.

A. Jeux verbaux

- Trouver spontanément le nom d'animaux vivant dans les airs, sur la terre ou dans l'eau. (4 ans*). Variante : trouver des animaux vivant à la ferme, au zoo, à la maison.

- Apprendre à réciter une courte série de chiffres en français, en anglais, en espagnol, en italien, etc. (4 ans)

Un	deux	trois	quatre	cinq	Yé !	(français)
One	*two*	*three*	*four*	*five*	*Ya !*	(anglais)
Uno	*dos*	*tres*	*cuatro*	*cinco*	*Bravo !*	(espagnol)
Uno	*dué*	*tré*	*quattro*	*cinqué*	*Bravissimo !*	(italien)

N.B. On peut recueillir des idées auprès d'enfants de différentes ethnies fréquentant le service éducatif.

- Faire écho à des mots qui riment. L'éducatrice ou le meneur de jeu dit : « Dans ma casquette, que faut-il que je mette ? » Un joueur désigné donne une réponse sous forme de rime. Par exemple, « Dans ma casquette, je vais mettre de la ciboulette. » Etc. (6 ans)

  Variantes : « Dans mon chapeau, qu'est-ce qui serait le plus beau ? Dans mon sac à dos, qu'est-ce qu'il me faut ? » Etc.

- Écouter à nouveau des comptines et des chansons connues. (2 ans)

- Proposer des devinettes, des charades, des énigmes adaptée aux capacités des enfants. Une petite banque prête à utiliser et régulièrement mise à jour peut être très utile à l'éducatrice. (3 ans)

- Donner une seule réponse possible à diverses questions posées : des saucisses, Ex. : Qu'est-ce que tu fais en congé ? – Des saucisses. Que vois-tu lorsque tu te regardes dans le miroir ? – Des

* Âge minimal suggéré

saucisses. Qu'apportes-tu pour aller à l'insectarium ? – Des saucisses. Et ainsi de suite. (5 ans) Variante : compliquer le jeu en
interdisant de rire ; utiliser un autre mot en guise de réponse, etc.

- Improviser un début d'histoire que les enfants poursuivent au
gré de leur fantaisie. « Ouvrons le livre géant de notre
imagination. Ce matin-là, alors que les petits renards dormaient
encore... » ou « Un ballon rouge rêvait de partir en voyage... »
Etc. (3 ans) La suite de l'histoire peut être développée à partir
d'images pigées au hasard : animaux, objets, etc. (5 ans)

- Trouver des noms d'animaux, d'aliments, etc. commençant par
une lettre alphabétique annoncée, par exemple le **C** : **c**hien,
chat, **c**ochon, etc. (7 ans)

B.   Jeux d'observation visuelle

- Proposer un jeu d'observation instantanée :

« Qu'est-ce que je porte sur moi et qui brille ? »
« Nomme un objet dans le local qui est bleu. »
« Nomme le plus petit objet qui se trouve ici. »
« Qui a les yeux bruns dans le groupe ? »
Etc. (3 ans)

- Montrer une grande image (un paysage, un animal, un aliment,
etc.) aux enfants et leur demander de la photographier dans
leur tête ; ensuite, fermer les yeux pour regarder l'image photo-
graphiée dans leur tête en l'observant attentivement aux plans
de la couleur, de la forme, des textures, etc. Ce jeu peut se faire
sans avoir à parler. (5 ans)

- Demander à un joueur de s'isoler du groupe pendant quelques
instants. Il aura à jouer le rôle d'un scientifique qui a inventé
des robots devenus très indisciplinés. Les autres participants
forment un cercle, assis au sol, dans lequel se trouve un chef
qui a été nommé pour désorganiser le groupe de robots. Lorsque

le chef fera un geste, tous les robots le suivront. Le scientifique revient dans le groupe et se place au centre du groupe pour essayer de retracer le chef. (7 ans)

- Le meneur de jeu fait virevolter dans les airs un foulard léger, une feuille mince, un bout de papier cellophane de couleur ou une plume. Tant que l'objet flotte, les enfants exécutent une action demandée (se gratter le nez, claquer de la langue, murmurer, etc.). Dès que l'objet touche le sol, les enfants cessent l'action.

  Variante : s'en tenir à écouter le son de l'objet qui tombe au sol. (2 ans)

- Demander aux enfants de poser leur regard sur l'éducatrice avant d'écouter ce qu'elle a à leur dire. « Je veux avoir tous les yeux ici. » Rappelons, en effet, que l'écoute est meilleure si on fait participer le sens de la vue. Enchaîner avec une explication intéressante. (2 ans)

- Disposer des objets familiers sur une table (trois suffisent au début). Les enfants les observent. Recouvrir les objets d'un tissu et demander aux enfants de les nommer. Poser diverses questions : « Quel objet sert à… ? Quel objet est bleu ? » Etc. Variante : enlever un objet et demander de l'identifier. (3 ans)

- Imiter les gestes faits par l'éducatrice comme si on était devant un miroir. (2 ans)

- Regarder des livres. Les changer périodiquement (activité individuelle).

C.   Jeux d'attention auditive

- Les yeux fermés, deviner quel objet l'éducatrice laisse tomber par terre : crayon, ballon, cuillère, assiette de carton, etc.

- Répondre aux ordres de l'éducatrice en utilisant une main : « Quilibi : tendre l'index. Watawa : fermer la main. Gurubu : tourner la paume de la main vers le sol. Mogogo : tourner le dos de la main vers le sol. Etc. » (6 ans)

- Deviner des airs de chansons connues murmurées par l'éducatrice ou par un enfant. On peut varier le jeu en articulant les paroles en silence. Les enfants doivent alors lire sur les lèvres du meneur. (2 ans)

- Deviner les sons entendus dans l'environnement. « Qu'est-ce qu'on entend qui vient du local d'à côté ? »

  Variante : identifier des sons enregistrés. (2 ans)

- Remplir des boîtes de film vides de diverses substances : riz, sable, papier chiffonné, etc. Par le son produit, deviner ce que la boîte de film contient. (3 ans)

- Imiter avec le corps des rythmes simples et variés produits par l'éducatrice : fort, doucement, avec un doigt au creux d'une main, avec les deux mains, etc. (4 ans)

- Insérer des erreurs dans le récit d'une histoire connue : Les trois petits cochons, Blanche Neige, etc. Les enfants doivent essayer d'identifier les erreurs. (5 ans)

- Les yeux fermés, suivre de la main la voix de l'éducatrice qui se déplace. (5 ans)

- « Faites ce que je dis et non pas ce que je fais ». (7 ans)

- Un enfant nomme une action, mais en mime une autre. Par exemple, il demande de faire semblant de brosser ses cheveux alors qu'il se brosse les dents. Les participants doivent faire ce qui est demandé et non ce qui est observé.

D.   Jeux visuo-manuels

- Remettre aux enfants des bouteilles de plastique transparentes et résistantes, remplies d'eau et de confettis métalliques ou de colorant alimentaire et fermées hermétiquement. Les enfants sont invités à les agiter et à observer les effets visuels. (2 ans)

- Feuilleter des livres pour enfants ou des albums d'images de fabrication artisanale contenant des dessins personnels, des photos de groupe prises à divers moments, des découpures de magazines intéressantes, etc. Il existe sur le marché de petits albums à photos avec des pochettes de plastique pouvant protéger les images. On peut en regrouper plusieurs se rapportant à divers thèmes tels que les aliments, les animaux, les personnes issues de minorités visibles, les moyens de transport, les sentiments, les paysages, les photographies prises lors des sorties, etc. En SGMS, les plus vieux peuvent participer au montage de ces albums thématiques dans lesquels il serait bien de mettre en valeur la bonté, la santé et la joie de vivre. Cela vaut la peine de se munir d'un appareil photo prêt à capter des moments de vie qui garniront les albums à photos ou les murs du local. Rappelons que les enfants de 2 et 3 ans acceptent difficilement de partager les objets avec les pairs, préférant nettement avoir un objet bien à eux à manipuler. (2 ans)

E.   Jeux symboliques

- Présenter aux enfants des trousses thématiques faciles à manipuler, faciles à sortir et à ranger contenant divers objets intéressants et sécuritaires : figurines, marionnettes, images plastifiées, etc. (3 ans)

- Jouer avec des marionnettes (à tige, à doigts, à gaine, etc.). (2 ans)

- Faire des analogies verbales à partir d'un simple objet : (cylindre de carton, balle, foulard, feuille de papier). « À quoi cela te fait-il penser ? » Par exemple, une balle peut symboliser un fruit, un cylindre peut faire penser à un télescope, une feuille, une assiette, etc. On peut joindre un mime au mot trouvé. Cette activité développe la capacité d'abstraction et la créativité des enfants. (5 ans)

- Jouer à demeurer immobile, les yeux ouverts, le plus longtemps possible. Cligner des yeux et respirer sont les seules actions permises. Un magicien désigné s'affaire à déranger ces drôles de dormeurs en faisant des grimaces, en cherchant à les déstabiliser sans toutefois les toucher. (6 ans)

- Mimer des actions simples : (2 ans)

  - suggérées directement. Par exemple, un chat qui s'étire, une fleur qui bouge au vent, un papa qui berce son petit bébé, etc.

  - suggérées indirectement. Par exemple un animal qui rampe, « ce que tu as fait dehors tout à l'heure », etc. (3 ans)

- Mimer des sentiments variés : joie, tristesse, gêne colère, etc. (4 ans)

- Mimer un geste quotidien en faisant de très petits ou de très grands gestes : se brosser les dents, enfiler un chandail, manger, etc. (4 ans)

F.   Jeux audiovisuels

- Écouter des comptines et des chansons connues à partir d'images qui leur ont été associées. Suggestion : Rassembler les images dans une boîte ou un cahier à anneaux. (2 ans)

- Reproduire des gestes annoncés et mimés : « Mains sur la tête, mains sur les épaules, index sur le nez, etc. » Variante : faire des incohérences entre les gestes exécutés et ceux annoncés pour amener les enfants à trouver l'erreur. (2 ans)

- Regarder et écouter une histoire racontée par l'éducatrice à l'aide d'un livre. Les bibliothèques municipales ou scolaires offrent souvent des publications intéressantes en littérature jeunesse. (2 ans)

G. Jeux de dextérité manuelle

- Exercer son habileté à enfiler des gants en tricot. (3 ans)

- Proposer une pêche facile avec un gant recouvert de bandes de velcro dont la partie rugueuse sert à agripper des images en feutrine ou en tissu. (2 ans)

- Visser et dévisser des couvercles sur des contenants de plastique, des vis sur des gros boulons. (3 ans)

- Manipuler de petits albums garnis de photos ou d'images. (2 ans)

H. Jeux de motricité globale

- Faire un jeu de parcours simple. Par exemple, marcher sur des pierres magiques imaginaires, contourner les meubles, etc. Le trajet peut mener à un endroit merveilleux comme un château représenté par une installation évocatrice telle une grosse boîte de carton décorée ou une table mise à l'envers. (3 ans)

- Se déplacer d'un endroit déterminé à un autre avec une éponge propre et sèche sur la tête en essayant de ne pas la faire tomber. (4 ans)

- Animer le jeu de Jean dit. « Jean dit de mettre tes mains sur ta tête. » (Les enfants exécutent l'ordre donné) « Il dit de boucher tes oreilles. » (Les enfants ne font rien). (4 ans)

- Reproduire des comptines ou des chansons à gestes. Le folklore en recèle de nombreuses qui conviennent bien aux enfants : Alouette, La laine des moutons, Michaud est monté, À la volette, Meunier, tu dors, etc. D'autres créations inédites sont proposées

De simples jeux psychomoteurs constituent un
moyen de faire des transitions (comme avant la
sieste).

sur le disque compact : Rap pour tout le corps, La bambina, etc.
(2 ans)

- Danser librement au son d'une musique : dixieland, tango, etc. ;
  interrompre régulièrement la musique et faire la statue.

- Pour aider les enfants à se détendre, proposer des exercices d'étirement. (2 ans)

  – Le papillon :

  Mimer lentement les phases de métamorphose d'un papillon :
  cocon, chenille, déploiement des ailes, premier vol, etc. en
  prenant soin de terminer l'enchaînement des mouvements
  par une action calme, comme le repos du papillon sur une
  belle fleur.

— La chatouille :

Faire semblant de vouloir chatouiller le plafond, les murs, le plancher, etc., tout en gardant les pieds au sol et le corps à la verticale. Variante : combiner deux gestes, par exemple, chatouiller le plafond avec un bras et le plancher avec l'autre.

— Les rayons de soleil

Repousser avec les mains les gros nuages dans le ciel gris pour laisser sortir le soleil. Puis tirer sur les rayons de soleil pour ensuite les déposer dans son cœur ou dans un panier imaginaire. À la fin, contempler le beau ciel dégagé.

— L'étoile et la planète :

Couché au sol, à une bonne distance les uns des autres, étirer les bras et les jambes pour faire une étoile. Ensuite, se mettre en boule pour faire une planète. Alterner quelques fois les deux postures.

— Le chat :

À quatre pattes, imiter le chat qui fait le dos rond, le dos creux et qui s'étire. Enchaîner les mouvements quelques fois.

— La coccinelle :

Debout, le corps penché vers l'avant, laisser les bras détendus osciller jusqu'à l'arrêt complet. Imaginer qu'à chaque extrémité des mains, se trouve une coccinelle qui se balance.

— La fleur :

Imiter une fleur qui s'ouvre lentement. Commencer en position accroupie et continuer en ouvrant graduellement les membres.

• Aménager un espace de tranquillité, par exemple un petit coin confortable garni de coussins, de livres, d'albums d'images apaisantes à regarder en solitaire. Le périmètre de repos peut être déterminé par un ruban à masquer posé sur le sol et complété par un pan de tulle qui va du plafond au plancher. (Il se peut que l'éducatrice ait à sensibiliser les enfants à ne pas tirer sur le tulle.) (3 ans)

I.   Jeux de respiration (3 ans)

N.B. Pour les débutants, trois répétitions de chacun des exercices suivants suffisent généralement alors que pour les habitués, on peut les augmenter à cinq. Comme but premier, il faut viser le plaisir des enfants en évitant de les saturer. Il est bon de garder à l'esprit que l'expiration constitue la phase du cycle respiratoire la plus calmante, car elle permet le relâchement des tensions.

— Le nez du petit cochon :

Faire une respiration régénératrice dérivée du yoga : un doigt légèrement appuyé sur le bout du nez pour faire un nez retroussé, inspirer par le nez et puis expirer doucement par la bouche en gardant l'index sur le nez. Reprendre le tout trois à cinq fois. Réalisées de cette manière, l'expiration et l'inspiration sont davantage ressenties et bénéfiques.

— Les chandelles :

En écartant les cinq doigts d'une main, représenter un chandelier dont des chandelles imaginaires sont allumées. Éteindre doucement les chandelles l'une après l'autre, et puis refermer les doigts au fur et à mesure.

— Que ça sent bon !

Cueillir des fleurs imaginaires et les humer une à une avant d'en faire un magnifique bouquet.

   — Le soupir :

S'amuser à soupirer de manière exagérée, en haussant les épaules (inspiration) et puis en les relâchant (expiration).

   — Le vent :

Imiter le son du vent en soufflant avec la bouche : vent léger, vent fort, alternance des deux, etc.

J. Jeux olfactifs (2 ans)

- Porter attention aux odeurs agréables qui circulent dans l'air ambiant. « Il y une odeur qui vient de la cuisine. Qu'est-ce que ça peut bien être ? » Etc. Apprécier l'odeur des mains propres après le lavage des mains.

- Humer des sachets hermétiques de pot-pourri de fabrication artisanale ou des petits savons protégés solidement par un morceau de tulle. Suggestions : éviter les mélanges d'odeur ; assembler le tout dans une boîte attrayante.

K. Jeux tactiles (3 ans)

- Assis deux par deux au sol, faire des dessins avec un doigt sur le dos de son partenaire pour ensuite essayer de deviner ce que c'est. Inverser les rôles.

  Variantes : on peut suggérer un thème : les formes, les lettres, les aliments, etc. ; on peut aussi faire le jeu sans devinette, uniquement pour le plaisir sensoriel qu'il procure.

- Manipuler du matériel sécuritaire aux diverses textures. Identifier quelques caractéristiques : rugueux, doux, piquant, plastique, tissu, caoutchouc, cuir, papier, etc.

  Variante : on peut en faire un jeu de devinette avec les yeux fermés. (2 ans)

- Faire palper, sans regarder, des objets placés dans une boîte : élastique, bouton, coton tige, crayon, rubans, etc. « Trouver quelque chose pour écrire. » Etc. (4 ans)

L. Jeux vocaux

- Présenter en rap les directives à donner. Les enfants peuvent suivre en tapant des mains. (5 ans)

- Utiliser un porte-voix artisanal, comme un cylindre rigide en carton, pour s'adresser aux enfants. Les mains placées de chaque côté de la bouche peuvent également servir d'amplificateur. (3 ans)

- Inviter les enfants à produire des sons : « J'ouvre la fenêtre (l'éducatrice ouvre grand les bras) et j'entends… un petit chat, des oiseaux, du vent, etc. (les enfants sonorisent les éléments nommés avec leur bouche, leur langue, leur souffle, etc.). Je ferme la fenêtre… (l'éducatrice referme les bras). Les sons se sont endormis… » (2 ans)

  Variante : on peut exploiter divers thèmes : campagne, ferme, bord de mer, tempête, ville, etc.

- Inciter les enfants à baisser leur ton de voix en les invitant à parler comme s'ils avaient mal à la gorge. L'éducatrice fait de même pour donner l'exemple. (4 ans)

- Apprendre aux enfants à chuchoter en leur faisant prendre conscience que les cordes vocales demeurent inactives lors d'un vrai chuchotement. En plaçant une main sur leur gorge, les enfants réalisent l'effet des vibrations dans le parler ordinaire et son absence dans le chuchotement. (4 ans)

- Utiliser des signaux verbaux (son de ralliement) pour demander le silence ou l'attention :

a) par un appel suivi d'un écho

PARA	–	CHUT
(appel de l'éducatrice)		(réponse des enfants)

ou

GOMME	–	BALLOUNE

ou

RATAPOUMTIPOUM	–	POUM POUM

Suggestions : en composer avec les enfants ; faire une pause de cinq secondes après la réponse des enfants avant de reprendre la parole d'une voix posée ; changer l'appel régulièrement pour éviter que les enfants se lassent.

b) par un compte à rebours

– 5 – 4 – 3 – 2 – 1 – 0   zip !

À zip, faire le mouvement de fermer la bouche comme s'il s'agissait d'une fermeture éclair.

Variante : dire les chiffres lentement et de plus en doucement.

– un lence, deux lences, trois lences, quatre lences, cinq lences… six lences (silence).

• Utiliser à l'improviste un téléphone jouet pour simuler la réception d'un message envoyé par un personnage mystérieux. L'éducatrice joue le jeu de façon convaincante. « Les enfants, il y a quelqu'un au téléphone qui veut nous dire quelque chose… Je veux écouter ce qu'il a à dire…Il nous dit que c'est le temps de se préparer à la sieste, etc.… » (3 ans)

• Inviter les enfants à baisser la voix en mettant un doigt magique sur leur bouche. (2 ans)

- Jouer à créer un fou rire général. À un signal donné, simuler un rire exagéré, à un autre signal, cesser de rire. Le rire peut être libérateur de stress et créateur de complicité dans un groupe. (6 ans)

Éviter d'utiliser à outrance le « chut » traditionnel pour demander le silence ou de baisser la voix. Employé de façon trop répétitive, ce son finit par agacer l'oreille et créer davantage d'irritabilité que de calme. Il est plus efficace de donner l'exemple en tant qu'éducatrice en abaissant soi-même le ton.

M. Jeux graphiques

- Permettre à quelques enfants de s'occuper en attendant d'aller aux toilettes en gribouillant sur un tableau blanc installé au mur là où les enfants doivent patienter. (3 ans)

- Faire du dessin libre sur une grande feuille fixée au mur. Laisser le papier en place pendant quelques jours et inviter les enfants à dessiner lors de temps morts. Encourager le dessin spontané sans recherche de performance ou de réalisme. (3 ans)

Pour occuper les enfants, éviter de leur donner des feuilles de coloriage traditionnel qui briment la créativité des enfants. De même, les exercices de pré-écriture et de pré-calcul devraient être limités, trop scolaires qu'ils sont. Gavage intellectuel, scolarisation précoce ou hyperscolarisation n'ont pas leur place dans les services éducatifs où la curiosité, l'imagination, le jeu et le développement de toutes les potentialités de l'enfant doivent demeurer au cœur du programme d'activités.

- Utiliser un signal visuel, comme un gant spécial farfelu qui attire l'attention des enfants. Il peut s'agir aussi d'une affiche humoristique, d'un drapeau, de cartons de couleur ayant chacun leur signification propre. (2 ans)

- Offrir des exutoires acceptables et bien encadrés : frapper sur un coussin, permettre aux enfants de crier dans la cour, faire du modelage avec de la pâte à modeler durcie par le froid, faire une séance de déchirage et de lançage de papier, presser avec les mains du plastique à bulles, danser sur une musique entraînante, faire une chanson à gestes, etc. Les enfants ont besoin de l'aide de l'éducatrice pour canaliser sainement leur agressivité ou leur trop-plein d'énergie. (2 ans)

N. Automassages (2 ans)

- La crème fouettée : agiter les bras ou d'autres parties du corps pour faire de la crème fouettée imaginaire puis l'étendre doucement sur les jambes, le visage, les mains, etc.

- La pizza : pétrir la pâte et l'étendre sur les cuisses. Mettre la sauce aux tomates et les autres ingrédients avec différents gestes (petits cercles, tapotements, pianotage, effleurage, etc.) ; finalement, après avoir étendu le fromage râpé sur la pizza, laisser cuire la pizza en s'allongeant sol.

- Une parcelle de bien-être : appliquer un soupçon de crème à main odorante sur le visage, les mains ou les avant-bras. Pour les enfants souffrant d'allergies cutanées, la crème solaire fournie par les parents peut très bien faire l'affaire. Ce sont généralement les fragrances délicates de fruits comme l'orange ou la fraise qui ont la faveur des enfants.

- Une sensation « sensas » : se faire un doux massage des joues, de la nuque, du front, des sourcils, des oreilles, des épaules, etc.

- Un message : se faire un dessin imaginaire sur un avant-bras puis l'effacer. Reprendre deux ou trois fois.

12.4   COMPTINES ET CHANSONS

Chanter, scander des paroles en rythme demeurent des moyens très efficaces pour attirer l'attention des enfants et les occuper de manière agréable.

A.   Pour demander le calme

1

La fête du silence

(comptine)

Que vienne le silence
Pour qu'on avance
(pour qu'on mange, etc.).
Que la fête commence
La fête du silence !

2

Zip zap zoup

(comptine à gestes)

Zip zap zoup (en faisant semblant de « zipper » sa bouche)
On écoute…(en touchant l'oreille avec l'index)

3

Le silence viendra

(comptine)

Je me tairai
Tu te tairas
Il se taira
Chacun de nous se taira
Et le silence viendra.

4

Chapeau pointu

(comptine à gestes)

Chapeau pointu
Nez crochu
Menton fourchu
Bouche cousue.
(index sur la bouche pour
cesser de parler)

5
Les cloches
(comptine qui peut être chantonnée)

Aux trois sons des cloches
La langue dans ma poche
Ding ding dong.
Chut !

6
À la ronde des muets
(comptine qui peut être chantonnée)

À la ronde des muets
Sans rire et sans parler
Un...deux…trois…

7
Monsieur Silence
(chanson sur l'air de Frères Jacques)

Monsieur Silence (bis)
Où es-tu ? (bis)
Sors de ta cachette (bis)
Chut ! Chut ! Chut ! (bis)

B. Pour faire patienter les enfants

1
Je ferme les yeux
(comptine à gestes)
Idée de Pascale Teulade
adaptée par Nicole Malenfant

Je ferme un œil
Et puis l'autre œil
J'ouvre un œil
Et puis l'autre œil
Je ferme les deux yeux
Un peu
Beaucoup
Très fort
Et je vois dans ma tête...
(imaginer quelque chose)

2
Bravo
(comptine à gestes)
Idée de Pascal Teulade
adaptée par Nicole Malenfant

Pieds, pieds
Cuisses, cuisses
Ventre, ventre
Joues, joues
Tête, tête
Bravo !

Avec les mains, frapper doucement sur les parties du corps nommées. Frapper les mains ensemble à « bravo ». On peut reprendre le tout en y apportant des variantes : de plus en plus vite, avec une voix aiguë, grave, saccadée, etc.

3
Méli-mélo
(comptine à gestes)
Idée d'origine inconnue
adaptée par Nicole Malenfant

J'ai deux yeux ici (montrer les yeux)
Un peu plus haut
J'ai des cils aussi (montrer les cils)
Un peu plus haut
J'ai deux sourcils (montrer les sourcils)
Un peu plus haut
J'ai des cheveux méli-mélo. (secouer la tête puis s'immobiliser pour ressentir l'effet obtenu)

5
Les petits poissons
(Se trouve sur le disque compact)

(chanson)
Paroles et musique : Michel Bonin

1. Les petits poissons au fond de l'océan
Nagent tout en rond tranquillement.

Et on les entend qui font doucement :
P... p... p...

2. Les petits poissons au fond de la rivière
Nagent en avant et en arrière.
Et on les entend qui font doucement :
P... p... p...

3. Les petits poissons au fond du p'tit ruisseau
Viennent frétiller au bord de l'eau.
Et on les entend qui font doucement :
P... p... p...

6
Rap pour tout le corps
(Se trouve sur le disque compact)

(comptine)
par Nicole Malenfant

1. Avec ma tête, je fais oui (en faisant les gestes correspondants)
Avec ma tête, je fais non
Je recule à petits bonds :
Un, deux, trois, quatre (taper des mains)
J'avance de la même façon :
Un, deux, trois, quatre. (taper des mains)

Je me tiens le dos bien droit
J'ai l'air d'un soldat de bois. (marcher au pas sur place)

2. Je lève un pied de côté
Puis l'autre sans hésiter
Je mets mes bras comme ça
Je les replace contre moi.
Je les monte, les descend
Pareil à un cerf-volant.
Je me penche en avant
En arrière, j'en fais autant (marcher au pas sur place)

REPRISE DE 1

7
Les couleurs du bonheur
(Se trouve sur le disque compact)

(chanson)
Paroles : Nicole Malenfant
Musique : Monique Rousseau

J'aime le bleu comme un beau ciel tout bleu
J'aime le vert comme un sapin l'hiver
J'aime le blanc comme celui de tes dents
J'aime le rouge comme un soleil couchant.
J'aime toutes les couleurs : le bleu, le vert, le blanc, le rouge
Pour moi le bonheur a tout plein de couleurs. (bis)

8
La bambina
(Se trouve sur le disque compact)

(chanson à gestes)
Paroles : chanson traditionnelle adaptée par Nicole Malenfant
Musique : Monique Rousseau

Refrain :
Danse, danse la bambina
Danse, danse comme ça
Danse, danse la bambina
Danse comme ça

1. Bambina a dit : mains sur la têta.
Refrain
2. Bambina a dit : mains sur l'épaula.
Refrain
3. Bambina a dit : mains sur la hancha.
Refrain
4. Bambina a dit : mains sur le genouilla.
Refrain
5. Bambina a dit : Mains sur la chevilla.
Refrain

Chapitre 13

Pour mieux utiliser les comptines et les chansons

CONTENU DU CHAPITRE

Lors des activités de routine ou de transition, rien de mieux qu'une comptine ou une chanson entonnée avec joie pour attirer l'attention des enfants, détendre l'atmosphère dans un groupe agité ou encore pour stimuler la participation de quelques récalcitrants. Voilà un moyen facilement applicable, rapide et à effet socialisant pour les enfants.

En services éducatifs, l'éducatrice a de nombreux prétextes et occasions de recourir aux comptines et aux chansons. Chanter pour annoncer le moment de ranger, chanter pour occuper ceux qui doivent attendre au vestiaire, chanter pour apaiser un chagrin persistant, chanter pour se redonner un peu de bonne humeur, rythmer des paroles tout simplement pour le plaisir de le faire, chanter pour s'exprimer, pour mieux respirer, chanter aussi pour se rappeler qu'on est en vie... Indéniablement, chanter ou scander des paroles est un moyen pédagogique de valeur sûre et universellement populaire auprès des enfants.

La comptine et la chanson, en plus d'être bénéfiques au développement global de l'enfant comme nous le verrons plus loin, offrent de nombreux avantages dans l'organisation pédagogique d'une journée en services éducatifs.

13.1   LA VALEUR PÉDAGOGIQUE DES COMPTINES
ET DES CHANSONS

Ce n'est pas un hasard si chanter et écouter une comptine ou une chanson génèrent des effets bénéfiques ; cela agit comme un catalyseur sur l'affectivité des personnes, qui sert à :

— consoler, rassurer, sécuriser un enfant ;

— créer un climat chaleureux, convivial où il fait bon vivre ;

— agrémenter les activités de routine et de transition ;

— rehausser l'intérêt et la motivation des enfants pour une tâche qui requiert un gros effort ;

— donner des repères temporels sécurisants aux enfants : telle comptine annonce telle routine ;

— favoriser l'expression autrement que par la parole seule ;

— attirer l'attention, apporter une diversion agréable au groupe d'enfants ou à quelques-uns d'entre eux ;

— installer plus facilement le début d'un jeu ;

— redonner de la bonne humeur et de l'énergie à l'éducatrice ;

— etc.

En outre, les comptines et les chansons sont d'excellents moyens pour effectuer différents apprentissages d'ordre physique et moteur, intellectuel, langagier, socioaffectif et moral.

A.   Bienfaits des comptines et des chansons
sur les plans physique et psychomoteur

• **Reconnaissance auditive :** chanter permet de se familiariser avec des mots, des phrases, des rythmes, des silences, des mélodies et des phrasés musicaux. De plus, la présence de rimes dans les comptines et les chansons permet à l'enfant de se familiariser avec des consonances de mots (pirou*ette* et cacahu*ète*), des assonances (v*ache* et f*ace*) dont la connaissance formelle se fera à l'école par l'apprentissage de la lecture et de l'écriture.

- **Reproduction vocale et coordination motrice :** le chant favorise l'élocution, la prononciation (l'enfant arrive même à dire des mots compliqués tels qu'hippopotame, somnambule, exténué, etc.), habilite la synchronisation gestuelle (par l'ajout de gestes correspondants, car il est pratiquement impossible de rester immobile lorsqu'on chante), développe la conscience corporelle, permet l'expression vocale variée, etc.

- **Représentation spatiale :** bouger dans l'espace tout en chantant, aller à droite ou à gauche dans les rondes, etc. Découvrir son corps dans l'espace, se balancer, tourner en rond, imiter la marche du lion, etc.

- **Reconnaissance audiovisuelle :** jouer à associer des chansons à des images présélectionnées, aux pages d'un livre, etc.

- **Respiration et relaxation :** chanter ralentit le cycle respiratoire *inspiration / expiration* qui se fait alors plus aisément créant par le fait même un relâchement général des tensions musculaires. Chanter constitue une véritable gymnastique respiratoire qu'il est bon de faire plusieurs fois par jour. L'oxygénation accrue engendrée par le mouvement respiratoire lorsqu'on chante ou qu'on récite un texte en rythme s'avère bénéfique pour tout le métabolisme et ce, à tout âge.

- **Digestion :** chanter ou utiliser sa voix fait baisser le niveau de stress et, par conséquent, facilite la respiration et la digestion. Chanter, entendre chanter, rire et jouer avec la voix génèrent des émotions souvent très positives qui se répercutent favorablement sur l'ensemble des fonctions vitales de l'être humain.

B.   **Bienfaits des comptines et des chansons sur le plan intellectuel**

- **Mémorisation :** chanter permet de développer la mémoire, condition essentielle pour former l'intelligence ; chanter permet d'apprendre de nouveaux mots, de nouvelles tournures de phrase, de reproduire par cœur des paroles, des enchaînements gestuels, etc.

- **Représentation mentale :** l'évocation d'images ou d'impressions mentales est rendue possible grâce à l'utilisation et à l'audition de comptines et de chansons.

- **Créativité :** l'invention de gestes, l'intérêt pour de nouvelles paroles, l'ouverture sur le monde en apprenant des chansons d'autres ethnies, la stimulation de l'imagination et du sens de l'émerveillement, etc.

- **Association spatio-temporelle :** une chanson peut servir de repère pour rappeler une tâche, pour annoncer le passage d'une activité à l'autre.

- **Curiosité :** stimulation de la curiosité pour le langage par la variété des mots présents dans les comptines et les chansons, par les sonorités et les rythmes divers que l'on y retrouve.

- **Concentration :** augmentation de la capacité d'attention et d'écoute comme l'exigent de nombreux apprentissages.

- **Logique :** chanter peut mettre en contact avec des récits réels ou fictifs et amener les enfants à faire la distinction entre les deux styles. Le conte comme la comptine et la chanson racontent une histoire qui développe la logique, la capacité de faire des liens de cause à effet ou de comprendre l'ordre chronologique des événements relatés.

C. **Bienfaits des comptines et des chansons sur le plan langagier**

- **Développement du langage verbal :** acquisition de nouveaux mots de vocabulaire, formation du sens de la phrase (début, fin, question, sujet, verbe, etc.) et de la formulation syntaxique.

- **Développement du langage corporel et dramatique :** dans les gestes, le mouvement expressif et la danse simple pouvant accompagner les comptines et les chansons, on a des occasions de bouger et de s'exprimer par le corps.

- **Développement du langage plastique :** stimulation du geste créateur, de la spontanéité qui amène à faire des représentations graphiques, des dessins créatifs.

D. **Bienfaits des comptines et des chansons sur les plans socio-affectif et moral**

- **Découverte et appréciation de ses habilités personnelles :** estime de soi, connaissance de ses affinités et limites personnelles, fierté de se rappeler des paroles, de trouver de nouveaux couplets, etc.

- **Bien-être :** chanter génère le calme dans un groupe agité, renouvelle l'énergie chez des enfants fatigués ; chanter peut procurer une réelle détente.

- **Expression de ses sentiments :** chanter constitue une autre manière de s'exprimer, de se révéler, de manifester du plaisir, d'être plus spontané et expressif, de rire et de s'amuser, etc. Exercer sa voix à chanter et à jouer avec différents sons constitue une autre forme de langage par laquelle l'enfant exprime ses idées et ses sentiments.

- **Sentiment d'appartenance au groupe :** reproduire ensemble une ronde ou chanter une chanson favorise la complicité, le sentiment d'unité et d'appartenance à l'intérieur d'un groupe.

- **Interaction sociale :** exécuter des mouvements deux par deux, se tenir la main pour faire une farandole en chantant, tenir compte des autres tout en se respectant soi-même, voilà des effets possibles de l'expression vocale chantée.

- **Respect des règles et des consignes :** telle comptine se fait lentement, il faut attendre le signal de départ pour entonner telle autre chanson, etc.

13.2 DÉMYTHIFIER L'ART VOCAL

Plusieurs éducatrices diront qu'elles ne savent pas chanter ou qu'elles n'ont pas de voix ou d'oreille musicale. D'autres, croyant chanter faux, craignent de nuire au développement musical de l'enfant. Certaines évoquent tout simplement leur gêne personnelle ou la peur de se sentir ridicule, même si l'on sait très bien que les jeunes enfants ne jugent pas les adultes qui font quelques erreurs dans l'interprétation d'une chanson. C'est un problème qu'on peut surmonter. Il ne faut surtout pas s'abstenir de chanter en présence des enfants ou s'en remettre exclusivement aux cassettes ou aux disques. Les conseils qui suivent tentent de démystifier l'art vocal en redonnant aux adultes le goût de chanter en direct dans le but premier d'agrémenter avec simplicité les nombreuses activités de routine et de transition vécues avec les enfants.

- Chanter avec cœur, humilité et plaisir sans chercher à comparer sa prestation et son talent à ceux des chanteurs populaires.

- Chanter ni trop bas (grave) ou trop haut (aigu), ni trop fort. Si nécessaire, s'aider du disque ou d'un enfant habile pour entonner la chanson dans un registre adapté à celui des enfants, car ceux-ci ont une voix plus aiguë que celle des adultes. Éviter de commencer la chanson en comptant préalablement « 1-2-3 ». Avec ce procédé, les enfants risquent de partir la chanson à différentes hauteurs de voix, ce qui pourrait alors les faire chanter faux.

- Prendre un tempo (vitesse) modéré, ni trop lent ni trop vite, afin de permettre aux enfants de bien suivre les paroles. Il faut se rappeler que le débit vocal des enfants est généralement plus lent que celui des adultes.

- Considérer l'intérêt qu'ont les enfants pour les mouvements et les gestes associés aux comptines ou aux chansons en choisissant un répertoire suggérant des gestes faciles à reproduire et adaptés à leur âge. Il peut s'agir de simples gestes marquant la fin des phrases. S'inspirer des élans spontanés des enfants pour ajouter des mimiques aux chansons.

- Accepter que les enfants de moins de trois ans chantent peu ou pas, trop occupés qu'ils sont à faire une seule chose à la fois, soit regarder les autres faire, soit s'en tenir à reproduire les gestes d'accompagnement. Tout au plus, ils peuvent insérer ici et là un mot répété, les quelques paroles de la fin ou un son spécial se démarquant du reste pour enfin être en mesure, vers l'âge de trois ou quatre ans, d'enchaîner le tout. Ils sont devenus alors plus habiles et par le fait même plus intéressés à reproduire une comptine ou une chanson en entier et à combiner gestes et paroles.

- Il faut savoir s'arrêter de chanter lorsque les enfants démontrent des signes de fatigue ou du désintéressement. Malgré les arguments justifiant les bienfaits de la chanson, il faut éviter à tout prix de trop chanter en présence des enfants. Savoir écouter, laisser l'enfant exprimer ses pleurs sans chercher à les faire taire par un divertissement vocal ; privilégier le silence lorsqu'une situation l'exige s'avère tout aussi important.

C'est à l'adulte que revient le rôle d'assurer le déroulement de la comptine ou de la chanson. Sa participation vivante est très importante sur le plan affectif et une voix enregistrée ne saurait remplacer celle de l'éducatrice, aussi imparfaite soit-elle.

- Éviter de placer l'appareil audio au sol en le mettant plutôt sur une table pour permettre une meilleure diffusion du son.

- Sacrifier au besoin un peu de précision dans l'exécution vocale ou motrice afin de préserver le plaisir de chanter et la joie de faire l'activité ensemble.

- Ne pas corriger un enfant sous prétexte qu'il chante faux ou qu'il ne fait pas bien les gestes demandés, car c'est principalement son désir de chanter, de jouer avec sa voix et son corps, qui doivent prévaloir sur les objectifs de l'adulte.

- Accepter le fait que certains enfants préfèrent écouter les autres et regarder chanter au lieu de le faire avec le groupe. Souvent, ces mêmes enfants reprennent plus tard, à la surprise générale, ces mêmes chansons.

- Il est normal d'avoir à refaire les mêmes comptines et chansons aux enfants de moins de trois ans ; ils les redemandent souvent parce qu'ils ne se lassent pas de les entendre et de les répéter. C'est un trait particulier des enfants de cet âge dont il faut tenir compte. Pendant une certaine période de temps, il est nécessaire de présenter la même chanson pour marquer une activité ; cela leur permet d'associer deux éléments.

- Il n'est pas rare de constater que des comptines et des chansons se transforment au fil du temps, d'un CPE à l'autre, d'un niveau d'âge à l'autre, puisque la transmission orale du répertoire chanté génère naturellement des modifications souvent très originales. On n'a qu'à penser aux nombreuses versions existantes de la fin de la chanson Bateau sur l'eau pour constater cette variété et cette originalité.

> Bateau sur l'eau
> La rivière, la rivière
> Bateau sur l'eau
> La rivière *et le canot* **ou**

> La rivière *au bord de l'eau* **ou**
> La rivière *et plouf dans l'eau.*

- Laisser les enfants inventer leur propre comptine ou ritournelle. Leur manifester qu'on apprécie leurs jeux de mots.

- Réaliser un cahier de comptines et de chansons accompagnées d'images évocatrices et le mettre à la disposition des enfants pour qu'ils le parcourent à leur guise.

**Encadré 13.1 Procédés pour jouer vocalement
avec les comptines et les chansons**

- Remplacer les paroles d'une chanson connue des enfants par diverses onomatopées :broum… plouc… miaou… zip… mmm… etc.

- Reprendre la chanson avec des émotions diverses : joie, tristesse, colère, gêne, etc. ou des expressions variées : en chuchotant, en gardant la bouche fermée, en prenant une voix saccadée de robot, en muet, etc.

- Inventer de nouvelles paroles à des chansons : À la claire fontaine, m'en allant polluer, j'ai trouvé l'eau si sale que j'ai changé d'idée…

- Reproduire le rythme de la chanson dans ses mains tout en chantant.

- Taire des mots d'une chanson. Au clair de la… Mon ami…
  Prête-moi ta… Pour écrire un… Un geste représentatif peut remplacer chacun des mots omis.

- Chanter de plus en plus doucement jusqu'au silence complet.

- Etc.

13.3 COMPTINES DE DÉSIGNATION

Comme le veut sa définition première, le mot **comptine** vient de **compter** ; c'est avant tout une formule enfantine chantée ou parlée servant à compter les enfants pour désigner celui à qui sera attribué un rôle dans le jeu. L'une des comptines très utilisée au Québec est sans aucun doute : « *Ma p'tite vache a mal aux pattes, tirons-la par la queue, elle ira bien mieux dans un jour ou deux…* » ; elle existe aussi en différentes versions selon les époques, les régions ou les groupes d'âge. Mais avec le temps, le mot **comptine** fut privé de son sens originel pour devenir un terme usuel signifiant un court texte parlé en rythme.

Il est intéressant d'avoir quelques comptines traditionnelles dans son répertoire afin d'être en mesure de choisir rapidement un enfant pour accomplir une tâche déterminée ; utilisées sur une base régulière, elles permettent aussi d'enrichir le vocabulaire des enfants, de jouer avec les sons et les mots qui sont souvent dépourvus de sens et qui portent à rire, tout en développant le sens du rythme.

À titre indicatif, nous en présentons quelques-unes dans les lignes qui suivent ; l'éducatrice les récite en rythme en pointant successivement l'index en direction de chacun des enfants.

1
Uni unel

Uni unel
Casin casel
Des raves, des choux
Des raisins doux.

2
Am stram gram

Am stram gram
Pic et pic et colégram
Bour et bour et ratatam
Am stram gram.

3
Les cigognes

Un gogne
Deux gognes
Trois gognes
Quatre gognes
Cinq gognes
Six gognes (Cigognes).

4
Une oie

Une oie, deux oies
Trois oies, quatre oies
Cinq oies, six oies
Sept oies (C'est toi !).

5
Miniminimanimo

(procédé d'élimination progressive)

Miniminimanimo
Maticaire matimo
Mets ta main derrière ton dos.
(On continue jusqu'à ce que toutes les
mains soient cachées)

6
Oh ! tchi tchi tchi

Oh ! tchi tchi tchi
O ma wé O ma wé
Oh ! tchi tchi tchi
One two three.

7
Le chat

Vois-tu le chat
Perché là-bas ?
Si tu y vas
Il est pour toi.

8
Tchip tchip

Tchip tchip oulélé
Le corbeau s'est envolé.
Tchip tchip oulélé
Yé !

9
À toi

Je pétris le pain
Pour qu'il soit bon comme le vin.
Je le donne à qui ?
Je ne sais pas.
Ah ! voilà
Je le donne à toi.

10
Mirlababi

(de Victor Hugo)

Mirlababi surlababo
Mirliton, ribon, ribette.
Surlababi, mirlababo
Mirliton, ribon, ribo.

Chapitre 14

Le développement du langage verbal dans les activités de routine et de transition

CONTENU DU CHAPITRE

Des recherches en neurolinguistique ont révélé qu'une activation des neurones du cerveau dès le septième mois de la vie intra-utérine prépare à l'apprentissage de la langue. (Simoneau-Larose, p. 26) Il a été démontré que le fœtus réagissait aux stimuli sonores du monde extérieur prouvant ainsi qu'il entend bel et bien et qu'il pourra reproduire les sons perçus le temps venu. Alors qu'il n'est qu'un nourrisson d'à peine quelques jours, l'enfant sait déjà reconnaître la voix de sa mère entendue tout au long de la grossesse. Selon l'orthophoniste Simoneau-Larose, l'enfant apprivoise la langue qu'il apprendra à parler à travers sa musique, son rythme et sa prosodie, éléments constituant la base de l'apprentissage des sons.

Le fait de parler à un enfant et ce, dès son plus jeune âge, et aussi de chanter, de l'encourager à gazouiller et à babiller le stimule à communiquer avec sa voix. Parler devient pour lui un plaisir sans cesse renforcé par la réponse favorable de son entourage. L'acquisition de la parole joue un rôle capital durant les premières années de la vie. À cet égard, les programmes pédagogiques des services éducatifs réservent une place de choix au langage verbal de l'enfant que l'éducatrice est appelée à favoriser au quotidien.

Dans les centres de la petite enfance, l'expression verbale des émotions et des idées de même que la compréhension d'un langage parlé de plus en plus complexe sont stimulées par les interactions avec

Une activité de transition très populaire auprès des enfants : une histoire racontée avec expression par l'éducatrice ; elle permet en outre de stimuler le langage.

les autres et par différentes formes de représentation de l'univers telles que des images, des livres, des objets.[1]

Le langage est un important outil de communication lié au développement cognitif de l'enfant. Comprendre et produire un message, entamer et entretenir une conversation exigent l'utilisation des ressources de la langue. De plus, le langage constitue un moyen privilégié de socialisation et de connaissance du monde.[2]

---

1. Programme éducatif des centres de la petite enfance du MFE, 1997.
2. Programme d'éducation préscolaire, 1997.

Au regard de ce cadre référentiel, l'éducatrice verra à amener l'enfant à développer ses facultés langagières orales de diverses façons — chansons, récits, échanges — en profitant également des multiples occasions qu'offrent les activités de routine et de transition.

14.1 MOYENS ET ATTITUDES POUR STIMULER LE DÉVELOPPEMENT DU LANGAGE VERBAL

Il est évident que l'enfant apprend à parler en écoutant les autres personnes de son entourage. Il importe de s'adresser à lui fréquemment, ce qui ne signifie pas pour autant qu'il faille l'envahir avec nos paroles. Il vaut mieux établir avec lui une véritable communication, avec des questions, des réponses, des silences, en recourant au langage non verbal et en ajoutant une touche de chaleur humaine.

Les activités de routine et de transition peuvent être organisées de manière à ce que l'éducatrice ait un peu de temps pour la conversation et le rapprochement intime avec les enfants. Il convient également que l'éducatrice apporte une attention particulière à ceux qui sont plus retirés, plus effacés étant, par le fait même, moins portés à parler.

Lorsqu'on observe une éducatrice en train de parler à de jeunes enfants, on peut remarquer qu'elle les entretient souvent sur des choses qui se situent dans le présent. Elle monologue sur ce qui est en train de se passer : « Tiens, un morceau de pomme pour toi, Leila. Goûte, tu vas voir comme c'est bon. Comment l'aimes-tu ? » « Je me demande bien ce que la cuisinière prépare en ce moment. Ça sent tellement bon ! » Etc.

En réagissant aux réponses verbales et non verbales de l'enfant par un mot, une expression du visage, un regard, un sourire, le monologue se transforme en dialogue. Des expressions éloquentes comme « Wow ! », « C'est vrai ? » « Ah ! Oui… » « Hmm… » peuvent aussi indiquer à l'enfant que l'éducatrice s'intéresse à ce qu'il raconte.

En cherchant une interaction avec les enfants, on peut parler de situations qui viennent de se produire ou qui se sont passées plutôt dans la journée : une activité, un nouveau livre, une sortie au parc, etc. Avec les bambins ou avec des enfants démontrant des difficultés de langage, il est préférable d'utiliser essentiellement le passé immédiat (avant la collation, ce matin quand ta maman est venue te conduire, etc.) alors que le passé plus éloigné (hier, la semaine passée, etc.) peut convenir aux enfants plus âgés. De même, il vaut mieux s'en tenir au futur immédiat (tantôt, après être allé dehors nous ferons des biscuits, etc.) avec les plus jeunes et ajouter le futur éloigné (dans trois dodos, la semaine prochaine, au printemps, etc.) avec les trois ans et plus. Il est bon de mentionner les événements futurs – une visite, une routine, etc. – en aidant l'enfant à anticiper et à identifier ce qui va arriver :« Qu'est-ce qu'on fait d'habitude avant d'aller dehors ? »

Poser des questions ouvertes qui suggèrent une réponse autre que oui ou non stimule également les enfants à parler : « Qu'est-ce qu'on va manger pour le dîner ? » « Comment ton habit de neige va-t-il sécher ? » Que vas-tu rapporter à la maison ? » Etc. Les principaux mots clés servant à formuler des questions ouvertes se limitent en gros à « Qu'est-ce que c'est ? Pourquoi ? Quand ? Où ? Comment ? Quel ? »

Pour encourager les enfants à parler, on peut les interroger sur les objets qui les entourent : « Qu'est-ce que c'est ? » ou demander de pointer les objets qu'on nomme à ceux qui ont de la difficulté à parler : « Où est ton chapeau ? « Où vas-tu ranger ton dessin ? » Etc. Par ailleurs, il est important d'accorder suffisamment de temps à l'enfant pour s'exprimer suite aux questions posées. Si on est trop tenté de vouloir répondre à sa place, de le presser de répondre ou de lui apporter précipitamment des indices, on peut compter cinq à dix secondes dans sa tête et en profiter pour respirer profondément, ce qui aidera à relâcher ses propres tensions. Ne l'oublions pas, l'enfant a besoin plus de temps que l'adulte pour formuler sa pensée et répondre aux questions.

Une pratique langagière des plus bénéfiques est certes l'utilisation de comptines et de chansons, comme on l'a vu au chapitre précédent. Une chanson est très utile pour annoncer le début ou la fin d'une routine, l'approche d'une transition ou pour suggérer le calme. Normalement, la voix chantée ou rythmée fascine les jeunes enfants tout en captant leur attention. En outre, les comptines et les chansons favorisent l'acquisition de nouveaux mots de vocabulaire (pirouette, moulin, macaron, ouistiti, etc.), la découverte de nouveaux sons (écur**euil**, gre-n**ouille**, bon**homme**, etc.), l'éveil à de nouvelles constructions de phrases (La laine des moutons, c'est nous qui la lavons…) en plus de stimuler l'écoute, la concentration et la mémorisation.

Pour aider un enfant loquace à se limiter quand vient son tour de parler, l'éducatrice peut utiliser un sablier ou une minuterie. Ce moyen qui peut de prime abord sembler draconien a l'avantage, surtout s'il est bien présenté, de répartir équitablement le temps de parole parmi les raconteurs chevronnés.

Sans s'improviser orthophoniste, l'éducatrice doit demeurer attentive aux erreurs et aux difficultés évidentes et persistantes chez l'enfant, par exemple, les sons difficiles à prononcer, le bégaiement, le zézaiement, l'absence de paroles ou encore la difficulté à comprendre ou à entendre. Peut-être devra-t-on faire vérifier le niveau d'audition et d'attention de l'enfant par un spécialiste. Même s'il ne revient pas à l'éducatrice de poser un diagnostic professionnel, elle doit rapporter aux parents ses observations sur les difficultés langagières de leur enfant ainsi que leurs effets.

14.2   JEUX LANGAGIERS

A.   Objets à repérer (3 ans et plus)

Identifier et nommer des objets de l'environnement immédiat ou lointain appartenant à une couleur spécifique : vert, noir, rose, etc. ou à une autre caractéristique : forme, dimension, utilité, etc. Variante : identifier des éléments fantaisistes très petits comme un orteil de puce, une tache d'un bébé coccinelle, un grain de beauté, un poil de microbe, etc.

B.   Marionnette en action (2 ans et plus)

Utiliser une marionnette « parlante » pour inviter les enfants à accomplir une tâche : changer d'atelier, se rassembler, se mettre à table etc. Une vieille chaussette ou une marionnette à doigt peut très bien servir de personnage à animer. Il suffit d'y aller avec un ton de voix enjoué pour attirer l'attention des enfants.

C.   La chasse aux lettres (4 ans et plus)

Repérer de manière informelle des lettres et des mots-clés se trouvant dans l'environnement quotidien : sur des vêtements, des affiches, des tubes de dentifrice, des tableaux de tâches, etc.

Variante : manipuler des lettres et des chiffres à l'aide de casse-tête, de moquette aux motifs de lettres alphabétiques, etc.

D.   Imitation sonore (1 ½ ans et plus)

Imiter le bruit caractéristique d'animaux d'objets, de personnages, d'éléments de la nature : le trot du cheval, le ronronnement du chat, le vent, le ressac de la mer, le moteur d'une auto, le murmure d'une voix qui endort un bébé, le silence de la nuit, etc. Ces reproductions vocales activent les diverses parties de l'appareil phonatoire sollicité par la parole : langue, dents, cordes vocales, lèvres, machoires, etc.

E.   Une histoire en sons (2 ans et plus)

À l'aide de l'appareil vocal, reproduire des bruits évocateurs suggérés dans une courte histoire racontée par l'éducatrice.

Ce matin-là, mon petit cheval était vraiment de bonne humeur. On l'entendait qui trottait gaiement dans le vert pâturage (claquements de langue). *Le soleil resplendissant, le parfum chatoyant des fleurs* (inspiration profonde) *l'invitaient à partir à l'aventure. C'est alors qu'il eut l'idée de se rendre à l'étang où vivaient ses amis, les canards de Madame Bambeline. On l'entendait qui galopait à travers les champs* (claquements de langue). *Rendu à l'étang, le petit cheval Trottinet était bien essoufflé* (respiration bruyante). *Il prit le temps de reprendre son souffle* (diminution du bruit de la respiration). *Pendant ce temps, les canards se reposaient paisiblement* (doux cancannements). *Trottinet voulut alors leur annoncer son arrivée en hennissant très fort* (hennissement retentissant). *Entre deux plaisanteries, il aimait écouter le vent* (bruit du vent) *qui faisait danser sa belle crinière. Puis,...* (Les enfant sont invités à trouver la suite et la fin de l'histoire.)

F.   Les jumelles (3 ans et plus)

Identifier les parties jumelles du corps : bras, narines, yeux, pieds, fesses, épaules, mâchoires, lèvres, etc. Identifier les parties uniques : tête, nez, ventre, gorge, etc.

Variante : pour les enfants plus âgés, on peut enrichir le vocabulaire anatomique – clavicules, colonne vertébrale, cheville, etc.

G.   Devinette chuchotée (3 ans et plus)

Faire deviner aux enfants un mot ou une courte phrase simple qui est chuchotée ou articulée doucement du bout des lèvres par l'éducatrice ou par un enfant.

H.   Le téléphone arabe (4 ans et plus)

Faire le jeu du téléphone, c'est-à-dire transmettre d'un enfant à l'autre, un mot ou une courte phrase murmurée au creux de l'oreille. Tenter de garder le message intact jusqu'au dernier enfant.

I.   Le téléphone magique (2 ans et plus)

Se parler au téléphone avec un appareil imaginaire ou à l'aide d'un contenant en plastique ou d'un cylindre qui offre l'avantage de transformer la voix.

J.   Les mille et une couleurs de la voix (3 ans et plus)

Modeler avec sa voix un mot déterminé en le disant vite ou lentement, doucement ou fort, en chuchotant, en le disant avec la bouche fermée, en pinçant le nez, en empruntant divers sentiments (colère, gêne, joie, tristesse, peur, etc.).

K.   Qui suis-je ? (2 ans et plus)

Deviner ce qu'il y a d'illustré sur des images présélectionnées provenant de magazines (animaux, objets courants, aliments, etc.) que l'on a apposées solidement sur des cartons.

Variantes : deviner une image préidentifiée qui se trouve partiellement couverte par un cache-image. Trouver ce qui manque sur une illustration, par exemple, les oreilles sur un visage de clown, une patte sur une silhouette de chien, des roues à un tricycle, etc.

L.   Dis-moi ce que je mime (3 ans et plus)

Identifier des actions mimées avec des mouvements simples se rapportant à des gestes familiers : brosser ses cheveux, manger, se vêtir, pelleter de la neige, etc. Augmenter le niveau de difficulté en fonction des capacités des enfants.

M.   Histoire enchaînée (3 ans et plus)

Créer une histoire simple démarrée par l'éducatrice.

Variante : intégrer au fil du récit des repères visuels tels que des objets réels comme un chapeau, une petite auto, des figurines d'animaux, etc. afin de rendre l'improvisation plus vivante. On peut faire piger des mots aux enfants qui savent lire pour les aider à enchaîner les idées.

N.   Jeu de surprise (2 ans et plus)

Faire un petit jeu de surprise qui consiste à cacher dans un sac ou une boîte divers objets attrayants connus des enfants, puis à les sortir lentement un à la fois. Nommer l'objet, le faire manipuler par les enfants oblige à choisir des objets sécuritaires et facilement maniables, tout en leur donnant l'occasion d'expérimenter diverses notions tactiles : dur/mou, rugueux/lisse, froid/tiède, etc.

Variante : relever d'autres caractéristiques des objets comme les couleurs, les formes, les relations de cause à effet (la pâte à modeler qui ramollit lorsqu'on la manipule) sans toutefois insister auprès des plus jeunes.

Il est difficile de demander aux enfants de 2 et 3 ans de regarder longtemps un objet sans pouvoir le toucher. À cet âge, l'exploration se faisant autant par les yeux que par les mains, il vaut mieux leur permettre de manipuler l'objet présenté (en avoir plus d'un serait sage) ou limiter le temps d'observation passive.

O.   Retour sur des comptines et chansons connues (2 ans et plus)

Revenir sur des comptines et des chansons connues des enfants à partir d'images évocatrices, par exemple, une image d'oiseau pour la chanson Alouette. Ces images peuvent être accrochées sur une corde à linge intérieure ou à même une « pince à linge circulaire » retenue au plafond. On décroche les images au fur et à mesure qu'on veut chanter les chansons correspondantes.

P.   Les rimes (4 ans et plus)

Trouver des mots qui se terminent par le même son qu'un mot suggéré : Exemple : chanson, maison, saison, bonbon, menton, pantalon, etc.

Variante : Intégrer ce jeu à une petite histoire. Ratatouille, la grenouille aime manger des nouilles…Etc.

Q. Gymnastique pour la mémoire (4 ans et plus)

À tour de rôle, nommer des éléments liés à un thème suggéré tel le voyage, l'épicerie, etc. « Je me prépare à aller en voyage. Je mets dans ma valise mon chapeau bleu, ma crème solaire, etc. » ou « Je vais à l'épicerie pour y acheter du jus, des radis, etc. ». Enchaîner les mots de manière récapitulative.

R. Une séance de rires (4 ans et plus)

S'amuser à créer un rire collectif tant pour ses bienfaits phonatoires que psychologiques.

en Hi hi hi hi…
en Ha ha ha ha…
en Ho ho ho ho…

S. À l'envers (6 ans et plus)

Trouver un mot contraire au mot annoncé.
Par exemple : debout/assis
petit/grand
jour/nuit
blanc/noir
intérieur/extérieur
joyeux/triste
ouvert/fermé
etc.

Variantes : ajouter un mime au mot trouvé.

T.   Des exercices de diction (6 ans et plus)

Jouer à dire des phrases difficiles à prononcer :

1) Si sur six chaises sont assises six sœurs, sur six cents chaises sont assises six cents sœurs.

2) Un chasseur sachant chasser sait chasser sans son chien.

3) Trois truites cuites, trois truites crues.

4) Ton thé t'a-t-il ôté ta toux ?

5) Les chemises de l'archiduchesse sont-elles sèches ou archisèches ?

6) Denis a dit qu'il a dîné sur le dos d'un dindon dodu.

7) Panier, papier, piano (répéter plusieurs fois et de plus en plus vite).

U.   Une nouvelle langue (6 ans et plus)

Faire semblant de parler une langue étrangère en récitant un court texte qui regroupe des assonances particulières.

1)

Pie niche haut
Oie niche bas
Où niche hibou ?
Hibou niche ni haut ni bas,
Hibou niche pas.

2)

Sardine à l'huile, que fais-tu là ?
Ouatchitchi, ouatchatcha
Sardine à l'huile, que fais-tu là ?
Ouatchitchi, ouatchatcha.

14.3   LE FRANÇAIS PARLÉ DES ADULTES

Pour apprendre à parler correctement, les enfants doivent se trouver en présence de bons modèles verbaux. Un débit de voix modéré, une prononciation claire, l'adaptation du langage au stade de développement des enfants, le recours à du vocabulaire pertinent sont des moyens qui rendent les enfants plus aptes à comprendre ce que dit l'éducatrice ou tout autre adulte qui se trouve dans la vie de l'enfant en services éducatifs. Étant donné l'importance d'utiliser un français juste et approprié quand on occupe une fonction éducative – sans toutefois tomber dans une langue sophistiquée –, nous avons cru bon de relever quelques erreurs les plus courantes que l'on constate en services éducatifs. En devenant plus conscients de ses maladresses, l'adulte travaillant en services éducatifs pourra alors apporter les améliorations nécessaires afin d'être un modèle verbal encore plus significatif pour les enfants.

Encadré 14.1   Identification de quelques erreurs de français

Ne pas dire…	Dire……..
Les enfants **jousent**.	Les enfants **jouent**.
Les enfants **sontaient**.	Les enfants **étaient**.
Ça te fait **beaucoup** mal.	Ça te fait **très** mal.
Les amis, **viens** ici.	Les amis, **venez** ici.
Les amis, **tu vas**…	Les amis, **vous allez**…
On va **monter** en haut.	On va **aller** au deuxième étage.
Après s'**avoir** lavé les mains.	Après s'**être** lavé les mains.
Déhors ou **déwors**	Dehors
Leu problèmes…	**Leurs** problèmes…
Toutes les amis…	**Tous** les amis…
Nicole va vous donner du papier. (parler à la troisième personne)	**Je vais** vous donner du papier.
Moé, toé	**Moi, toi**
Une CPE	**Un** CPE

Chu capable.	**Je suis** capable ou **Chui** capable.
C'est **plus pire** que…	C'est **pire** que…
C'est **plus bon** que…	C'est **meilleur** que…
Assis-toi.	**Assieds**-toi ou **assois**-toi.
Si j'**aurais**…	Si j'**avais**…
C'est le ballon **que t'as joué avec** tantôt.	C'est le ballon **avec lequel** t'as joué tantôt.
L'enfant **que** je m'occupe…	L'enfant **dont** je m'occupe…
C'est **plus bon** que…	C'est **meilleur** que…
M'as-tu **répond** ?	M'as-tu **répondu** ?
Etc.	

À l'instar du langage parlé, le français écrit mérite qu'on lui accorde aussi toute notre attention. Toutes les personnes – membres de la direction, responsables de SGMS, stagiaires, éducatrices, etc. – appelées à rédiger des messages aux parents, des lettres ou des affiches doivent le faire en soignant leur français écrit. Il n'y a pas que l'école qui doit se préoccuper de cet aspect.

Parce qu'elles se doivent de posséder plusieurs compétences différentes, même celles qui semblent moins importantes, bon nombre d'éducatrices en services éducatifs méritent largement qu'on leur attribue le titre de « professionnelles de l'enfance » en raison de l'excellence dont elles font preuve dans leur travail !

Bibliographie

ASGEMSQ. *Des clés pour Fanny.* Vidéocassette et document d'accompagnement, 2000.

ASSTSAS. *Sans pépins,* revues d'information de l'Association pour la santé et la sécurité du travail, secteur des Affaires sociales, 1998 à 2001.

BACUS, Anne. *Votre enfant de 3 à 6 ans.* Marabout, 1993, 287 p.

BOISVERT, Jovette. « Dis merci ! » dans *Magazine Enfants Québec.* Vol. 12, n° 5, février-mars 2000, St-Lambert, p. 37 à 40.

CHALLAMEL, Marie-Josèphe et Marie THIRRION. *Le sommeil, le rêve et l'enfant.* Albin Michel, 2ᵉ édition, 1999, 332 p.

CLIFFORD, M., Debby CRYER et Thelma HARMS. *Échelle d'évaluation. Environnement préscolaire.* PUQ, 1998, 74 p.

Comité provincial des maladies infectieuses en service de garde. *Prévention et contrôle des infections dans les centres de la petite enfance.* Direction générale de la santé publique, Québec, Ministère de la Santé et des Services sociaux, février 1998, 435 p.

Comité provincial des maladies infectieuses en service de garde. *La prévention des infections chez les personnes travaillant en service de garde, y compris les stagiaires.* 1998, 29 p.

Département de TÉE du Collège Édouard-Montpetit. Documents pour le cours *Stage de sensibilisation.* Automne 2000.

Direction de la santé publique de la Montérégie. *Le Guide des aires de jeu, 1998.*

DUCLOS, Germain. *Quand les tout-petits apprennent à s'estimer.* Hôpital Sainte-Justine, Centre hospitalier universitaire de l'université de Montréal, 1997, 119 p.

DUNSTER, Lee. *Un guide pour la responsable de garde en milieu familial.* Child Care Providers Association, 1994, 311 p.

ESSA, Eva. *À nous de jouer – Guide pratique pour la solution des problèmes comporte-ments des enfants d'âge préscolaire.* Québec, Publications du Québec, 1990, 371 p.

Fédération des producteurs de volaille du Québec. *Bien manger pour mieux grandir.* 3 documents, 1999.

GAGNÉ, Marie-Patricia. *Le kaléidoscope de la qualité : outil d'évaluation des servi-ces de garde en garderie.* Les Publications du Québec, 1993, 299 p.

GALARNEAU, Sylvie. *Fais dodo mon trésor.* MNH, 1999, 178 p.

GARIÉPY, Lisette. *Jouer, c'est magique.* Programme favorisant le développe-ment global des enfants, tomes I et II, Les Publications du Québec, 1998, 158 p. et 187 p.

HENDRICK, Joane. *L'enfant, une approche globale pour son développement.* Adap-tation de Gilles Cantin, PUQ, 1994, p. 704.

Hôpital Sainte-Justine. Service de l'ORL, *Danger mortel* (dépliant et affiche), Montréal, 2000.

JULIEN, Gilles. *Votre enfant au jour le jour.* Les Publications du Québec, 1987, 111 p.

LAMARRE, André. *L'alimentation sans faute.* PUL, 2000, 202 p.

LAMBERT-LAGACÉ, Louise. *La sage bouffe de 2 à 6 ans.* Les Éditions de l'homme, 1984, 281 p.

LAROSE, Andrée. *La santé des enfants en services de garde éducatifs.* Les Publica-tions du Québec, 2000, 271 p.

LAUZON, Francine. *L'éducation psychomotrice, source d'autonomie et de dynamisme.* PUQ, 1990, 290 p.

LELIÈVRE, Pic et Paul MERLO. *Jeux de groupe.* Casterman, 2000, 128 p.

MALENFANT, Nicole. *Le plaisir de relaxer chez les enfants de 3 à 6 ans.* Les Ate-liers du Petit matin, 1998, 47 p.

MARTIN, Jocelyne, Céline POULIN et Isabelle FALARDEAU, *Le bébé en garderie.* Sainte-Foy, Presses de l'Université du Québec, 1992, 442 p.

MILLER, Darla Ferris. *L'éducation des enfants : une démarche positive…* L'institut des technologies télématiques, 1993, 335 p.

Ministère de l'éducation. *Programme d'éducation préscolaire.* 1997.

Ministère de la famille et de l'enfance. *Bye-bye les microbes.* Bulletins du Comité de prévention des infections dans les centres de la petite en-fance, 1999, 2000.

Ministère de la Famille et de l'Enfance. *Programme éducatif des centres de la petite enfance.* Les Publications du Québec, 1997, 39 p.

MUSSON, Steve. *Les services de garde en milieu scolaire.* Adaptation de Diane Berger et Jocelyne Martin. PUL, 1999, 347 p.

PAPALIA Diane E. et Sally W. ODDS. *Le développement de l'enfant.* Éditions Études Vivantes, 2001, 320 p.

PELLETIER, Danièle. *L'activité-projet* (recueil et cédérom). Modulo, 2000, 232 p.

PETIT, Jocelyne. *Manger en garderie : un art de vivre au quotidien.* Beauchemin, 1994, 287 p.

PETIT, Jocelyne. *Manger avec des enfants.* PUL-IG, 1996, 328 p.

RCPEM. *Le Bulletin.* Vol. 19, n° 3, 1998.

RCPEM. *Le Bulletin (encart).* Vol. 20, n° 1, 1999.

SIMONEAU-LAROSE, Mireille. *Éloge de la comptine* dans le Magazine Enfants Québec : Août-septembre 1998, pp. 25-28.

Société canadienne de la Croix-Rouge. *Manuel Gardiens avertis.* Ottawa, 1995, 119 p.

TARANT, Sue, Alison JONES et Diane BERGER. *Avant et après l'école.* Chenelière/McGraw-Hill, 2001, 170 p.

WEIKART, David P., Mary HOHMANN, Louise BOURGON et Michelle PROULX. *Partager le plaisir d'apprendre.* Gaëtan Morin Éditeur, 2000, 468 p.

WEITZMAN, Elaine. *Apprendre à parler avec plaisir.* Le Programme Hanen, 1992, 322 p.

LISTE DES COMPTINES ET DES CHANSONS DU DISQUE COMPACT

Titre	Paroles	Musique
1. La Bambina (chanson)	Nicole Malenfant	Monique Rousseau
2. Les couleurs du bonheur (chanson)	Nicole Malenfant	Monique Rousseau
3. Le blues du lavage des mains (chanson)	Nicole Malenfant	Michel Bonin
4. Les glouglous de mon ventre (chanson)	Nicole Malenfant	Monique Rousseau
5. C'est le temps de ranger (chanson)	Nicole Malenfant	Monique Rousseau
6. Rap pour tout le corps (comptine)	Nicole Malenfant	
7. Bon appétit à toi (chanson)	Nicole Malenfant	Michel Bonin
8. Brosse-bien tes dents (chanson)	Nicole Malenfant	Michel Bonin
9. Les petits poissons (chanson)	Michel Bonin	Michel Bonin
10. Dentelle de lune (pièce instrumentale)		Michel Bonin
11. Un petit son doux (chanson)	Nicole Malenfant	Monique Rousseau
12. Les microbes à mes trousses (comptine)	Nicole Malenfant	
13. La chanson du rassemblement (chanson)	Nicole Malenfant	Monique Rousseau
14. Tchou tchou le petit train (chanson)	Nicole Malenfant	Monique Rousseau

LISTE DES PARTICIPANTS

Michel Bonin : Coréalisation, arrangements musicaux, enregistrement, mixage, voix (3-6-7-8), guitare acoustique et guitare synthétiseur, percussions.

Nicole Malenfant : Conception, coréalisation, voix (1-5-8-9-12-13) flûte traversière (10), flûte à bec alto (13).

Monique Rousseau : Voix (2-4), piano, assistance au mixage.

Daniel Scott : voix (11-14).

Carolyne Scott : voix (11).

MEMBRE DE SCABRINI MEDIA

Québec, Canada
2002

Ville de Montréal

Feuillet
de circulation

À rendre le		
0 2 OCT '02	0 5 JAN 2005	
05 NOV '02		
26 NOV. 02		
03 JAN '03		
22 FEV '03		
0 2 DEC. 2003		
0 3 MAR. 2004		
0 1 JUIN 2004		
1 5 SEP. 2004		
1 2 OCT. 2004		

06.03.375-8 (05-93) ✲